T0194125

Deutschlands Energiewende – Fakten, Mythen und Irrsinn

Andreas Luczak

Deutschlands Energiewende – Fakten, Mythen und Irrsinn

Wie schwer es wirklich ist,
unsere Klimaziele zu erreichen

Andreas Luczak
Fachhochschule Kiel
Kiel, Deutschland

ISBN 978-3-658-30276-4   ISBN 978-3-658-30277-1 (eBook)
https://doi.org/10.1007/978-3-658-30277-1

Die Deutsche Nationalbibliothek verzeichnet diese Publikation in der Deutschen
Nationalbibliografie; detaillierte bibliografische Daten sind im Internet über http://
dnb.d-nb.de abrufbar.

Springer
© Springer Fachmedien Wiesbaden GmbH, ein Teil von Springer Nature 2020

Springer ist ein Imprint der eingetragenen Gesellschaft Springer Fachmedien Wiesbaden GmbH und ist ein Teil von Springer Nature.
Die Anschrift der Gesellschaft ist: Abraham-Lincoln-Str. 46, 65189 Wiesbaden, Germany

Vorwort

Es gibt wenige Themen, über die in Deutschland so intensiv und kontrovers gestritten wird, wie über die Energiewende. Sind sich die meisten Bürger noch einig, dass man natürlich irgendwann einmal von fossilen Rohstoffen unabhängig werden muss, scheiden sich bei der Frage nach dem Wie und Wie-schnell die Geister. Je nachdem, wie ernst man den Klimawandel nimmt, hat die Energiewende entweder allerhöchste Priorität oder muss sich zunächst einmal Dingen wie Wohlstand und Bequemlichkeit unterordnen. Wissenschaftler, Wirtschaftsvertreter und Politiker bombardieren die Öffentlichkeit mit teilweise widersprüchlichen Aussagen, wie man am besten die Treibhausgasemissionen reduzieren sollte. Manchmal hat man dabei den Eindruck, dass unzutreffende Dinge nur oft genug in den Medien behauptet werden müssen, um irgendwann gar nicht mehr hinterfragt zu werden. „Cui bono?", also die Frage, welche individuellen Interessen hinter den Forderungen bestimmter Klimaschutzmaßnahmen stehen könnten, lässt einen oftmals an der Objektivität bestimmter Aussagen zweifeln. Selbst Forschungsinstitute sind nicht immer so unabhängig und neutral, wie man meint. Wie soll man sich also in diesem Umfeld ein fundiertes Urteil bilden können?

Um in diesem Durcheinander den Überblick zu behalten, versucht dieses Buch, möglichst viele kursierende Meinungen und Argumente zur Klimakrise und Energiewende aufzugreifen, aus verschiedenen Perspektiven zu beleuchten und kritisch zu hinterfragen. Die Auseinandersetzung mit den Energiewendethemen erfolgt dabei nicht nur auf wissenschaftlich-technischer Ebene, sondern es werden auch Wechselwirkungen mit Wirtschaft, Gesellschaft und Politik aufgezeigt.

Die möglichst neutrale, aber sicherlich vielleicht auch manchmal provokant erscheinende Sichtweise wird sowohl Gegnern als auch Befürwortern der Energiewende Argumente liefern, die ihre Position untermauern bzw. infrage stellen.

Besonderer Schwerpunkt liegt in der Auseinandersetzung mit den populärsten in der Öffentlichkeit kursierenden Irrtümern im Umfeld der Energiewende und des Klimawandels. Dabei ergeben sich für manche sicherlich neue und überraschende Aspekte, wie zum Beispiel die folgenden Tatsachen:

- Seit 2007 senkt der Rest der EU die Treibhausgasemissionen mehr als doppelt so stark wie Deutschland, und nur Luxemburg, Estland, Irland, Tschechien sowie die Niederlande erzeugen in der EU pro Einwohner noch mehr Treibhausgase als Deutschland.
- Der Kauf von Elektroautos und die Erzeugung von Wasserstoff aus Ökostrom gehören zu den teuersten Möglichkeiten, CO_2[1] einzusparen und sind erst ganz am Ende der Energiewende sinnvoll und notwendig.

---

[1] Die eigentlich korrekte Schreibweise der chemischen Formel für Kohlendioxid ist CO_2. Der Einfachheit halber wird jedoch in diesem Buch die Schreibweise CO2 verwendet.

- Vom beschlossenen Kohleausstieg profitiert nicht das Klima, sondern die fossile Energiewirtschaft auf Kosten der Steuerzahler.
- Die seit Jahren vom Staat geförderten Batteriespeicher für den Privathaushalt sind energiewirtschaftlich nutzlos und sogar klimaschädlich.
- Eine hohe CO_2-Bepreisung ist die günstigste Klimaschutzmaßnahme und begünstigt vor allem ärmere Haushalte.

Die Coronapandemie bildet eine Zäsur in der wirtschaftlichen und gesellschaftspolitischen Entwicklung der letzten Jahrzehnte. Eine Analyse der sich daraus ergebenden massiven Wechselwirkungen mit den weltweiten Klimaschutzbemühungen darf daher nicht fehlen.

Abgerundet wird das Buch mit Einschätzungen zur Rolle der virtuos von Greta Thunberg und dem Youtuber Rezo genutzten Medien und zur Frage, inwieweit man als einzelner Bürger überhaupt wesentlich zum Kampf gegen den Klimawandel beitragen kann.

Als populärwissenschaftlich angelegtes Buch dienen die zahlreich vorhandenen Literaturhinweise vor allem dazu, dem Leser die Möglichkeit zu geben, auf vertiefende Hintergrundinformationen, die den Rahmen dieses Buchs sprengen würden, zugreifen zu können.

Kiel, Deutschland   Andreas Luczak

Inhaltsverzeichnis

1

Warum wir alle Klimawandelleugner sind

Inhaltsverzeichnis

Zusammenfassung Der Klimawandel als Hauptmotivation für die Umsetzung der Energiewende dient als Einstieg in die Thematik dieses Buchs. Einen Schwerpunkt dieses Kapitels bildet die Auseinandersetzung mit den typischen Argumenten von Leugnern des menschengemachten Klimawandels. Dabei wird deutlich gemacht, dass auch eine unzureichende Klimaschutzpolitik, die nicht für die Erreichung selbstgesteckter Klimaziele ausreicht, eine Form der Klimawandelleugnung darstellt.

© Springer Fachmedien Wiesbaden GmbH, ein Teil von Springer Nature 2020
A. Luczak, *Deutschlands Energiewende – Fakten, Mythen und Irrsinn*, https://doi.org/10.1007/978-3-658-30277-1_1

Die Notwendigkeit einer Energiewende wurde bereits im 19. Jahrhundert systematisch diskutiert, hatte aber zunächst einmal gar nichts mit dem Klimawandel zu tun, sondern mit der Endlichkeit der fossilen Ressourcen, was man schon damals als zukünftiges Problem erkannt hatte. Das drohende Versiegen der fossilen Ressourcen ist jedoch aktuell nicht wirklich eine Motivation für eine schnelle Umsetzung der Energiewende. Je nachdem um welche fossilen Rohstoffe es sich handelt, können diese nämlich noch mindestens 50 bis über 100 Jahre zu ähnlich günstigen Kosten wie jetzt gewonnen werden. Erst die prognostizierten drastischen Folgen des bereits jetzt spürbaren menschengemachten Klimawandels führten dazu, dass sich nahezu sämtliche Länder der Welt im Jahr 2015 bei der Klimakonferenz in Paris dazu verpflichtet haben, spätestens ab 2050 so gut wie keine Treibhausgase mehr auszustoßen [1] und damit letztendlich die Verbrennung fossiler Rohstoffe einzustellen, lange bevor diese zur Neige gehen.

Sich dabei mit den Argumenten von Menschen auseinanderzusetzen, die nicht an den menschengemachten Klimawandel glauben („Klimawandelleugner"), scheint mittlerweile überflüssig geworden zu sein, wenn man sich das Ergebnis der Umfrage des ARD-DeutschlandTrends vor Augen hält, wonach immerhin 86 % der Wahlberechtigten in Deutschland tatsächlich an den menschengemachten Klimawandel glauben (Abb. 1.1).

Aber zum einen leugnet immer noch ein nicht zu vernachlässigender Teil der Bevölkerung den menschlichen Einfluss auf den Klimawandel und zum anderen ist es ein bekanntes Phänomen, dass Menschen in Umfragen dazu tendieren, die sozial erwünschte Antwort zu geben. Es ist deshalb davon auszugehen, dass ein deutlich höherer Prozentsatz den menschengemachten Klimawandel zwar vielleicht nicht komplett leugnet, aber doch eher eine gewisse Skepsis an den Tag legt, speziell wenn über die Einführung

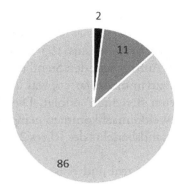

- Es gibt keinen Klimawandel
- Der Mensch hat keinen Einfluss auf den Klimawandel
- Der Mensch hat einen großen Einfluss auf den Klimawandel

Abb. 1.1 Anteil der Klimawandelleugner in Deutschland. (Quelle: Daten aus [2])

von unbequemen Klimaschutzmaßnahmen debattiert wird. Auch die in Deutschland seit Jahren nur minimal sinkenden Treibhausgasemissionen zeigen, dass die meisten Bürger und die Politik vielleicht doch nicht so vorbehaltlos an die Aussagen der Wissenschaft zum menschengemachten Klimawandel glauben. Daher ist eine Auseinandersetzung mit den oft für Laien erstaunlich plausibel klingenden Argumenten der Klimawandelleugner durchaus angebracht.

1.1 Die aktuellen Kernaussagen der Wissenschaft

Da es für Bürger und Politiker praktisch unmöglich ist, einen Überblick über die Tausenden von wissenschaftlichen Veröffentlichungen zum Klimawandel zu behalten, hat die UNO im Jahr 1988 den Weltklimarat ins Leben gerufen. Der Welt-klimarat (*Intergovernmental Panel on Climate Change* – IPCC) ist eine durch Vertreter aus 195 Ländern gebildete Institution, die den Auftrag hat, den Stand der Wissenschaft zum Klimawandel zusammenzufassen, was in Form von regelmäßig erarbeiteten Berichten[1] erfolgt. Die Kernaussagen des für das Pariser Weltklimaabkommen maßgeblich gewesenen jüngsten Sachstandsberichts des Jahres 2014 lauten [3]:

- Der Klimawandel ist real und es ist extrem wahrscheinlich, dass der Mensch der Hauptverursacher ist, vor allem durch die Verbrennung fossiler Rohstoffe und als Folge der Land- und Viehwirtschaft.
- Ungeachtet jahrelanger Klimaschutzbemühungen steigt der weltweite Treibhausgasausstoß weiterhin an.
- Ohne wirksame Maßnahmen ist bis zum Jahr 2100 mit einer mittleren globalen Erwärmung um 4 bis 5 °C gegenüber dem vorindustriellen Niveau zu rechnen, mit einem erhöhten Risiko unumkehrbarer sprunghafter Klimaveränderungen.
- Der Meeresspiegel ist seit dem Beginn des 20. Jahrhunderts bereits um etwa 0,2 m gestiegen und steigt immer schneller, sodass bis 2100 ein Anstieg von etwa 0,5 m zu erwarten ist.
- Zu den bisherigen und zukünftig weiter zunehmenden Folgen des Klimawandels gehören regionale Hitzewellen, Wassermangel, Starkregen und Ernteverluste.
- Das Artensterben wird zunehmen.
- Die Armut und damit verbunden auch die Zahl an Flüchtlingen werden zunehmen.

---

[1] Die Berichte des Klimarats sind in englischer Sprache erstellt, extrem detailliert und teilweise mehr als 100 Seiten lang, aber es gibt auch kürzere Zusammenfassungen, die als deutsche Übersetzung verfügbar sind [4].

- Maßnahmen zur Reduktion der Treibhausgase verringern die negativen Auswirkungen des Klimawandels, und zwar umso mehr, je früher sie wirksam werden.

Auch wenn die obigen Aussagen sicherlich beängstigend klingen, ist dort nicht die Rede vom Untergang der Menschheit oder gar der ganzen Welt. Menschen, die vor apokalyptischen Katastrophenszenarien warnen (die Bewegung Extinction Rebellion spricht gar vom Aussterben der gesamten Menschheit), sind genauso unseriös wie die Leugner des menschengemachten Klimawandels und erschweren eine sachliche Diskussion über Aufwand und Nutzen einzelner Klimaschutzmaßnahmen. Die berühmte Aussage von Greta Thunberg „Ich will, dass Ihr in Panik geratet" beim Weltwirtschaftstreffen in Davos erfüllt zwar ihren Zweck, die Öffentlichkeit und Politik aufzurütteln, sollte man aber auch nicht zu wörtlich nehmen. Panik ist in Problemsituationen nie ein guter Ratgeber und kann im schlimmsten Fall auch zu überstürzten Handlungen führen, die mehr schaden als nutzen. So könnte es verheerende Folgen haben, wenn Nationen aus Panik vor einer vermeintlichen Katastrophe versuchen, mit technischen Mitteln großräumig in die geochemischen Kreisläufe einzugreifen (Geoengineering), indem zum Beispiel durch große Mengen an in die Stratosphäre eingebrachtem Schwefeldioxid oder Aluminiumoxid versucht wird, das Sonnenlicht in großen Höhen der Atmosphäre stärker in das Weltall zurückzureflektieren.

1.2 Warum Menschen den menschengemachten Klimawandel leugnen

Nahezu alle Länder der Welt haben sich im Rahmen des Pariser Klimaabkommens zu den obigen Aussagen des Weltklimarats bekannt und entsprechend vertraglich vereinbart, die Treibhausgasemissionen bis spätestens 2050 auf null zu reduzieren. Warum gibt es dann immer noch so erstaunlich viele Menschen und Regierungen, die weiterhin den menschengemachten Klimawandel anzweifeln und dementsprechend die weltweiten Treibhausgasemissionen nach wie vor ansteigen? Die Gründe dafür sind vielfältig.

Finanzielles Interesse an fossilen Rohstoffen

Maßnahmen gegen den Klimawandel bedeuten erhebliche finanzielle Einbußen für Unternehmen, die vom Verbrauch fossiler Rohstoffe finanziell profitieren. Da ist es nicht überraschend, dass Organisationen, die in der Öffentlichkeit Zweifel an den menschengemachten Klimawandel streuen, oft von solchen Unternehmen finanziell unterstützt werden. Dies ähnelt den früheren, von der Tabakindustrie finanzierten Forschungen und Kampagnen, die die Unschädlichkeit des Rauchens der Öffentlichkeit vorgaukeln sollten.

Finanzielles Interesse an möglichst günstiger Energie

Die Energieerzeugung aus erneuerbaren Energien wird zwangsläufig in den allermeisten Fällen mehr kosten, als sie bislang gekostet hat. Dazu muss man keine komplexen Wirtschaftlichkeitsberechnungen anstellen, sondern sich einfach vor Augen halten, dass wenn dies nicht so wäre, die fossile Energieerzeugung auch ohne staatliche Eingriffe bereits längst durch erneuerbare Energieerzeugung ersetzt worden wäre, da kein Unternehmen freiwillig mehr Geld für Energie ausgibt, als unbedingt nötig. Ein Ersatz der fossilen Energiebereitstellung bedeutet also zwangsläufig eine mehr oder weniger starke Verteuerung des Energieverbrauchs, was besonders diejenigen Unternehmen trifft, bei denen die Energiekosten einen hohen Anteil an den Gesamtkosten ausmachen. Solche Unternehmen haben damit natürlich entsprechend ein sehr hohes Interesse, dass die

Energiewende möglichst langsam voran schreitet und damit auch an Informationen, die die Dringlichkeit von Klimaschutzmaßnahmen möglichst infrage stellen.

Kognitive Dissonanz – die menschliche Neigung, unangenehme Wahrheiten nicht wahrhaben zu wollen

Das Phänomen, entgegen besseren Wissens und entgegen seiner eigenen Überzeugungen zu handeln, ist eine Ausprägung der in der Sozialpsychologie ausführlich beschriebenen sogenannten kognitiven Dissonanz. Die Menschen sind sich des Konflikts durchaus bewusst, die Notwendigkeit des Klimaschutzes anzuerkennen, verhalten sich aber trotzdem klimaschädlich. Dies verursacht bei vielen einen durchaus unangenehmen moralischen Gefühlszustand, der sich zum Beispiel bereits in der Wortschöpfung Flugscham ausdrückt. Der Mensch ist daran bestrebt, diese Dissonanz möglichst zu verringern. Das Naheliegendste wäre natürlich, das klimaschädliche Verhalten entsprechend möglichst zu verringern oder ganz einzustellen. Da dies jedoch mit mehr oder weniger erheblichen persönlichen Einschränkungen verbunden ist, versucht man den Konflikt stattdessen auf folgende Weisen zu reduzieren, damit man sein eigentliches Verhalten möglichst nicht wesentlich ändern muss:

- Man spielt die Auswirkung seines Handelns herunter („meine eigenen Treibhausgasemissionen spielen im globalen Maßstab ohnehin keine Rolle").
- Man lenkt vom eigenen Konflikt durch einen Verweis auf andere Missstände ab, was in der Rhetorik auch „whataboutism" genannt wird („Und was ist mit dem LKW-Verkehr, den Kreuzfahrtschiffen und der Großindustrie, die auch für so viel Treibhausgase verantwortlich sind?").

- Man relativiert die Priorität von Klimaschutz („Klimaschutz ist schon wichtig, aber nicht so wichtig, wie Arbeitsplätze, Wirtschaftswachstum, Wohlstand usw.").
- Man leugnet und wertet Informationen ab, die den Konflikt verstärken und beschafft sich selektiv Informationen, die den Konflikt verringern und wird dafür sehr empfänglich für die Botschaften professioneller Klimawandelleugnerorganisationen.

Der Mensch tendiert gern gerade dann dazu, die Wissenschaft anzuzweifeln, wenn sie einem etwas Unbequemes sagt, man denke da zum Beispiel an die christliche Kirche, die sehr lange vor allem deshalb nicht daran geglaubt hat, dass sich die Erde um die Sonne dreht, weil dies ihre Autorität in der Bibelauslegung infrage gestellt hätte.[2] Verspricht die Wissenschaft dagegen Annehmlichkeiten, vertraut man ihr gern blind. Eine Studie, die auf die Unschädlichkeit von einem Glas Wein am Tag hindeutet, werden viele mit Freude zur Kenntnis nehmen, warnt sie jedoch vor der Schädlichkeit des Alkohols, verdrängt man sie eher. Die generelle Skepsis der Wissenschaft gegenüber hält die wenigsten davon ab, in einen Fahrstuhl, ein Auto oder ein Flugzeug zu steigen und dabei auf die korrekte Anwendung der Wissenschaft zu vertrauen.

Dass der Mensch sich mit obigen Mechanismen sehr gut mit dieser kognitiven Dissonanz arrangiert hat, kann man beispielsweise daran erkennen, dass trotz der Tatsache, dass die Bundesbürger Umwelt- und Klimaschutz mittlerweile als eine der wichtigsten Herausforderungen sehen [5], die

---

[2] Besonders die Protestanten waren mit ihrer damaligen sehr wörtlichen Bibelauslegung sehr harte Gegner des heliozentrischen Weltbilds. Nachdem sie während des Dreißigjährigen Krieges immer mehr Einfluss gewannen, wollte die katholische Kirche ein Exempel statuieren, dass sie die Bibel genauso wörtlich wie die Protestanten nimmt, sodass sie Galileo Galilei dazu zwang, seine Lehre über das heliozentrische Weltbild in Rom zu widerrufen.

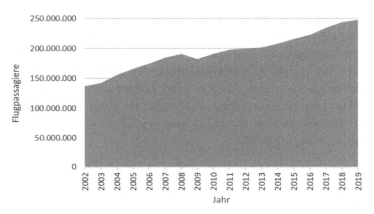

Abb. 1.2 Flugpassagiere deutscher Flughäfen. (Quelle: Daten aus [6])

Anzahl der Flugpassagiere in Deutschland ungeachtet der seit Jahrzehnten bekannten Klimaschädlichkeit bis zur Coronakrise permanent angestiegen ist (Abb. 1.2).

Der Preis für Klimaschutz ist sicher, der Nutzen nicht
Auch wenn die Kosten und die persönlichen Unannehmlichkeiten zur Erreichung der Klimaziele je nach Art der Umsetzung der Energiewende stark variieren, ist es unstrittig, dass diese definitiv spürbar sein werden. Dass der sich damit ergebende Nutzen (zumindest aus globaler Sicht) tatsächlich größer als der Aufwand ist, ist sehr wahrscheinlich, lässt sich jedoch nicht mit 100 %iger Sicherheit sagen. Eine Änderung der Atmosphärenzusammensetzung, wie sie die letzten 100 Jahre erfolgt ist, hat die Erde seit mindestens einer Million Jahre noch nicht erlebt, von daher sind alle Schadensprognosen naturgemäß mit einer gewissen Restunsicherheit verbunden. Auch wenn das Risiko, dass es noch deutlich schlimmer kommt, als bislang erwartet, größer ist, als die Wahrscheinlichkeit, dass es weniger schlimm kommt, nagt dieser kleine Restzweifel bei manch einem an

der Motivation für den Klimaschutz. Wenn die Autowerkstatt einem rät, 2000 € für die Generalüberholung des Motors auszugeben, weil damit wahrscheinlich ein späterer Schaden von 4000 € vermieden werden kann, würden dies sicherlich viele tun. Aber es wird immer auch Menschen geben, die so eine Ausgabe scheuen, bei dem der Nutzen nicht vollkommen sicher ist und vor allem erst in vielen Jahren wirksam wird.

Generationenegoismus

Klimaschutzmaßnahmen, die für die jetzige Generation Unannehmlichkeiten bereiten, entfalten ihren Nutzen erst für die nachfolgenden Generationen. Auch wenn sich nur eine kleine Minderheit offen zu diesem Argument bekennt, schwingt dies sicher im Unterbewusstsein bei vielen mit, die persönlichen Einschränkungen aus Klimagründen eher skeptisch gegenüberstehen.

Nationaler Egoismus

Klimaschutzmaßnahmen in Deutschland verringern die klimabedingten Schäden vor allem in anderen Ländern und vor allem außerhalb von Europa. Die Grenzen der Solidarität von Staaten untereinander (selbst wenn sie innerhalb der EU sind) zeigen sich zum Beispiel regelmäßig bei den wenig erfolgreichen Versuchen, die Lasten der Migration in der EU einigermaßen gerecht aufzuteilen.

Die Abneigung gegen internationale Zusammenarbeit

Es liegt in der Natur der Sache, dass ein global verursachtes Klimaproblem auch nur global gelöst werden kann. Dies erfordert eine enge internationale Zusammenarbeit, bei der zum Beispiel verbindliche Absprachen über eine sinnvolle länderübergreifende Bepreisung von CO_2 getroffen werden müssen. Es gibt jedoch Menschen, denen eine Zusammenarbeit mit anderen Ländern generell suspekt ist, was sich üblicherweise speziell in rechtspopulistischen Parteien manifestiert. Dieses Dilemma wird für diese stark nationalistisch denkenden Menschen am einfachsten dadurch gelöst, dass sie den menschengemachten Klimawandel und damit auch die Notwendigkeit internationaler Zusammenarbeit leugnen.

1.3 Argumentationsmuster der Klimawandelleugner

Speziell die Vertreter der Klimawandelleugner, die ein hohes finanzielles Interesse am Ausbleiben von Klimaschutzmaßnahmen haben, gehen teilweise höchst professionell vor, um die Meinung der Öffentlichkeit und damit auch der Politik in die für sie günstige Richtung zu beeinflussen. Dabei verwenden sie üblicherweise die folgenden typischen Argumentationsmuster (in Anlehnung an [7]).

Zweifel an der Einigkeit der Wissenschaft streuen
Indem wissenschaftlich nicht haltbare Aussagen angeführt werden, wird versucht, Zweifel an der Einigkeit der Wissenschaft vorzutäuschen. Die dabei zu Wort kommenden angeblichen Experten sind im Allgemeinen Personen mit einem Professorentitel, die den Anschein wissenschaftlicher Seriosität vermitteln sollen. Meistens sind dies dann Wissenschaftlicher, die in ganz anderen Fachgebieten gearbeitet haben und keinerlei Veröffentlichungen in klimawissenschaftlichen Publikationen vorweisen können, in denen Beiträge von verschiedenen Fachexperten geprüft werden, ob sie den wissenschaftlichen Standards entsprechen, bevor sie veröffentlicht werden (Peer Review). Tatsächlich sind sich jedoch 97–99 % der Klimawissenschaftler in den

grundsätzlichen Aussagen zum menschengemachten Klimawandel einig. Dies hat auch die Bundesregierung mit Verweis auf mehrere entsprechende Studien als Antwort auf eine von Abgeordneten der AfD gestellten kleinen Anfrage, in der diese Tatsache bezweifelt wird, ausführlich dargelegt [8].

Manche Klimaskeptiker stellen die Aussagen von Wissenschaft und Forschung auch deshalb infrage, weil viele Studien zu unterschiedlichen Ergebnissen kommen, nach dem Motto: „Wenn sich die Wissenschaft schon nicht untereinander einig ist, warum soll ich dann überhaupt etwas glauben?" Dabei wird jedoch außer Acht gelassen, dass die Prognosen zwar gewisse Bandbreiten zeigen, die generelle Tendenz und die prinzipiellen Aussagen der verschiedenen Studien in den wesentlichen Punkten aber gut übereinstimmen. Und gerade die Tatsache, dass die Ergebnisse verschiedener Studien nicht exakt übereinstimmen, unterstreicht, dass die wissenschaftliche Unabhängigkeit der verschiedenen Herangehensweisen in den verschiedenen Studien gewährleistet ist und nicht einfach voneinander ein gewünschtes Ergebnis abgeschrieben wird.

Selektivität und Rosinenpicken bei der Datenauswahl

Bei den Unmengen an vorliegenden Messdaten werden nur diejenigen herausgesucht, die der gewünschten Argumentation zuträglich sind. Ein Beispiel ist die Verwendung von Temperaturdaten, die nur auf Europa beschränkt sind, um damit den Eindruck zu erwecken, es hätte auch im Mittelalter bereits eine ähnliche Erderwärmung wie jetzt gegeben. Ein anderes Beispiel ist das Herauspicken der Jahre 1995 bis 2012 aus dem Verlauf der globalen mittleren Temperatur, bei dem durch die willkürliche Wahl des zufällig besonders warmen Jahres 1995 und dem Weglassen des jahrzehntelangen Anstiegs zuvor der Eindruck vermittelt wurde, die menschengemachte Erderwärmung sei zum Stillstand gekommen und die Klimamodelle hätten alle versagt. Der überproportionale Anstieg der Temperatur nach 2012 hat dann auch die Korrektheit der Klimamodelle eindrucksvoll bestätigt. Nichtsdestotrotz hat die AfD weiterhin die auch von Laien als vollkommen absurd erkennbare Aussage in ihrem Parteiprogramm, dass angeblich die Temperatur seit den 1990er-Jahren entgegen der Aussagen der Klimawissenschaftler nicht mehr ansteigt.

Rückgriff auf Falschdarstellungen und logische Fehlschlüsse

Ein typisches Beispiel eines logischen Fehlschlusses, der von Klimawandelleugner gezielt verwendet wird, ist die Aussage: „Die Wissenschaft hat sich in der Vergangenheit auch immer wieder geirrt, warum also dann nicht auch jetzt in Bezug auf den Klimawandel?" Dies ist insofern ein geschicktes Argument, da sich die Wissenschaft in der Vergangenheit ja in der Tat immer mal wieder geirrt hat, allerdings könnte man mit so einem Argument grundsätzlich sämtliche Aussagen der Wissenschaft negieren und stattdessen irgendeinen Unsinn behaupten.

Das Hauptgegenargument dazu ist die Tatsache, dass sich die Wissenschaft zumindest bislang dann nicht geirrt hat, wenn sämtliche der drei folgenden Kriterien erfüllt waren [9]:

1. Die beteiligten Wissenschaftler kommen aus unterschiedlichsten Ländern bzw. Kulturen und haben unterschiedliche Hintergründe.
2. Anerkannte Standards des wissenschaftlichen Arbeitens werden verwendet.
3. Unterschiedlichste Herangehensweisen führen zu übereinstimmenden Ergebnissen.

Bei der Entstehung der Berichte des Klimarats wird strengstens darauf geachtet, all diese drei obigen Kriterien zu erfüllen, von daher ist mit sehr hoher Wahrscheinlichkeit davon auszugehen, dass sich die Wissenschaft in diesem Punkt nicht irrt.

Eine gesunde Skepsis zu haben, mag ja erst einmal nachvollziehbar zu sein, aber wenn man der Meinung von mehr als 97 % der zu diesem Thema forschenden Wissenschaftlern nicht glaubt, was darf man dann überhaupt noch glauben? Ist die Erde wirklich rund? Ist der Mond vielleicht doch aus Käse?

Bei sogenannten Strohmann-Argumenten werden Aussagen der Klimawissenschaft entstellt wiedergegeben, um leichter dagegen argumentieren zu können und die Glaubwürdigkeit der Wissenschaft zu beeinträchtigen. Es wird beispielsweise der Eindruck erweckt, dass die Wissenschaft behauptet, dass *nur* die menschengemachten Emissionen einen Einfluss auf die Temperatur haben und Faktoren wie der Einfluss der Sonne oder andere Dinge ignorieren. Tatsächlich werden die nicht vom Menschen verursachten Einflüsse in der Klimaforschung jedoch sehr wohl quantitativ berücksichtigt – sie haben sich jedoch als vergleichsweise gering herausgestellt.

Ein weiterer beliebter logischer Fehlschluss der Klimawandelleugner ist die Behauptung, dass CO_2 nicht die Ursache des Temperaturanstiegs sein kann, weil in den Jahrmillionen der Erdgeschichte der Anstieg der CO_2-Konzentration in der Atmosphäre immer die Folge einer (zum Beispiel durch Veränderungen der Stärke der Sonnenstrahlleistung verursachten) Temperaturänderung war. Der logische Fehlschluss besteht darin, dass nur weil es so in der Vergangenheit war, es kein Beweis dafür ist, dass es immer so sein muss. Nur weil aus einem Ei ein Huhn wird, heißt das ja noch nicht, dass ein Huhn kein Ei legen kann. Der

Wirkungsmechanismus ist seit Langem nachgewiesen, dass eine, von wem auch immer verursachte CO_2-Erhöhung ebenfalls zu einer Temperaturerhöhung führt (die dann den CO_2-Gehalt sogar noch verstärkt).

Geschickt ist auch das Argument, dass das von Menschen emittierte CO_2 keinen großen Einfluss haben kann, weil die Menge winzig im Vergleich zu den natürlichen CO_2-Quellen ist. Die menschlichen CO_2-Emissionen machen nämlich tatsächlich nur etwa 10 % der natürlichen Emissionen aus, aber das Argument ignoriert den Mechanismus des Kohlenstoffzyklus, bei dem es neben den natürlichen Emissionsquellen auch natürliche CO_2-Senken gibt, die ziemlich exakt die natürlichen Emissionen wieder aufnehmen. Dieses empfindliche Gleichgewicht, bei dem sich seit etwa einer Million Jahren eine relativ stabile geringe CO_2-Konzentration in der Atmosphäre eingestellt hat, wird nun allerdings durch die CO_2-Emissionen des Menschen gestört. Obwohl glücklicherweise etwa zwei Drittel der menschlichen Emissionen durch natürliche Senken sogar wieder absorbiert werden, genügt das sich in der Atmosphäre seit der Industrialisierung Jahr für Jahr anreichernde verbleibende Drittel, dass sich die CO_2-Konzentration in für erdgeschichtliche Maßstäbe explosionsartiger schneller Weise bereits nahezu verdoppelt hat.

Unerfüllbare Anforderungen an wissenschaftliche Forschung

Ein Zeichen der Einhaltung anerkannter Standards der Wissenschaft ist die Anerkennung einer gewissen Unsicherheit. Eine 100 %ige Sicherheit kann Wissenschaft grundsätzlich nicht leisten. Sämtliche Prognosen zum Klimawandel in den Studien werden deshalb auch nie als vollkommen sicher, sondern oftmals „nur" mit „sehr/äußerst wahrscheinlich" angegeben. Das Argument von Klimaleugnern, man sollte erst handeln, wenn es eine 100 %ige Sicherheit gibt, bedeutet damit im Grunde ein Aufruf, niemals handeln zu müssen, und ignoriert auch die bestehende Unsicherheit, dass die Folgen des Nicht- bzw. Zuwenighandelns vielleicht noch deutlich schwerer wiegen, als die Wissenschaft momentan annimmt. Wegen einer fehlenden absoluten Sicherheit die Prognosen der Klimawissenschaftler zu ignorieren, ist jedoch ein wenig so, als ob man mutig mit dem Auto eine bequeme Abkürzung über eine baufällige Brücke fährt, weil diese ja nicht auf alle Fälle, sondern „nur sehr wahrscheinlich" einstürzt. Es ist ebenso auch anzunehmen, dass im Fall einer schweren Krankheit die meisten Klimawandelleugner ein wissenschaftlich getestetes Medikament auch dann einnehmen werden, wenn die Wirkung nicht 100 %ig sicher ist und zwar selbst dann, wenn relativ sicher mit unangenehmen Nebenwirkungen zu rechnen ist.

Aufstellen von Verschwörungstheorien

Wenn gar nichts mehr hilft, versuchen Klimaleugner Zweifel an der Unabhängigkeit der Wissenschaft zu streuen. Die überwältigende Übereinstimmung der Klimaforscher wird als Verschwörung der dabei beteiligten Wissenschaftler gewertet, die aus finanziellen und/oder politischen Gründen andere Meinungen unterdrücken. Dies ist insofern natürlich besonders verlogen, da die politische und finanzielle Abhängigkeit der teilweise höchst professionell agierenden Klimawandelleugnerorganisationen bereits nachgewiesen ist, während eine gezielte Verschwörung Tausender unabhängiger Wissenschaftler aus unzähligen wissenschaftlichen Akademien und Einrichtungen in der ganzen Welt allein von der praktischen Umsetzung her vollkommen unplausibel ist. Außerdem ist der Hauptantrieb eines Wissenschaftlers vor allem, neues, revolutionäres Wissen zu produzieren, statt bereits vorhandene Ergebnisse zu bestätigen. Die einzelnen Wissenschaftler haben somit im Grunde sogar ein

Interesse daran, den Wissenschaftskonsens bezüglich des menschengemachten Klimawandels zu widerlegen. Dass dies seit Jahrzehnten trotzdem niemandem unter Einhaltung anerkannter wissenschaftlicher Standards gelungen ist, spricht eindeutig für das Zutreffen der herrschenden Wissenschaftsmeinung und nicht für eine Verschwörung der Wissenschaft.

1.4 Die verschiedenen Stufen der Klimawandelleugnung

Es gibt unzählige Argumente, mit denen manche Menschen und Organisationen versuchen, die Aussagen der Wissenschaft zum menschengemachten Klimawandel zu widerlegen [10, 11].

Klimawandelleugner, die sich dieser Argumente bedienen, gibt es in vielen verschiedenen Ausprägungen – bei manchen ändert sich der Umfang der Leugnung auch im Lauf der Zeit, wenn die Gegenargumente zu erdrückend werden. Aber selbst wer den menschengemachten Klimawandel nicht abstreitet, sucht oft trotzdem nach Argumenten, die vom Weltklimarat empfohlenen Klimaschutzmaßnahmen nicht konsequent umsetzen zu müssen. Die Ausprägung der Klimawandelleugnung lässt sich grob in die folgenden Stufen einteilen:

- Die Erde erwärmt sich nicht.
- Die Erde erwärmt sich zwar, das hat sie aber schon getan, bevor es den Mensch überhaupt gab.
- Der Mensch ist zwar die Ursache, aber die Temperatur- und CO_2-Erhöhung kann sogar nützlich sein.
- Wir sollten erst einmal abwarten, bis die Technologie soweit ist, die Energiewende umzusetzen.
- Es ist ohnehin schon zu spät, etwas zu tun.

- Wir können zwar etwas tun, aber es wäre so teuer, dass es sich nicht lohnt.
- Es sollen erst diejenigen Länder etwas tun, die deutlich mehr CO2 ausstoßen als Deutschland.
- Implikatorische Leugnung: Behaupten, persönlich bzw. als Staat alles Notwendige zu tun, um die Ziele zu erreichen, es aber faktisch nicht (ausreichend) tun.

Was von diesen verschiedenen Stufen der Klimawandelleugnung zu halten ist, soll im Folgenden dargelegt werden.

Die Erde erwärmt sich nicht
Der Anstieg der globalen Durchschnittstemperatur ist mittlerweile auch für Laien in den veröffentlichten Temperaturkurven ohne Mühe erkennbar. Trotzdem gibt es Menschen, die selbst diese relativ einfach messbare Tatsache einfach nicht wahrhaben wollen. Auf so eine Schlussfolgerung kann man eigentlich nur kommen, wenn man die Entwicklung der globalen Durchschnittstemperatur in den letzten zehn Jahren einfach ignoriert und sich aus der Entwicklung der Globaltemperatur einen willkürlich begrenzten, relativ kurzen Zeitraum aus der Vergangenheit herauspickt (Abschn. 1.3) oder die aus wissenschaftlicher Sicht eher relativ simple Temperaturermittlung schlicht infrage stellt.

Was oftmals auch nicht bedacht wird, ist die Tatsache, dass die globale Erwärmung nicht in allen Regionen gleichmäßig erfolgt. So ist die Erwärmung zum Beispiel auf der Nordhalbkugel im Mittel deutlich höher als auf der Südhalbkugel, ebenso ist sie auf Landmassen höher als auf dem Wasser. Eine auf den ersten Blick vielleicht gering erscheinende Erhöhung der globalen Durchschnittstemperatur um 1 °C bedeutet in manchen Regionen bereits eine Erhöhung um 2 °C und mehr. Die vereinfachte Fixierung auf die absolute Zahl der Erhöhung der globalen Durchschnittstemperatur verharmlost also die tatsächliche Veränderung in vielen Regionen.

Die Erde erwärmt sich zwar, das hat sie aber schon getan, bevor es den Menschen überhaupt gab
Veränderungen gab es zwar tatsächlich schon immer, diese liefen jedoch in völlig anderen zeitlichen Dimensionen ab als die gegenwärtige Veränderung. Die Ursachen früherer Veränderungen sind gut verstanden und basieren hauptsächlich auf extrem langsamen Veränderungen zum Beispiel der Erdbahnparameter oder der Strahlungsstärke der Sonne. In für menschliche Belange relevanten Zeiträumen waren die Bedingungen der Erde extrem stabil, was erst die Existenz des heutigen Menschen ermöglicht hat. Die jetzt innerhalb von 100 Jahren erreichte Treibhausgaskonzentration hat es seit 800.000 Jahren, vermutlich sogar seit 3 Millionen Jahren nicht gegeben. Eine gegenüber dem vorindustriellen Niveau längerfristig um mehr als 4 °C höhere globale Durchschnittstemperatur, wie sie bei der gegenwärtigen Klimaschutzpolitik im Jahr 2100 zu erwarten ist, hat es vermutlich seit mindestens 10 Millionen Jahren nicht gegeben. Das letzte Mal, als die für 2100 prognostizierte CO_2-Konzentration und Erdtemperatur längerfristig überschritten wurde, ist vermutlich etwa 35 Millionen Jahre her, als die Erde komplett eisfrei und der Meeresspiegel 70 Meter höher war als jetzt [12].

Während es eine Vielzahl von bekannten natürlichen Einflüssen auf das Klima gab und gibt, tragen die durch den Mensch emittierten Treibhausgase mit großem Abstand am meisten zur aktuell voranschreitenden Klimaerwärmung bei.

Der Mensch ist zwar die Ursache, aber die Temperatur- und CO_2-Erhöhung kann sogar nützlich sein
Zahlreiche wissenschaftliche Studien belegen, dass die Erderwärmung vielfältige negative Auswirkungen auf die Artenvielfalt, Landwirtschaft, Gesundheit, Wirtschaftsleistung und die Gesellschaft haben wird [13]. Diese überwiegen in

Summe die möglichen positiven Seiten des Klimawandels bei Weitem. Die Höhe der Schäden hängt jedoch stark davon ab, um welche Region auf der Welt es sich handelt [14, 15]. Die geringsten Schäden oder vielleicht sogar ein geringer Nutzen werden in eher gemäßigten und kühleren Regionen wie Mittel- und Nordeuropa, Russland und Kanada erwartet. Alle anderen Regionen müssen mit erheblichen Schäden rechnen. Besonders betroffen sind dabei die Regionen Indien, Afrika, Mittel- und Südamerika.

Artenvielfalt

Veränderungen, die stärker sind als diejenigen, die wir innerhalb von 100 Jahren erleben, haben früher 100.000 und mehr Jahre gedauert. Obwohl Flora und Fauna damals sehr viel mehr Zeit für eine Anpassung hatten als jetzt, führte dies trotzdem immer wieder zu massiven Veränderungen bis hin zu Massensterben. Die Anzahl der ausgestorbenen Tierarten nimmt seit der Industrialisierung kontinuierlich zu, ein Trend, der durch die schnelle Klimaveränderung noch verstärkt werden wird.

Landwirtschaft

Manche Klimawandelleugner behaupten, dass der steigende $CO2$-Gehalt in der Atmosphäre nützlich für die Pflanzenwelt sei, was sich bereits in einer Zunahme begrünter Flächen bemerkbar mache. Untersuchungen haben jedoch gezeigt, dass dieser Effekt deutlich kleiner ist als gedacht und eher zu einer Veränderung der Vegetation und nicht zu einer tatsächlichen Zunahme an kohlenstoffspeichernden Pflanzen führt. Der negative Einfluss der im Zuge des Klimawandels zunehmenden Wahrscheinlichkeit für Hitze, Dürren und Starkregen ist außerdem deutlich ausgeprägter [16].

Kältere Regionen werden in der Landwirtschaft von steigenden Temperaturen zwar tatsächlich ein wenig profitieren, aufgrund der geringen Sonnenstrahlung in den eher polnahen Gebieten ist das Verbesserungspotenzial jedoch relativ gering.

Gesundheit
Es ist zwar mit einer Abnahme von Kältetoten zu rechnen, was aber durch die zwangsläufige Zunahme von Hitzetoten mehr als kompensiert wird.

Ab einer Erderwärmung von 7 °C (was ohne Klimaschutzmaßnahmen etwa ab dem Jahr 2150 erreicht werden könnte) werden erste Zonen auf der Erde entstehen, in denen Menschen ohne Klimatisierung nicht überleben können, da dort die sogenannte Kühlgrenztemperatur („wetbulb temperature") von 35 °C überschritten wird. Die Kühlgrenztemperatur ist die tiefste Temperatur, die bei einer bestimmten Lufttemperatur und relativen Luftfeuchtigkeit durch Oberflächenverdunstung erreicht werden kann. Entsprechend kann der Mensch ab einer Kühlgrenztemperatur von 35 °C den Körper nicht mehr über die Verdunstung von Schweiß kühlen und stirbt an Hyperthermie. Eine Kühlgrenztemperatur von 35 °C wird zum Beispiel bei 35 °C und einer relativen Luftfeuchtigkeit von 100 % oder bei 46 °C und einer relativen Luftfeuchtigkeit von 50 % erreicht.

Hinzu kommt, dass man mit einer verstärkten Ausbreitung von durch Insekten verbreiteten Krankheiten wie das Dengue Fieber oder Malaria rechnen muss [12, 17].

Wirtschaftsleistung
Die wirtschaftlichen Auswirkungen des Klimawandels sind eines der umstrittensten Forschungsthemen – denn das Beziffern und Bewerten ökonomischer Folgen in der Zukunft ist sehr stark von den jeweils getroffenen Annahmen abhängig.

Die meisten Untersuchungen erwarten zahlreiche negative Folgen und nur sehr wenige positive Auswirkungen [12–14]. Zu den negativen Folgen gehören die Zunahme der Schadenskosten aufgrund extremer Wetterereignisse und der Verlust von Land und Infrastruktur verbunden mit zusätzlichen Kosten für Küstenschutz aufgrund des steigenden Meeresspiegels.

Die bis vor Kurzem relativ stabilen Klimaverhältnisse waren ein unschätzbarer wirtschaftlicher Vorteil, da sie notwendige kostspielige Anpassungsaufwände auf ein Minimum reduzierten. Ein zum Beispiel mit hohem Aufwand gebauter Staudamm zur Nutzung von Wasserkraft verliert jedoch erheblich an Wert, sofern der Fluss aufgrund von Klimaveränderungen weniger oder gar kein Wasser mehr führt.

Die höhere Temperatur wird in den wärmeren Regionen zu einer deutlichen Senkung der Arbeitsleistung von Menschen führen, die unter nicht klimatisierten Bedingungen arbeiten.

Durch die verstärkte Umsiedlung von Menschen aufgrund sich verändernder Klima- und Vegetationszonen werden erhebliche Finanzmittel erforderlich.

Gesellschaft

Auslöser von gewaltsamen Konflikten sind oftmals Armut und wirtschaftliche Verwerfungen, die durch den Klimawandel noch weiter verschärft werden, wodurch die weltweite Anzahl an Flüchtlingen weiter ansteigen wird. Zu welchen gesellschaftlichen Konflikten Migrations- und Flüchtlingsströme führen können, hat Europa in den letzten Jahren bereits erleben können und könnte vielleicht nur der Vorgeschmack dessen sein, was in den nächsten Jahrzehnten zu erwarten ist. Studien warnen deshalb bereits vor der hohen Verwundbarkeit der Militär- und Sicherheitsstrukturen durch den Klimawandel und vor einem Zusammenbruch des regionalen politischen, institutionellen und sicherheitsrelevanten Zusammenhalts in Europa [18, 19].

Wir sollten erst einmal abwarten, bis die Technologie so weit ist, die Energiewende umzusetzen

Dies ist eine bequeme Ausrede, aktuell bereits mögliche, aber vielleicht unbequeme Maßnahmen nicht durchsetzen zu müssen. Der in manchen Bereichen in der Vergangenheit tatsächlich unerwartet schnelle Fortschritt wird als Argument dafür verwendet, dass bei den für die Energiewende notwendigen Technologien (Wind, Solar, Wasserstoff, Batterien usw.) noch große Verbesserungspotenziale schlummern würden.

Unbestritten explosionsartig war bislang jedoch eigentlich nur der Fortschritt im Bereich der Computerrechenleistung. Aber auch da beginnt man bereits, an die Grenzen zu stoßen. Das lange Zeit gültige Moorsche Gesetz, dass sich die Rechenleistung von Mikroprozessoren etwa alle zwei Jahre bei sinkenden Preisen verdoppelt, ist bereits seit einigen Jahren nicht mehr gültig [20, 21].

Besonders gering sind die Fortschritte bei Technologien, die bereits lange genutzt und weiterentwickelt werden. Eklatantes Beispiel dafür ist der geringe Fortschritt der Automobiltechnik in den letzten 20 Jahren. Ein heutiger Golf verbraucht gerade mal nur einen Liter weniger als ein mehr als 20 Jahre alter Golf. Kommt ein neues Automodell auf den Markt, besteht der größte Unterschied zum vorherigen Modell nun vor allem in der Größe und Bedienfreundlichkeit des Touchscreens; die zur eigentlichen Kerneigenschaft des Automobils gehörende Energieeffizienz wird jedoch nur marginal besser, und das teilweise auch nur auf dem Papier aufgrund kreativer Ausreizung der vom Gesetzgeber erlaubten Optimierungsmöglichkeiten bei der Ermittlung der Emissionswerte (Abschn. 4.3). Das technisch Machbare bei bereits lange etablierten Technologien ist also nahezu ausgereizt.

Eine vergleichbare Situation gibt es mittlerweile bei sämtlichen Technologien, die für die Energiewende erforderlich sind. Die Kosten für Strom aus Wind- und Solarenergie haben sich in den ersten Jahrzehnten des Einsatzes noch massiv reduziert, verringern sich aber mittlerweile nur noch sehr wenig. Ein Großteil der dabei erreichten Kosten- und Effizienzverbesserungen entstand auch nicht durch Forschen und Warten, sondern durch die großflächige Nutzung der bereits vorhandenen Technik.

Auch Technologien wie Wasserstofftechnik oder Batteriespeicher, die gemeinhin den Ruf neuartiger Zukunftstechnologien haben, werden bereits seit Jahrzehnten massiv erforscht und weiterentwickelt. Die dabei erreichte Lernkurve ist bereits so flach, dass man schon ein sehr großer Optimist sein muss, wenn man dort noch auf entscheidende Verbesserungen hofft.

Vielleicht rührt der Technikoptimismus auch daher, dass man immer wieder Meldungen liest, wie „Durchbruch in der Batterietechnik geschafft", „Neuartige Materialien lassen enorme starke Kostensenkung erwarten", „Wirkungsgrad konnte extrem erhöht werden". Wenn man aber diese Meldungen genauer unter die Lupe nimmt, handelt es sich in den allermeisten Fällen um Meldungen von Start-ups und Forschungseinrichtungen, die ein hohes Interesse daran haben, von Staat und Investoren mit frischem Geld versorgt zu werden. Wie realistisch diese optimistischen Aussagen sind oder inwieweit sich die Laborergebnisse auf einen breiten industriellen Einsatz übertragen lassen, steht in den Sternen. Die Erfahrung der Vergangenheit zeigt, dass selbst die letztlich erfolgreichen technischen Durchbrüche mehrere Jahrzehnte benötigten, um die vorhandenen Alternativen dann tatsächlich auch in der Praxis zu übertreffen und zu ersetzen. Mögen sich im Konsumbereich, in dem Handys bereits nach wenigen Jahren erneuert werden, Innovationen bereits in wenigen Jahren durchsetzen, sind die Innovationszyklen im für die Energiewende entscheidenden Energie- und Industriebereich deutlich länger. Die Lebensdauer der hier benötigten Geräte und Anlagen beträgt 20 Jahre und mehr. Soll die Energie- und

Industrieinfrastruktur 2050 klimaneutral sein, müssen bereits jetzt die ersten Investitionsentscheidungen auf Basis der aktuell verfügbaren klimaneutralen Technik gefällt werden, ansonsten besteht die Gefahr des sogenannten Lockin-Effekts, bei dem eine gerade erneuerte langlebige Infrastruktur einen so hohen Wert darstellt, dass man diese aus wirtschaftlichen Gründen nur in absoluten Ausnahmefällen gegen eine klimafreundlichere Alternative austauscht. Wenn jetzt ein fossiles Kraftwerk ans Netz geht, wird es aller Voraussicht nach mehrere Jahrzehnte in Betrieb sein und nur unter ganz besonderen Umständen und nur in Verbindung mit sehr hohen Entschädigungszahlungen (Beispiel Atom- und Kohleausstieg) vorzeitig abgeschaltet werden.

Je geringer die Emissionsreduktionen in den nächsten Jahren ausfallen, desto stärker müssen diese dann zu einem späteren Zeitpunkt ausfallen. Das jetzige Nichts- oder Wenigtun macht es also der folgenden Generation umso schwerer, die Klimaneutralität bis 2050 zu erreichen [22]. Fazit: Die für die Energiewende notwendige Technologie wurde bereits seit Jahrzehnten so stark optimiert, dass wesentliche Verbesserungen sehr unwahrscheinlich sind. Gleichzeitig steigt der Aufwand, denselben Klimanutzen zu erzielen, je später eine Maßnahme einsetzt. Die Fortsetzung der Energiewende scheitert momentan nicht an mangelnder Forschung und Technik, sondern an dem politischen Willen, die Rahmenbedingungen so festzulegen, dass die vorhandene Technik sinnvoll und in ausreichendem Maße zum Einsatz kommt.

Es ist ohnehin schon zu spät, etwas zu tun
Bei einer Podiumsdiskussion beim G20-Gipfel in Davos sprach die Vertreterin der deutschen Fridays-for-Future-Bewegung Luisa Neubauer davon, dass 2020 das letzte Jahr wäre, um mit Maßnahmen eine Begrenzung auf 1,5 °C

noch zu erreichen [23]. So verständlich es scheint, in der gegenwärtigen Situation alles zu versuchen, um die Dringlichkeit von Maßnahmen zu unterstreichen, ist diese Aussage zum einen falsch und zum anderen sogar kontraproduktiv. Eine übertriebene Klimahysterie nach dem Motto „jetzt oder nie" führt nur zu einer Ohnmacht in der Bevölkerung, die den Eindruck hat, dass ohnehin schon alles zu spät sei, da ein so konsequentes und schnelles Umsteuern kaum vorstellbar erscheint. Zur Erreichung des Klimaziels 1,5 °C darf insgesamt nur noch eine begrenzte Menge an Treibhausgasen ausgestoßen werden. Diese Menge entspricht in etwa 20 Jahre des aktuellen Ausstoßes. So erschreckend klein diese Zahl ist, ist sie jedoch noch so groß, dass 2020 definitiv nicht das letzte Jahr ist, in dem sich entscheidet, ob wir eine Begrenzung auf 1,5 °C noch schaffen oder nicht. Dementsprechend wurde Julia Neubauer bei der oben angesprochenen Podiumsdiskussion auch prompt von Greta Thunberg zurechtgewiesen und hat daraufhin auch ihre Aussage revidiert.

Auch eine zu starke Fokussierung auf das 1,5-Grad-Ziel ist nicht hilfreich. Es gibt zwar jede Menge an möglichen Kipppunkten, bei denen irreversible negative Entwicklungen in Gang kommen könnten, die nicht mehr zu stoppen sind (zum Beispiel das Auftauen von Permafrostböden, die Veränderung von Meeressströmungen oder das Abschmelzen von Eisschilden), selbst wenn der Mensch keine Treibhausgase mehr ausstößt. Es gibt aber nicht *den* exakten Zeitpunkt oder *die* exakte Temperatur, ab dem oder der diese Kipppunkte einsetzen und es ist auch kein digitaler Vorgang, dass ein Kipppunkt überschritten oder nicht überschritten wird. Man kann nur generell sagen, dass die Wahrscheinlichkeit, dass ein bestimmter Kipppunkt erreicht wird, und die Geschwindigkeit und das Ausmaß der Folgen eines Kipppunkts mit dem Anstieg der globalen Temperatur zunimmt. Gerade Menschen, die eine existenzielle Angst vor einem Untergang der Menschheit haben, glauben sehr stark an die Existenz von solchen Kipppunkten und fürchten sich vor verheerenden Folgen, wenn diese überschritten werden, während die Wissenschaft sich diesbezüglich eher weniger Sorgen macht [24]. Unabhängig von solchen Kipppunkten ist es auch eine zu holzschnittartig vereinfachte und damit verfälschende Annahme, dass es zu einer Klimakatastrophe kommt, wenn wir zu wenig und/oder zu spät handeln und dass stattdessen alles gut wird, wenn wir jetzt konsequent handeln. Die Klimaveränderung ist bereits mit den daraus resultierenden negativen Folgen Realität und wird sich auch noch in einem gewissen Maß fortsetzen, selbst wenn wir ab sofort keinerlei Treibhausgase mehr erzeugen würden. Je schneller und weiter der Klimawandel durch uns weiterhin verstärkt wird, desto größer werden die sich daraus ergebenden zusätzlichen negativen Folgen. Je früher und je mehr wir dagegen tun, desto geringer werden die negativen Folgen. Eine Begrenzung auf 1,5 °C Erwärmung ist besser als eine Begrenzung auf 2 °C, aber auch eine Begrenzung auf 3 °C ist besser als eine Begrenzung auf 4 °C. Jede vermiedene Tonne Treibhausgase vermindert zukünftige Schäden, unabhängig davon, ob oder wie schnell man die restlichen Treibhausgase dann auch noch vermindert. Die kontroversen Diskussionen in Politik, Gesellschaft und Wissenschaft, welche Technologie man in einigen Jahrzehnten am ehesten benötigt, um eine vollständige Klimaneutralität zu erreichen, lenken von den schnellen und einfachen Maßnahmen ab, die man mit vorhandener Technik bereits jetzt umsetzen kann.

Wir können zwar etwas tun, aber es wäre so teuer, dass es sich nicht lohnt

Die weltweiten Kosten (vor allem Investitionen in erneuerbare Energieerzeugung), um die Erderwärmung auf 1,5 °C zu beschränken, werden auf 70–150 Bio. US\$ geschätzt. So

hoch diese Zahl aussieht, bedeutet dies jedoch einen einigermaßen überschaubaren jährlichen Aufwand von etwa 2
bis 4 % der Weltwirtschaftsleistung. Für Deutschland wird
der Aufwand auf maximal 2 % des deutschen Bruttoinlandprodukts geschätzt (Abschn. 3.4). Der damit vermiedene weltweite Schaden, der entstehen würde, wenn man
dieses zusätzliche Geld nicht aufwendet, beträgt hingegen
etwa 500 Bio. US$. Jeder jetzt in den Klimaschutz inves-
tierte Euro vermeidet also auf lange Sicht Schäden in viel-
facher Höhe [25].

Der größte Nutzen der vermiedenen Schäden tritt allerdings nicht unbedingt immer in denjenigen Ländern auf, in
denen die größten Kosten für deren Vermeidung anfallen.
Dieses Faktum zusammen mit der Tatsache, dass sich die
Investition in Klimaschutz erst Jahrzehnte später positiv bemerkbar machen, erschweren die politische Durchsetzung
notwendiger Maßnahmen sehr stark (Kap. 5).

Investitionen in Maßnahmen zur Vermeidung von Treibhausgasemissionen schließen natürlich nicht aus, gleichzeitig auch Geld für die Anpassung an den ja bereits stattfin-
denden und selbst bei einer erfolgreichen Begrenzung auf
1,5 °C noch zunehmenden Klimawandel zu tätigen. Auch
hier zeigen Prognosen, dass sich mit Investitionen in zum
Beispiel Küstenschutz Schäden in mehrfacher Höhe vermeiden lassen [26].

**Es sollen erst diejenigen Länder etwas tun, die deutlich
mehr CO2 ausstoßen als Deutschland**
Deutschland trägt in der Tat nur etwa 2 % zu der globalen Treibhausgasemission bei. Trotzdem gibt es viele gute
Gründe, warum Deutschland unabhängig vom aktuellen
Verhalten anderer Länder seine Emissionen schnellstmög-
lich reduzieren sollte:

- Deutschland hat den Pariser Klimavertrag unterschrieben und sich damit verpflichtet, die Klimaneutralität zu erreichen.
- Deutschland ist trotz seiner relativ geringen Einwohnerzahl der sechstgrößte Verursacher von Treibhausgasen hinter China, USA, Indien, Russland und Japan.
- Von den fünf Ländern, die mehr Treibhausgase als Deutschland verursachen, ist der Ausstoß pro Kopf nur in den USA und in Russland größer als in Deutschland.
- Die global benötigte Reduktion ist nicht erreichbar, wenn nur diejenigen Länder, die mehr als Deutschland ausstoßen, ihre Emissionen verringern. Selbst wenn alle diese fünf Länder ihren Treibhausgasausstoß auf null reduzieren würden, hätte man den weltweiten Ausstoß nur halbiert und wäre damit noch weit von der notwendigen Reduzierung entfernt. Ein global verursachtes Problem kann zwar nicht ein einzelnes Land allein lösen, aber es kann erst recht nicht gelöst werden, wenn einzelne Länder die Verantwortung auf andere Länder abschieben.
- Deutschland kann keinen glaubwürdigen politischen Druck auf andere (EU-)Länder ausüben, wenn es selbst nicht seine Emissionen wirksam reduziert.
- Deutschland als eines der reichsten und innovativsten Länder gilt als Vorbild für viele andere Länder. Der Erfolg bzw. Misserfolg der deutschen Energiewende beeinflusst Wahlen und klimapolitische Entscheidungen in der ganzen Welt.
- Das Argument, etwas deshalb nicht zu tun, weil es nur wenig zum Ganzen beiträgt, widerspricht der einleuchtenden gesellschaftlichen Logik, dass eine Gemeinschaft nur dann funktionieren kann, wenn jeder Einzelne sich angemessen einbringt. Sich aufgrund des geringen Anteils an den globalen Emissionen nicht an

Klimaschutzmaßnahmen zu beteiligen, ähnelt Steuer-
und Versicherungsbetrügern, die ihre Schuld damit
relativieren wollen, dass der angerichtete Schaden angesichts der Höhe des nationalen Steuer- und Ver-
sicherungsaufkommens für die Gesellschaft ohnehin
kaum ins Gewicht falle.

**Implikatorische Leugnung: Behaupten, persönlich bzw.
als Staat alles Notwendige zu tun, um die Ziele zu erreichen, es aber faktisch nicht (ausreichend) tun**
Man kann davon ausgehen, dass die Mehrheit der deutschen Bevölkerung sich auf dieser Stufe der Klimawandelleugnung befindet. Anders kann man nicht erklären, dass
zwar die Mehrheit an den menschengemachten Klimawandel glaubt, Umwelt- und Klimaschutz als eine der wichtigsten Herausforderungen erachtet und Deutschland (und
damit auch sich selbst) vorbildlich in Sachen Klimaschutz
sieht, die Emissionen aber bei Weitem nicht so stark zurückgehen, wie sie eigentlich müssten, wenn Deutschland
das Pariser Klimaabkommen einhalten will.

Die deutsche Regierung bekennt sich immer wieder zur
Einhaltung der Klimaziele und behauptet, alle notwendi-
gen Maßnahmen umzusetzen, um diese Ziele zu erreichen.
Noch im Bundestagswahlkampf 2018 hat Bundeskanzlerin
Angela Merkel versprochen, die notwendigen Maßnahmen
umzusetzen, um das Klimaziel 2020 zu erreichen [27].

Faktisch wurden jedoch seit der anfänglich starken finanziellen Förderung von Wind- und Solarenergie keine weiteren wirksamen Maßnahmen umgesetzt und das Klimaziel
2020 wird nur wegen des Corona-bedingten Wirtschafts-
einbruches (vermutlich) nicht verfehlt werden. Dasselbe
passiert nun auch wieder in Bezug auf das Klimaziel 2030.
Es wird einerseits zugesichert, das Ziel zu erreichen, aber
andererseits wird ein Klimaschutzgesetz verabschiedet, bei
dem alle unabhängigen Klimaexperten sich einig sind, dass

dies nicht ausreichen wird, um die Verpflichtungen auch nur annähernd einzuhalten, die Deutschland mit dem Pariser Klimaschutzabkommen eingegangen ist.

Auch hier zeigt sich die eklatante kognitive Dissonanz, dass man sich einerseits einem Ziel verpflichtet, und andererseits Dinge tut, von denen man eigentlich weiß, dass man damit das Ziel nicht erreicht. Aus Angst vor dem Verlust von Wählerstimmen wird die Bevölkerung über die tatsächliche Kluft zwischen dem Ziel und dem Handeln möglichst lange im Unklaren gelassen und stattdessen argumentiert, dass man ja auch auf die von billigen fossilen Rohstoffen abhängige Wirtschaft und die damit verbundenen Arbeitsplätzen Rücksicht nehmen muss.

Es ist zwar absolut legitim, bei der Abwägung zwischen Klimaschutz und den dafür notwendigen Belastungen für die Bevölkerung einen Kompromiss zu beschließen. Nicht legitim hingegen ist es, dabei trotzdem weiterhin die Einhaltung der Klimaziele und die Einhaltung des unterschriebenen Pariser Klimavertrags zu versprechen. Dies verhindert bei den demnächst anstehenden Bundestagswahlen eine ehrliche Darstellung der Alternativen, zwischen denen sich der Wähler entscheiden muss: Bin ich bereit, für die Einhaltung des Pariser Klimavertrags die damit verbundenen Veränderungen und Belastungen in Kauf zu nehmen? Oder will ich, dass sich möglichst wenig für mich ändert und nehme dafür konsequenterweise in Kauf, dass Deutschland den Pariser Klimavertrag kündigt und die Emissionsreduktion stark verlangsamt? Stattdessen ist es momentan so, dass sämtliche im Bundestag vertretenen Parteien (außer der AfD) die Einhaltung des Pariser Klimavertrages versprechen, allerdings, je nach Partei, die damit verbundenen notwendigen Belastungen und Veränderungen für den Bürger sehr unterschiedlich darstellen. Wenn mir eine Partei verspricht, dass die Klimaziele auch ohne große Anstrengungen erreicht werden, und eine andere Partei die damit verbundenen Mehrbelastungen offen anspricht, wem werden da viele eher ihre Stimme geben? Die wenigsten sind Fachleute auf diesem Gebiet und können die Wirksamkeit der von den Parteien vorgeschlagenen Maßnahmen auch nur annähernd quantitativ nachvollziehen. Dies ist zwar ein generelles Problem bei Wahlversprechen, aber im Gegensatz zu den meisten Wahlkampflügen, entlarven sich Falschaussagen zu Ausmaß und Wirksamkeit von Klimaschutzmaßnahmen erst nach etlichen Jahren, was die Korrekturmöglichkeit durch den Wähler deutlich erschwert und verzögert. Man mag von der Klimapolitik Donald Trumps halten, was man will, aber er war zumindest ehrlich genug, angesichts seiner uneingeschränkten Priorisierung der heimischen Wirtschaft gegenüber dem Klimaschutz konsequenterweise auch offiziell aus dem Pariser Klimaabkommen auszutreten und damit den Wählern unmissverständlich klarzumachen, mit welchen Konsequenzen seine mögliche Wiederwahl verbunden ist.

Dass die meisten Regierungen der Welt die Implikation des von ihnen unterschriebenen Klimavertrags faktisch nicht ernst nehmen, kann man sich auch folgendermaßen vor Augen führen: Die Menschheit erzeugt jedes Jahr etwa 37 Gigatonnen (Gt) CO_2. Die in der Erde lagernden fossilen Ressourcen sind noch so unfassbar umfangreich, dass dies noch Hunderte von Jahren so weiter gehen könnte, bis in Summe 15.000 Gt CO_2 in die Atmosphäre gelangt sind. Die Menschheit hat sich jedoch im Pariser Abkommen dazu verpflichtet, die Erderwärmung auf deutlich unter 2 °C zu begrenzen, was bedeutet, dass ab jetzt in Summe nur noch etwa 800 Gt CO_2 in die Atmosphäre gelangen dürfen [28]. Die Politik müsste sich also eigentlich so verhalten, als ob die fossilen Ressourcen, wenn wir so weitermachen wie bisher, bereits in etwa 20 Jahren vollkommen erschöpft sind. Man möge sich kurz vorstellen, welche drastischen Entscheidungen schon längst getroffen und auch von der Bevölkerung akzeptiert worden wären, wenn diese plötzliche drastische Ressourcenverknappung auch tatsächlich Realität wäre. Kein Staat würde zum Beispiel immer weiter steigende Fluggastzahlen erwarten und deshalb noch Geld in den Bau gigantischer Flughäfen wie den in Berlin stecken, wenn abzusehen ist, dass es in wenigen Jahrzehnten ohnehin kein billiges Kerosin mehr gibt. Stattdessen scheint man angesichts der Versuchung, von den verbleibenden 15.000 Gt vielleicht doch noch ein wenig mehr auszunutzen (speziell, wenn zu erwarten ist, dass diese Rohstoffe aufgrund der zu erwartenden sinkenden Nachfrage aufgrund des Ausbaus der erneuerbaren Energien immer günstiger werden), das verbleibende Budget von 800 Gt CO_2 nicht wirklich als harte Grenze zu sehen, sondern als eine eher unverbindliche und unnötig strenge Zielvorgabe. Die meisten fossilen Rohstoffe in der Erde zu lassen, wird für die meisten Länder sicherlich ähnlich schwer werden, wie wenn man sich das Rauchen abgewöhnen muss, während zu Hause überall Zigarettenschachteln herumliegen.

Literatur

1. Pariser Übereinkommen. (2020). Europäische Kommission. https://ec.europa.eu/clima/policies/international/negotiations/paris_de. Zugegriffen am 12.05.2020.
2. Deutschlandtrend. (2019). tagesschau.de. https://www.tagesschau.de/inland/deutschlandtrend-1645.html. Zugegriffen am 12.05.2020.
3. Climate Change 2014: Synthesis Report. (2014). Contribution of working groups I, II and III to the fifth assessment report of the Intergovernmental Panel on Climate Change (IPCC). https://www.ipcc.ch/site/assets/uploads/2018/02/SYR_AR5_FINAL_full.pdf. Zugegriffen am 12.05.2020.

4. Berichte und Abbildungen. (2020). ipcc Deutsche Koordinierungsstelle. https://www.de-ipcc.de/128.php. Zugegriffen am 12.05.2020.

5. Bundesministerium für Umwelt, Naturschutz und nukleare Sicherheit/Umweltbundesamt. (2019). Umweltbewusstsein in Deutschland 2019 -Ergebnisse einer repräsentativen Bevölkerungsumfrage. https://www.umweltbundesamt.de/sites/default/files/medien/384/bilder/dateien/2_abb_stellenwert-umwelt-klimaschutz_2020-02-19.pdf. Zugegriffen am 12.05.2020.

6. Flughafenverband ADV. (2020). Downloadbibliothek. https://www.adv.aero/service/downloadbibliothek/#su. Zugegriffen am 12.05.2020.

7. Diethelm, P., & McKee, M. (2009). Denialism: What is it and how should scientists respond? *European Journal of Public Health, 19*(1), 2–4.

8. Drucksache 19/12631. (2019). Deutscher Bundestag. http://dip21.bundestag.de/dip21/btd/19/126/1912631.pdf. Zugegriffen am 12.05.2020.

9. Miller, B. (2013). When is consensus knowledge based? Distinguishing shared knowledge from mere agreement. *Synthese*. https://doi.org/10.1007/s11229-012-0225-5.

10. Global Warming & Climate Change Myths. (2020). Sceptical science. https://skepticalscience.com/argument.php. Zugegriffen am 12.05.2020.

11. Cook, J., et al. (2018). Deconstructing climate misinformation to identify reasoning errors. *Environmental Research Letters, 13*, 024018. https://doi.org/10.1088/1748-9326/aaa49f.

12. Stern, N. (2013). The structure of economic modeling of the potential impacts of climate change: Grafting gross underestimation of risk onto already narrow science models. *Journal of Economic Literature, 51*(3), 838–859.

13. Ist der Klimawandel wirklich (so) schlimm? (2017). Klimafakten.de. https://www.klimafakten.de/behauptungen/behauptung-die-oekonomischen-kosten-des-klimawandels-sind-marginal. Zugegriffen am 12.05.2020.

14. Burke, M., & Hsiang, S. (2015). Global non-linear effect of temperature on economic production. *Nature, 527*. https://doi.org/10.1038/nature15725.

15. Ricke, K., Drouet, L., Caldeira, K., & Tavoni, M. (2018). Country-level social cost of carbon. Nature Climate Change, 8. https://doi.org/10.1038/s41558-018-0282-y.

16. Paal, G. (2019). Die AfD sagt: Mehr CO2 fördert das Pflanzenwachstum. Stimmt das? SWR. https://www.swr.de/wissen/1000-antworten/wissenschaft-und-forschung/1000-antworten-2856.html. Zugegriffen am 12.05.2020.

17. Watts, N., et al. (2015). Health and climate change: policy responses to protect public health. *The Lancet Commissions, 386*(10006), 1861–1914. https://doi.org/10.1016/S0140-6736(15)60854-6.

18. A security threat assessment of global climate change. (2020). The national security, military and intelligence panel on climate change (NSMIP). https://climateandsecurity.files.wordpress.com/2020/02/a-security-threat-assessment-of-global-climate-change_nsmip_2020_2.pdf. Zugegriffen am 12.05.2020.

19. The world climate and security report. (2020). International Military council on climate and security. https://imccs.org/wp-content/uploads/2020/02/World-Climate-Security-Report-2020_2_13.pdf

20. Waldrop, M. (2016). The chips are down for Moore's law. *Nature, 530*, 144–147. https://doi.org/10.1038/530144a.

21. Kling, B. (2019). Nvidia-CEO: Moore's Law ist am Ende. ZDNet. https://www.zdnet.de/88351453/nvidia-ceo-moores-law-ist-am-ende/. Zugegriffen am 12.05.2020.

22. Andrew, R. (2020). It's getting harder and harder to limit ourselves to 2 °C. CICERO Center for Climate Research. http://folk.uio.no/roberan/t/global_mitigation_curves.shtml. Zugegriffen am 12.05.2020.

23. Greta Thunberg schüttelt wegen Luisa Neubauer den Kopf - Streit bei den Klima-Aktivistinnen? (2020). Merkur.de. https://www.merkur.de/politik/klima-greta-davos-thunberg-luisa-neubauer-kopfschuetteln-aktivistinnen-zr-13432123.html. Zugegriffen am 12.05.2020.

24. Frey, A. (2020). Bloß keine Panik – auch nicht beim Klima. FAZ.NET. https://www.faz.net/aktuell/wissen/erde-klima/zu-kipppunkten-und-anderen-klima-sorgen-16701417.html. Zugegriffen am 12.05.2020.

25. Hoegh-Guldberg, O., et al. (2019). The human imperative of stabilizing global climate change at 1.5 °C. *Science, 365*(6459), eaaw6974. https://doi.org/10.1126/science.aaw6974.

26. Adapt now: A global call for leadership on climate resilience. (2019). Global commission on adaptation. https://cdn.gca. org/assets/2019-09/GlobalCommission_Report_FINAL. pdf. Zugegriffen am 12.05.2020.

27. Aktivistin Lisa Storcks fordert Kanzlerin Angela Merkel heraus. (2018). DW.COM. https://www.dw.com/de/aktivistin-lisa-storcks-fordert-kanzlerin-angela-merkel-heraus/a-46767804. Zugegriffen am 12.05.2020.

28. Research. (2020). Mercator Research Institute on Global Commons and Climate Change. https://www.mcc-berlin. net/en/research.html. Zugegriffen am 12.05.2020.

2

Die bisherige Umsetzung der Energiewende in Deutschland

Zusammenfassung In diesem Kapitel werden die bisherigen Ergebnisse der Energiewende bilanziert. Die erreichte Verringerung der Treibhausgasemissionen wird mit anderen Ländern verglichen und die Wirksamkeit bisheriger Klimaschutzmaßnahmen beurteilt. Dabei zeigt sich, dass Deutschland zwar eine gewisse Verringerung der Treibhausgasemissionen erreicht hat, dafür aber unnötig viel Geld ausgibt und seit einigen Jahren deutlich weniger für das Klima erreicht als die meisten anderen EU-Staaten. In diesem Zusammenhang werden auch die Folgen des deutschen Atomausstiegs für den Klimaschutz erörtert.

© Springer Fachmedien Wiesbaden GmbH, ein Teil von Springer Nature 2020
A. Luczak, *Deutschlands Energiewende – Fakten, Mythen und Irrsinn,*
https://doi.org/10.1007/978-3-658-30277-1_2

2.1 CO2-Reduktion in Deutschland um 32 % seit 1990 – wie berechtigt ist die Kritik an der deutschen Klimapolitik?

Deutschland hatte und hat teilweise immer noch einen sehr guten Ruf bezüglich seiner Klimapolitik und hat seine Treibhausgasemissionen zwischen 1990 und 2018 immerhin um 32 % gesenkt. Andererseits gibt es eine zum Teil heftige Kritik an den Regierungsparteien, in der Vergangenheit nicht genug gegen den Klimawandel getan zu haben (zum Beispiel im Video „Die Zerstörung der CDU" des Youtubers Rezo). Wie sind solch unterschiedlichen Wahrnehmungen der Realität erklärbar?

Der Einfluss der deutschen Regierung auf die internationale Klimapolitik
Da die CDU in 31 der vergangenen 38 Jahre den Bundeskanzler gestellt hat, ist es nicht verwunderlich, dass sämtliche Meilensteine internationaler Klimaabkommen unter CDU-Bundeskanzlerschaft beschlossen wurden:

* Umweltkonferenz von Rio de Janeiro 1992 (Helmut Kohl)
* Klimaschutzprotokoll von Kyoto 1997 (Angela Merkel)
* Klimaschutzabkommen von Paris 2015 (Angela Merkel)
* Beschluss zur Klimaneutralität der EU 2019 (Angela Merkel)

Darüber, wie entscheidend der Einfluss der CDU bzw. von Angela Merkel (1992 noch Umweltministerin) bei diesen Beschlüssen und Abkommen war und ob andere Regierungsparteien bzw. Kanzler(-innen) dort mehr oder weniger erreicht hätten, lässt sich trefflich streiten. Unstrittig ist jedoch, dass ungeachtet dieser Abkommen die globalen Treibhausgasemissionen immer weiter gestiegen sind (Abb. 2.1).

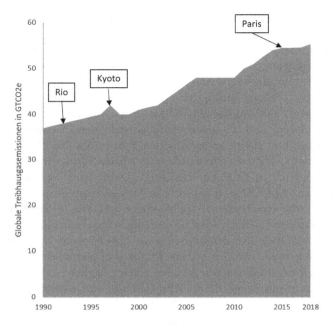

Abb. 2.1 Entwicklung der globalen Treibhausgasemissionen. (Quelle: Daten aus [1])

Es ist eben ein gewaltiger Unterschied, ob man sich öffentlichkeitswirksam auf Absichtserklärungen und ehrgeizige Reduktionsziele einigt oder die sich daraus zwangsläufig ergebenden unpopulären notwendigen Maßnahmen definiert und umsetzt.

In welcher Maßeinheit werden Treibhausgasemissionen dargestellt?
Bei der Angabe der Menge von Emissionen wird grundsätzlich die Einheit von Masse verwendet, also zum Beispiel Gramm, Kilogramm oder Tonne. Geht es um die Gesamtmenge der durch den Menschen emittierten Treibhausgase, ergibt sich die Schwierigkeit, dass es sehr viele verschiedene Arten von Treibhausgasen gibt, die jeweils sehr unterschiedliche, auf die jeweilige Masse bezogene Klimawirksamkeiten besitzen, und man deshalb für die Ermitt-

lung der Gesamtemissionen die Emissionsmengen der einzelnen Treibhausgase nicht einfach addieren kann. Aktuell ist weltweit das vor allem durch die Verbrennung fossiler Brennstoffe und die Trockenlegung von Mooren entstehende CO2 in etwa zu zwei Dritteln für die menschengemachte Klimaerwärmung verantwortlich. Deshalb multipliziert man die emittierte Masse der sonstigen Treibhausgase (im Wesentlichen vor allem durch die Viehhaltung und Landwirtschaft entstehendes Methan und Lachgas) mit einem gasspezifischen Faktor (Global Warming Potential, GWP), der deren höhere spezifische Klimawirksamkeit im Vergleich zu CO2 berücksichtigt. Dabei wird auch die im Vergleich zu CO2 unterschiedliche Verweildauer in der Atmosphäre (die verschiedenen Treibhausgase zerfallen in der Atmosphäre unterschiedlich schnell) mit eingerechnet, indem die Klimawirksamkeit über den Zeitraum von üblicherweise 100 Jahren gemittelt wird. Die mit diesem Faktor korrigierten Emissionsmengen der Treibhausgase können addiert werden und ergeben eine Emissionsmenge, die der Klimawirkung von in dieser Menge emittiertem CO2 entspricht. Die verwendete Masseinheit (zum Beispiel Tonne) erhält dabei den Zusatz Kohlendioxidäquivalent (CO2e).

Etwas besser als auf globaler Ebene sieht es auf europäischer Ebene aus. Hier wurden die Treibhausgasemissionen zwischen 1990 und 2017[1] zumindest um 23 % verringert (Abb. 2.2).

Diese Verringerung wird von den Regierungen gern als Beweis ihrer erfolgreichen Klimapolitik gewertet. Angesichts des erklärten Ziels, 2050 klimaneutral zu sein, ist sie jedoch vergleichsweise gering, da man ja nun in einem ähnlichen Zeitraum eine etwa viermal so hohe Einsparung erzielen muss, wobei gleichzeitig der Aufwand für die Einsparungen naturgemäß immer höher werden wird, je weiter

---

[1] Jüngere Daten lagen zur Drucklegung des Buchs noch nicht vor, da die internationalen Zahlen der Treibhausgasemissionen mit einigen Jahren Verspätung veröffentlicht werden.

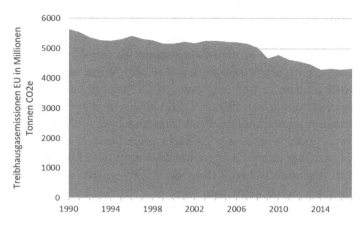

Abb. 2.2 Entwicklung der Treibhausgasemissionen in der EU. (Quelle: Daten aus [2])

man sich der Klimaneutralität nähert. Die Herausforderung, dass die „low hanging fruits", also die einfachen Einsparmöglichkeiten, bereits genutzt wurden und weitere Einsparungen mit deutlich höheren Belastungen für die Bürger und damit entsprechenden Widerständen verbunden sind, zeigt sich bereits in der Tatsache, dass seit 2014 keine nennenswerten Einsparungen mehr erzielt wurden. Entsprechend hat Angela Merkel im Jahr 2018 auch die vom damaligen EU-Klimakommissar Arias Cañete angestrebte Anhebung des EU-Reduktionsziel für 2030 von 40 auf 45 % abgelehnt, da bereits die Reduktion um 40 % herausfordernd genug sei [3]. Mittlerweile begrüßt sie zwar eine Verschärfung des EU-Reduktionsziels auf 50 oder gar 55 %, was aber wiederum von der Unionsfraktion und einigen Fachleuten als zu anspruchsvoll angesehen wird [4].

Eine zentrale politische Maßnahme in der EU zur Reduktion der Emissionen sollte im Jahr 2005 die Einführung eines Emissionshandels sein, der darin besteht, an Kraftwerksbetreiber und Teile der Industrie eine jährlich sin-

kende Menge an Emissionsrechten (auch Emissionszertifikate genannt) auszugeben (Abschn. 3.3). Dieser ist jedoch
aus Angst vor zu großen Belastungen für die Wirtschaft in
einer derart unambitionierten Art und Weise ausgestaltet
worden, dass er erst seit etwa 2018 beginnt, ein kleines
bisschen zu wirken. Ob die CDU eine schnellere und wirk-
samere Ausgestaltung des Emissionshandels nicht durchsetzen
konnte oder wollte oder vielleicht sogar bewusst verhindert
hat, darüber kann man geteilter Meinung sein. Dies als großen klimapolitischen Erfolg der CDU zu werten, dürfte
allerdings etwas vermessen sein.

Eine andere politische Klimaschutzmaßnahme war die
Absenkung der in der EU gültigen CO_2-Grenzwerte für
PKW-Neuwagen. Als in der EU darüber verhandelt wurde,
wie stark die CO_2-Grenzwerte von PKW-Neuwagen zwischen 2020 und 2030 sinken sollen, hatten sich viele
EU-Länder für eine Reduktion um 40 % stark gemacht;
die CDU-geführte deutsche Regierung wollte jedoch nur
eine Reduktion um 30 %. Offensichtlich war die Angst um
einen möglichen Verlust von Arbeitsplätzen in der Auto-
mobilbranche größer als der Ehrgeiz, einen möglichst großen Beitrag zur Reduktion der Treibhausgase zu leisten.
Geeinigt hat man sich dann schließlich auf eine Reduktion
um 37,5 % [5].

Die bisherige Bilanz der deutschen Klimapolitik
Gemessen an der in der gesamten EU erzielten Emissionsreduktion von 23 % zwischen 1990 und 2017 war Deutschland sogar etwas erfolgreicher und hat seine Emissionen in
diesem Zeitraum immerhin um 27 % senken können
(Abb. 2.3).

Daraus könnte man schlussfolgern, dass die deutsche
Klimapolitik wirksamer ist als die durchschnittliche Klimapolitik der anderen EU-Staaten. Die Emissionen werden

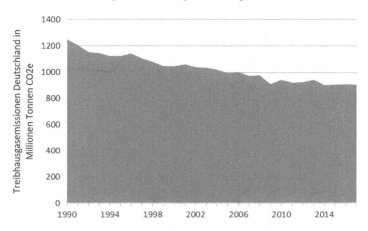

Abb. 2.3 Entwicklung der Treibhausgasemissionen in Deutschland. (Quelle: Daten aus [2])

jedoch nicht nur von der Klimapolitik, sondern auch stark von der Konjunktur und von Änderungen der Industriestruktur beeinflusst. So hatte speziell in Deutschland der im Zusammenhang mit der Wiedervereinigung erfolgte Zusammenbruch der Industrie in den ostdeutschen Bundesländern einen starken Anteil an der Emissionsreduktion in den ersten Jahren nach 1990. Betrachtet man deshalb einen jüngeren Zeitraum, um diesen Sondereffekt auszuklammern, ergibt sich ein völlig anderes Bild: Zwischen 2007 und 2017 konnten die nichtdeutschen EU-Länder ihre Emissionen um immerhin 18 % senken, während die Emissionen in Deutschland in diesem Zeitraum nur um 7 % abnahmen (Abb. 2.4).

Gleichzeitig ist Deutschland einer der größten Klimasünder der EU, wenn man die Emissionsmenge auf die Einwohnerzahl bezieht. Nur die vergleichsweise eher kleinen Länder Luxemburg, Estland, Irland, Tschechien und die Niederlande emittieren pro Kopf mehr Treibhausgase als Deutschland [6].

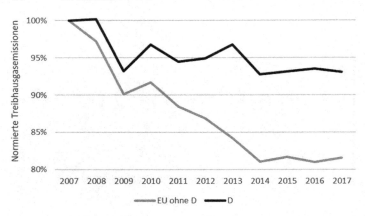

Abb. 2.4 Vergleich der Emissionssenkung von Deutschland und den restlichen EU-Ländern seit 2007. (Quelle: Daten aus [2])

Die bislang wohl weitreichendste Klimaschutzmaßnahme der deutschen Politik war die Verabschiedung des Erneuerbare-Energien-Gesetzes (EEG) im Jahr 2000 zur Förderung der Ökostromerzeugung. Bezeichnenderweise war für dieses Gesetz nicht die lange Zeit als Klimakanzlerin gefeierte Angela Merkel verantwortlich, sondern die Rot-Grüne Koalition unter Gerhard Schröder. Das einzige bislang zumindest ansatzweise wirksame deutsche Klimagesetz der letzten Jahrzehnte entstand also ausgerechnet in der einzigen Amtsperiode, in der nicht die CDU den Kanzler stellte. Warum ist dann die deutsche Klimabilanz speziell in der jüngeren Vergangenheit so schlecht, obwohl genau in diesem Zeitraum ein Großteil des durch das EEG geförderten Ausbaus der Wind- und Solarenergie erfolgte? Einer der Hauptgründe dafür ist die Tatsache, dass in diesem Zeitraum aufgrund des 2011 beschlossenen beschleunigten Atomausstiegs (Abschn. 2.3) auch mehrere Kernkraftwerke stillgelegt worden sind, deren nahezu klimaneutrale Stromerzeugung ersetzt werden musste. Die Menge des erzeugten Atomstroms sank zwischen 2007 und 2017 um 61 TWh, was etwa 10 % der gesamten Stromerzeugung bedeutet. Gleichzeitig stieg in diesem Zeitraum die Menge des von erneuerbaren Energien erzeugten Ökostroms um 125 TWh [7]. Etwa die Hälfte des Ausbaus erneuerbarer Energien diente also allein dazu, zu verhindern, dass der wegfallende Atomstrom durch fossilen Strom ersetzt wird und die Treibhausgasemissionen dadurch sogar ansteigen. Die fossile Stromerzeugung konnte deshalb trotz des starken Ökostromausbaus nur um etwa ein Viertel verringert werden. Die fossile Stromerzeugung macht aber wiederum nur ein Drittel der gesamten deutschen Treibhausgasemissionen aus, während die anderen zwei Drittel außerhalb des Stromsektors durch den Wärmebedarf in Industrie und Gebäuden sowie durch den Verkehr und die Landwirtschaft verursacht werden (Abb. 2.5).

Entsprechend gering ist damit auch bislang der Effekt des Ökostromausbaus auf die Dekarbonisierung des deutschen Gesamtenergiebedarfs gewesen. Der Anteil der erneuerbaren Energien (dazu gehört im Wesentlichen neben

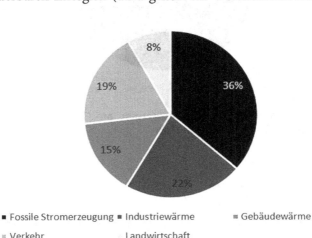

Abb. 2.5 Prozentualer Anteil der Verursacher der Treibhausgase in Deutschland im Jahr 2017. (Quelle: Daten aus [8], S. 4)

dem Ökostrom auch noch der Biosprit und die Verwendung von Biomasse zur Wärmeerzeugung) am gesamten
Endenergieverbrauch[2] Deutschlands beträgt erst magere
15 % (Abb. 2.6).

Hinzu kommt, dass durch das zusätzliche Angebot an
Ökostrom zwangsläufig der Börsenstrompreis gesunken ist
und dadurch aufgrund des dort herrschenden Merit-Order-
Prinzips zunächst einmal die Auslastung der Kraftwerke
mit den höchsten Grenzkosten[3] zurückging, was leider
nicht die schmutzigen Braunkohlekraftwerke sind, sondern

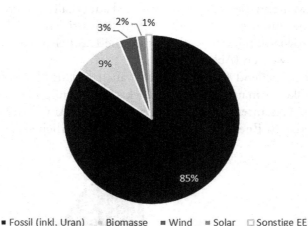

Abb. 2.6 Anteil erneuerbarer Energien am Gesamtendenergie-
verbrauch. (Quelle: Daten aus [9])

---

[2] Die Endenergie ist diejenige Energie, die der Endverbraucher bezieht, also vor
allem Strom, Gas, Heizöl, Diesel und Benzin.

[3] Grenzkosten sind diejenigen Kosten, die die Herstellung einer zusätzlichen
Menge eines bestimmten Produkts verursacht. Im Fall von Kraftwerken sind dies
vor allem die Brennstoffkosten. Ein Kraftwerk ist normalerweise nur dann in
Betrieb, wenn der Börsenstrompreis hoch genug ist, um wenigstens die eigenen
Grenzkosten zu decken.

ausgerechnet die relativ klimafreundlichen Gaskraftwerke. Dies hat zum Beispiel zu der absurden Situation geführt, dass das im Jahr 2011 in Betrieb genommene hochmoderne bayerische Gaskraftwerk Irsching 4 mit dem damals weltbesten Wirkungsgrad aufgrund zu geringer Auslastung bereits 2013 stillgelegt werden sollte und seitdem nur noch als Reservekraftwerk für Notfälle fungiert [10].

Da von den deutschen Regierungen außer mit dem Ausbau der Ökostromerzeugung keinerlei weitere wesentlich wirksame Klimaschutzmaßnahmen getroffen wurden, ist es entsprechend auch nicht verwunderlich, dass es außer der in Anbetracht den von der deutschen Regierung verkündeten Klimaziele vergleichsweise kleinen Verringerung der fossilen Stromerzeugung zu praktisch keinerlei Verringerung der Emissionen in den anderen Energiesektoren gekommen ist.

Warum die deutschen Treibhausgasemissionen seit 2018 plötzlich deutlich sinken

Obwohl der Ausbau der Wind- und Solarenergie[4] seit seinem bisherigen Höhepunkt im Jahr 2012 massiv eingebrochen ist (Abb. 2.7) und auch keine sonstigen wesentlichen Klimaschutzmaßnahmen umgesetzt wurden, zeigen neueste Schätzungen für die beiden Jahre 2018 und 2019 trotzdem eine deutliche Reduktion der deutschen Treibhausgasemissionen um in Summe etwa 10 % [14]

Diese Reduktion hat jedoch nichts mit der deutschen Klimapolitik und zusätzlichen Klimaschutzmaßnahmen zu tun, sondern nur mit einigen temporären Sonderfaktoren, die in diesen beiden Jahren auftraten:

---

[4] Der Ausbau der Ökostromerzeugung mittels Biomasse, Wasserkraft oder Geothermie ist im Vergleich zur Wind- und Solarenergie in Deutschland vernachlässigbar.

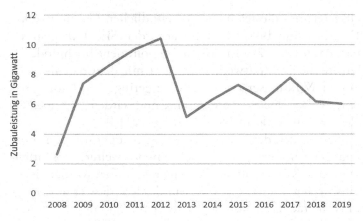

Abb. 2.7 Jährlicher Zubau an Wind- und Solarenergie. (Quelle: Daten aus [11–13])

- Ungewöhnlich sonnen- und windreiches Wetter, was die Erträge der Solar- und Windkraftanlagen gegenüber den Vorjahren deutlich erhöht hat
- Ungewöhnlich milde Winter, was die durch Gebäudeheizung verursachten Emissionen verringert hat
- Tendenziell höhere Heizölpreise als die beiden Jahre zuvor, wodurch Besitzer von Ölheizungen dazu neigen, nur die notwendigste Menge nachzukaufen und eher erst einmal ihre Tankvorräte zu nutzen[5]
- Keine weitere Abschaltungen von Kernkraftwerken
- Deutlicher Anstieg des CO_2-Preises von etwa 5 € im Jahr 2017 auf etwa 25 € im Jahr 2019 aufgrund der im Jahre

---

[5] Bei der Erstellung der Emissionsstatistiken geht man vereinfacht davon aus, dass das von Heizöl verursachte CO_2 zum Zeitpunkt des Verkaufs an den Endverbraucher entsteht, da hier eine genauere zeitliche Zuordnung kaum möglich ist.

2018 durchgeführten Reform des EU-Emissions-handels, wodurch die Rentabilität speziell ineffizienter Braun- und Steinkohlekraftwerke so stark verringert wurde, dass deren Stromproduktion zugunsten emissionsärmerer Gaskraftwerken reduziert wurde (Abschn. 3.3)

Für das Jahr 2020 ist aufgrund des von der Coronapandemie verursachten Wirtschaftseinbruchs mit einer weiteren erheblichen Reduktion der Treibhausgasemissionen zu rechnen.

Da dies jedoch alles Einmaleffekte und keine dauerhaft bestehenden Folgen zusätzlicher Klimaschutzmaßnahmen sind, ist damit zu rechnen, dass die Treibhausgasemissionen ab 2021 nicht in demselben Maß weiter sinken, sondern vermutlich sogar wieder deutlich ansteigen werden.

Fazit

Deutschland hat seine Treibhausgasemissionen seit 1990 zwar deutlich reduziert, speziell in den letzten Jahren jedoch deutlich schwächer als der EU-Durchschnitt. Die auf klimapolitische Entscheidungen der Bundesregierung zurückzuführenden Emissionsreduktionen existieren weitgehend nur im Bereich der Stromerzeugung aufgrund des im Jahr 2000 von der rot-grünen Regierung eingeführten Gesetzes zur Förderung des Ökostroms. Der Ökostromausbau wirkte sich jedoch aufgrund des 2011 von der schwarz-gelben Regierung beschlossenen beschleunigten Atomausstiegs und unzureichenden Maßnahmen in den anderen Energiesektoren nur wenig auf die Gesamtbilanz der deutschen Treibhausgasemissionen aus.

2.2 Ineffizienz pur – viel Geld für wenig Klimanutzen

Der Weg zur Klimaneutralität besteht bislang vor allem aus einem klimapolitischen Sammelsurium aus Subventionen und Ordnungsrecht (Grenzwerte, Quoten, Verbote, Zwangsstilllegungen von Kraftwerken etc.). Die Erfolgsbilanz dieser Klimaschutzinstrumente, die Deutschland und die EU bislang verabschiedet haben, „ist bestenfalls ernüchternd – das Attribut desolat wäre ehrlicher"[31]. Milliardensubventionen für bestimmte Technologien (zum Beispiel erneuerbare Energien, Elektromobilität), Bauvorschriften für den Energieverbrauch von Gebäuden, CO_2-Grenzwerte für Pkw, Effizienzstandards für Konsumgüter, das Verbot bestimmter Produkte (Stichwort: Glühbirne), aber auch die bisherigen Energiesteuern haben bislang im Vergleich zu den Kosten sehr wenig gebracht. Bis zu einer vollständigen Dekarbonisierung, wie sie offiziell angestrebt wird, fehlen Welten.

Um die Emissionen zu senken, hat die Regierung drei grundsätzliche Möglichkeiten: Sie kann emissionsarme Alternativen fördern (subventionieren), sie kann Emissionen verteuern oder sie kann bestimmtes klimaschädliches Verhalten bzw. klimaschädliche Technologien mit der Einführung von Grenzwerten beschränken oder ganz verbieten. Dabei besteht das grundsätzliche Dilemma, zwischen einer Einschränkung der Freiheit der Bürger und der Unternehmen, einer Verstärkung des sozialen Ungleichgewichts und der Kosteneffizienz der Maßnahmen abwägen zu müssen.

Verbote widersprechen der Freiheit
Ein Verbot klimaschädlicher Technologien und Verhaltensweisen ist ein mehr oder weniger radikaler Eingriff in die Freiheit der Menschen und in die für optimale Kosteneffizienz sorgende freie Marktwirtschaft. Ein möglichst rasches

Verbot des Verbrennungsmotors zum Beispiel erscheint zwar auf den ersten Blick aus Klimaschutzgründen erstrebenswert, mit den damit verbundenen Mehrkosten könnte man jedoch vielleicht an anderer Stelle einen deutlich größeren und schnelleren Klimaschutzeffekt erzielen. Verbote klimaschädlicher Technologien treffen außerdem oft ärmere Schichten härter, da sie sich die teureren Alternativen nicht so ohne Weiteres leisten können wie die reiche Oberschicht, und gefährden damit den sozialen Frieden. Verbote, bei denen es keine teurere Alternative gibt, wie zum Beispiel ein Tempolimit auf Autobahnen oder ein Sonntagsfahrverbot treffen hingegen arm und reich gleichermaßen und hätten damit zumindest eine gewisse befriedende Wirkung in der Bevölkerung. Allerdings werden sämtliche Verbote, die über Marginalien wie Plastiktüten und -strohhalme oder Glühbirnen hinausgehen, speziell in freiheitlich-liberal orientierten Ländern wie Deutschland grundsätzlich hart bekämpft und selbst die Grünen versuchen alles, um ihr Image einer Verbotspartei abzulegen, um breitere Wählerschichten gewinnen zu können. Wenn selbst eine so minimale Einschränkung der Freiheit wie ein generelles Autobahntempolimit nur von den Grünen und den Linken ohne Wenn und Aber unterstützt wird, ist davon auszugehen, dass für wirksamen Klimaschutz notwendige weitreichende Verbote in Deutschland keine politischen Mehrheiten gewinnen werden können. Typischerweise fordert man oft auch gern besonders für diejenigen Dinge Verbote, auf die man selbst am ehesten verzichten kann. Da dies individuell sehr unterschiedlich ist, endet dies zwangsläufig in dem schwer aufzulösenden Streit, welches Verbot denn nun gerade am wichtigsten sei. Deshalb geistern nur hin und wieder mal unausgegorene Vorschläge, wie zum Beispiel ein Verbot innerdeutscher Flüge oder ein Verbot von spritschluckenden SUV, in den Medien herum. Im Zuge der Coronapandemie hat die Bevölkerung zwar relativ klaglos noch viel weitreichendere Einschränkungen der Freiheit akzeptiert, es lag jedoch eine kurzfristige Gefahr für jeden Einzelnen vor und es war von vorneherein klar, dass es sich nur um temporäre Maßnahmen handelt.

Eine wirksame CO2-Bepreisung galt bislang als unzumutbare Belastung

Die ausreichend hohe Bepreisung von Treibhausgasen und damit letztendlich der Energie gilt unter Ökonomen als kosteneffizienteste Methode, eine Emissionsreduktion zu erzielen (Abschn. 3.3). Außerdem wahrt diese Maßnahme die Freiheit des einzelnen Bürgers und Unternehmens, zu entscheiden, ob bzw. wie man Emissionen einspart. Der Staat muss dann also beispielsweise dem Bürger oder der Lufthansa nicht im Detail vorschreiben, welche Flüge zu unterlassen sind und welche nicht, wie es sich mancher Klimaaktivist wünschen würde. Gleichzeitig ist eine Bepreisung von Treibhausgasen auch einigermaßen sozial ausgewogen, da ärmere Haushalte im Vergleich zu reicheren Haushalten sogar finanziell profitieren würden, wenn die aus der Bepreisung erzielten Einnahmen gleichmäßig pro Kopf wieder an die Bevölkerung ausgezahlt werden. Die Bepreisung von Treibhausgasen enthält jedoch trotzdem einen enormen sozialen Sprengstoff: Eine klimaschädliche Lebensweise mit häufigen und weiten Flugreisen, häufigen und weiten Autofahrten mit Autos, die größer und schwerer sind, als man eigentlich unbedingt braucht, einer großen Wohnfläche und häufigen Fleischkonsum konnte sich vor einigen Jahrzehnten nur die absolute Oberschicht leisten. Der seitdem stark zugenommene Wohlstand gepaart mit weiterhin günstigen Energie- und Nahrungsmittelpreisen ermöglichte es, dass diese Lebensweise nun auch für die breite Mittelschicht erschwinglich wurde. Eine radikale Verteuerung von Treibhausgasen würde diese von der Mittelschicht hart erarbeitete Sozialisierung von Luxus unweigerlich ein Stück weit wieder rückgängig machen. Für die Mittelschicht wäre es schwer erträglich, wenn ihre lieb gewonnen Verhaltensweisen dann wieder nur noch den Reichen vorbehalten wären. Die große Sorge um den eigenen Status quo und die panische Angst davor, dass man sich zukünftig vielleicht bestimmte Dinge weniger oft leisten kann als jetzt, ist eine der größten Barrieren gegen die Verteuerung von fossiler Energie und Fleisch. Auf eine für wirksamen Klimaschutz notwendige radikale Bepreisung hat die Bevölkerung und Politik deshalb bislang sehr allergisch reagiert. Bis auf die vor etwa 20 Jahren eingeführte vergleichsweise sehr geringe Ökosteuer und ein bislang sehr behutsam gestalteter europäischer Emissionshandel im Strom- und Industriesektor, der CO_2 bislang nur unwesentlich verteuert hat, hat sich bislang keine deutsche Regierung getraut, Treibhausgase massiv zu verteuern. Die in Frankreich bereits bei einer geringfügigen Benzinpreiserhöhung entstandenen Gelbwesten-Proteste gelten für die meisten Politiker als abschreckendes Beispiel. Somit besteht nach wie vor die absurde Situation, dass der deutsche Staat den Verbrauch von Energie völlig unabhängig davon besteuert, wie viel CO_2 bei dessen Erzeugung entsteht. Strom von Offshore-Windanlagen zum Beispiel wird bezogen auf deren CO_2-Emission aktuell mehr als 200-mal so hoch besteuert wie Braunkohlestrom (Abb. 2.8). Glücklicherweise sieht es jedoch so aus, als würde sich die Bepreisung von Treibhausgasen zumindest in der Zukunft mehr und mehr durchsetzen (Abschn. 3.3).

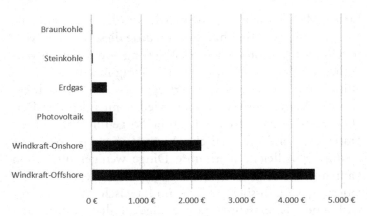

Abb. 2.8 Stromsteuerbelastung je Tonne CO2. (Quelle: Daten aus [15])

Subventionen, um niemanden weh tun zu müssen

Da die Bevölkerung allergisch auf Verteuerung und Verbote reagiert, ist bei Politikern das Prinzip der Subvention bzw. Förderung des „Guten" am beliebtesten, weil dies niemanden in seiner Freiheit einschränkt und auch niemanden finanziell besonders zu belasten scheint. Nur: Was ist gut? Die Möglichkeiten, CO2 einzusparen, sind extrem vielfältig und der Staat ist überfordert, die für jeden konkreten Einzelfall effizienteste Reduktionstechnologie zu identifizieren. Trotzdem fördert der Staat mal hier, mal da diejenigen Technologien, die am geschicktesten von der jeweiligen Lobby-Gruppe als klimafreundlich verkauft werden. Wurde früher noch die staatliche Planwirtschaft des Sozialismus in der DDR, Sowjetunion und China als uneffektiv belächelt, macht der deutsche Staat nun genau dasselbe und pumpt wahllos Geld in unzählige Förderprogramme mit dem Ergebnis, dass man angesichts der dafür aufgewendeten Kosten bislang nur relativ wenig erreicht hat. Ein Paradebeispiel dafür ist die Förderung von Energie aus Biomasse, die zunächst euphorisch extrem erhöht und nach kurzer Zeit wieder drastisch reduziert wurde, nachdem man erkannt hatte, dass man dadurch doch nicht zwangsläufig dem Klima hilft.

Die Attraktivität dieser Förderprogramme beruht vor allem darin, dass Subventionen klimafreundlicher Technologien naturgemäß auf wenig Widerstand in der Bevölkerung stoßen, da die damit für jeden persönlich verbundenen finanziellen Nachteile nicht auf den ersten Blick sichtbar werden. Speziell wenn die Fördergelder dem allgemeinen Staatshaushalt entnommen werden, ist es für den Einzelnen nicht nachvollziehbar, wie sich dies konkret auf seine persönliche Abgabenbelastung auswirkt. Deshalb ist es auch nicht verwunderlich, dass die rot-grüne Regierung als zentrale Klimaschutzmaßnahme ausgerechnet die finanzielle Förderung der Erzeugung von klimafreundlichem Ökostrom auserkoren hat. Durch den damit erzielten massiven Ausbau der Stromerzeugung aus erneuerbare Energien ist der Stromsektor bislang dann auch der einzige Treibhausgase verursachende Sektor, in dem eine wesentliche Senkung der Treibhausgasemissionen durch eine politische Maßnahme erreicht wurde. Seit der Einführung der Ökostromförderung im Jahr 2000 hat sich die jährliche Menge an in Deutschland erzeugtem Ökostrom um etwa 200 TWh erhöht. Hätte man die erneuerbaren Energien nicht so stark ausgebaut, müsste man diese Strommenge stattdessen zwangsläufig fossil erzeugen, was zusätzlichen CO_2-Emissionen von etwa 200 Mio. t CO_2 pro Jahr entspricht,[6] und damit die deutsche Treibhausgasbilanz um etwa 25 % gegenüber dem aktuellen Wert erhöht hätte.

---

[6] Bei der Stromerzeugung mit Braun- oder Steinkohle entsteht etwas mehr als 1 kg CO_2 pro erzeugte Kilowattstunde Strom, bei der Stromerzeugung mit Gas etwas weniger als 1 kg. Da es nicht vorhersagbar ist, mit welchem Anteil die verschiedenen fossilen Kraftwerksarten die zusätzliche Strommenge erzeugen würden, wenn es die erneuerbaren Energien nicht gäbe, wird in dieser Betrachtung der Näherungswert von 1 kg CO_2 pro erzeugte Kilowattstunde Strom angesetzt.

Was auf den ersten Blick als absolute Erfolgsgeschichte der Energiewende aussieht, entpuppt sich jedoch als extrem ineffiziente Klimaschutzmaßnahme, wenn man die dafür aufgewendeten Kosten in Relation zu den erzielten Emissionseinsparungen setzt. Für die jährliche Einsparung der oben genannten 200 Mio. t CO_2 zahlen wir (in Form von erhöhten Strompreisen aufgrund der EEG-Umlage von 6 Cent je Kilowattstunde) aktuell jährlich etwa 25 Mrd. Euro und damit für jede eingesparte Tonne CO_2 etwa 125 €. Gleichzeitig liegt der aktuelle CO_2-Zertifikatspreis in der EU bei etwa 25 €, was implizit bedeutet, dass die Einsparung einer Tonne CO_2 in der EU momentan nur 25 € kostet, wenn man das Geld in den Ankauf und die Stilllegung von Emissionszertifikaten stecken würde. Oder anders ausgedrückt: der aktuelle CO_2-Zertifikatspreis von 25 € entspricht den CO_2-Vermeidungskosten, die damit nur einen Bruchteil der sich aus der bisherigen Ökostromförderung ergebenden Kosten betragen. Es ist die Tragik der bisherigen Energiewende, dass mit dem EEG das einzige deutsche Gesetz, das tatsächlich eine wirksame Senkung der deutschen Treibhausgasemissionen bewirkt hat, so dilettantisch umgesetzt wurde, dass es aufgrund der davon verursachten extrem hohen Kosten die Energiewende mittlerweile nahezu abgewürgt hat, bevor sie überhaupt so richtig durchstarten konnte. Wie konnte es dazu kommen, dass die Energiewende in Deutschland bislang so ineffizient und teuer war, dass sie aus Geldmangel kaum noch fortgesetzt wird?

Die jahrzehntelange milliardenteure Erblast der temporären Überforderung der Solarenergie

Hierzu ist es notwendig, das Wesen und die Geschichte des EEG im Zusammenhang mit der deutschen Stromversorgung zu verstehen. Die Stromversorgung in Deutschland ist sehr stark privatisiert, d. h. es ist nicht so, dass sich der

Staat überlegt, welche Kraftwerke wo sinnvollerweise gebaut werden sollten und diese dann entsprechend baut bzw. finanziert, sondern es sind private Unternehmen (an denen der Staat gegebenenfalls einen gewissen Anteil besitzt), die dies aus eigenem Antrieb tun.

Grundsätzlich gilt in Unternehmen das naheliegende Prinzip, dass man nur dann in etwas investiert, wenn damit ein gewisser Gewinn erzielt werden kann. Wenn man sich zum Beispiel überlegt, ob ein fossiles Kraftwerk gebaut werden soll, schätzt man die Baukosten und die laufenden Betriebskosten (zum Beispiel die Kosten für den Kauf des notwendigen Brennstoffs) ab und vergleicht diese mit den zu erwartenden Einnahmen aus dem Verkauf des Stroms (zum Beispiel an der Strombörse). Kommt man insgesamt auf eine Rendite, die höher ist als bei anderen vergleichbaren Investitionsalternativen, wird man das Kraftwerk in aller Regel bauen. Auf dieser Basis kam und kommt es entsprechend immer wieder dazu, dass verschiedene Unternehmen Gas-, Braun- oder Steinkohlekraftwerke bauen und betreiben. Im Zuge der Klimadiskussion kam um die Jahrtausendwende die Frage auf, wie erreicht werden kann, dass die fossilen Kraftwerke mehr und mehr von klimafreundlichen Alternativen wie Wind- und Solarenergieanlagen verdrängt werden. Diese waren (und sind immer noch) so teuer, dass man allein durch den Verkauf des erzeugten Stroms an der Strombörse damit keinen Gewinn machen konnte, sodass nur ein paar wenige Idealisten diese gebaut haben.

Man hätte grundsätzlich schon damals einfach CO_2 stark besteuern oder einen entsprechend wirksamen CO_2-Emissionshandel (Abschn. 3.3) einführen können, damit die Brennstoffkosten der fossilen Kraftwerke so ansteigen, dass die klimafreundlichen Alternativen am Strommarkt auch ohne zusätzliche Förderung genug Geld verdient hätten, um die fossile Erzeugung zu verdrängen (Abschn. 3.3).

Stattdessen hatte man sich aber dafür entschieden, den Ausbau erneuerbarer Stromerzeugung gezielt dadurch zu fördern, dass man den Betreibern einen höheren Erlös für den verkauften Strom garantiert, als man beim Verkauf des Stroms am freien Markt (zum Beispiel über die Strombörse) erzielen kann. Auf diesen garantierten Erlös (Einspeisevergütung) hat der Ökostromerzeuger ab der Inbetriebnahme der Anlage 20 Jahre lang einen Anspruch. Da die Einspeisevergütung meist sehr viel höher ist als der aktuelle Marktwert des eingespeisten Ökostroms, stellt sich die Frage, wer denn diese Mehrkosten bezahlt. Man hätte dafür zum Beispiel entsprechend die Einkommensteuer erhöhen können, wodurch aufgrund der Steuerprogression Besserverdienende überproportional belastet worden wären. Es wurde jedoch entschieden, dass diese Mehrkosten für sämtliche Stromverbraucher gleichmäßig auf den Arbeitspreis (Preis pro Kilowattstunde) umgelegt werden, was zu der aktuell etwa 6 ct/kWh betragenden EEG-Umlage [16] geführt hat, die auf jeder Stromrechnung separat ausgewiesen ist. Damit zahlt der „Reiche" pro Kilowattstunde genauso viel für den Ausbau erneuerbarer Energien wie der „Arme".[7]

Die große Herausforderung bei dieser Art von Förderung besteht darin, die Höhe der Einspeisevergütung so festzulegen, dass die damit erzielbare Rendite hoch genug ist, um die Investoren zu einem entsprechenden Bau der Ökostromanlagen zu motivieren, aber andererseits auch nicht zu hoch festzulegen, um die damit für die Allgemeinheit entstehenden Kosten zu minimieren und den Herstellern einen ausreichenden Anreiz zu bieten, die Anlagenkos-

---

[7] Unternehmen mit hohem Stromverbrauch, die im internationalen Wettbewerb stehen, sind von der EEG-Umlage befreit, sodass die Belastung für die verbleibenden Stromverbraucher entsprechend deutlich höher ist, als wenn es diesen Ausnahmetatbestand nicht gäbe. Diese Befreiung betrifft etwa ein Fünftel des gesamten Stromverbrauchs.

ten möglichst zu minimieren. Da die Kosten verschiedener Arten erneuerbarer Energien unterschiedlich hoch sind, muss man also für unterschiedliche Erzeugungsarten auch unterschiedliche Einspeisevergütungen festlegen. Dass die Kosten der Anlagen schon allein durch die wachsende Anzahl an installierten Anlagen stark sinken würden, hat die Politik auch grundsätzlich vorhergesehen und gesetzlich dafür gesorgt, dass die Sätze für neuerrichtete Anlagen von Jahr zu Jahr gegebenenfalls nach unten angepasst werden können, ohne die Geschwindigkeit des Ausbaus zu stark zu bremsen. Speziell in den Jahren 2009–2011 sind die Preise für Solarmodule jedoch sogar innerhalb eines Jahres so schnell gefallen, dass man, speziell wenn man am Jahresende seine Anlage gebaut hat, gigantische Renditen erzielen konnte. Dies war die Goldgräberzeit der deutschen Solarindustrie, wo Solarfirmen wie Pilze aus dem Boden sprossen und deren Eigner auf Kosten der Stromverbraucher zu Multimillionären machten. Auch viele Landwirte, die naturgemäß große Dachflächen besitzen und die Nutzung von Subventionen von jeher gewohnt sind, sahnten auf diese Weise fast risikolos kräftig ab. War die Einspeisevergütung vom Grundsatz her ursprünglich eher dafür gedacht, klimafreundliche Technologien einen gewissen Anschub zu geben, war es nun ein reines Geschäftsmodell, und jeder, der sich etwas mit der Materie auskannte, baute, so viel er konnte. Aus Klimasicht war dies natürlich fantastisch, weil dadurch die jährliche Menge an Neuinstallationen in den Jahren 2009–2012 weit größer war, als jemals zuvor. Die Einspeisevergütung lag in diesen Jahren allerdings noch so hoch, dass die damals gebauten Anlagen im Vergleich zu heutigen Anlagen extrem hohe Kosten verursachten und die EEG Umlage dadurch von 2 ct/kWh im Jahr 2010 auf 6 ct/kWh im Jahr 2014 hinaufschnellte. Das zuvor gebrachte Argument, dass die Senkung von Treibhausgasemissionen durch finanzielle Förderung von klimafreundlichen Technologien am ehesten bei der Bevölkerung durchsetzbar sei, weil die damit verbundenen Mehrkosten für den Einzelnen im Allgemeinen nicht sichtbar werden, war plötzlich obsolet, da die Förderkosten so extrem hohe Ausmaße angenommen hatten und zudem auch noch schwarz auf weiß in Form der EEG-Umlage in der Stromrechnung für jeden deutlich sichtbar wurden.

Von den jährlich etwa 10 Mrd. €, die aktuell an Einspeisevergütung für Solarstrom gezahlt werden, entfallen allein 7 Mrd. € auf die zwischen 2009 und 2012 gebauten Anlagen [11], die die Treibhausgasemissionen allerdings nur um etwa 21 Mio. t entlasten, sodass in diesen Jahren im Rahmen der Solarförderung der extrem hohe Preis von mehr als 300 € pro eingesparte Tonne CO2 gezahlt wurde.[8] Aufgrund des 20-jährigen Anspruchs auf die Einspeisevergütung werden die Stromverbraucher noch viele Jahre lang diese Kosten zu tragen haben, bis Ende der 2020er-Jahre endlich eine größere Anzahl an Solaranlagen aus der Förderung fällt.

Insbesondere durch die große Menge an Solaranlagen, die in Deutschland in dieser Zeit installiert wurden, fiel der Preis für Solaranlagen immer weiter, sodass man nach 2012 mit einer relativ geringen Einspeisevergütung eine angemessene Fortsetzung des Zubaus hätte bewirken können. Statt jedoch die Einspeisevergütung auf dieses gesunde Maß zu kürzen, hat man als Reaktion auf die Proteste gegen die durch die hohe EEG-Umlage steigenden Stromrechnungen „das Kind mit dem Bade ausgeschüttet" und die

---

[8] Kosten: 7 Mrd. € Einspeisevergütung abzüglich dem Vermarktungserlös (der sich aus dem durchschnittlichen Börsenstrompreis von etwa 4 ct/kWh multipliziert mit der erzeugten Strommenge von 21 TWh [9] ergibt), also 6,2 Mrd. €. Eingesparte Emissionen: Erzeugte Solarstrommenge von 21 TWh multipliziert mit 1 kg CO2 pro gesparter Kilowattstunde Braun-/Steinkohlestrom, also 21 Mio. t.

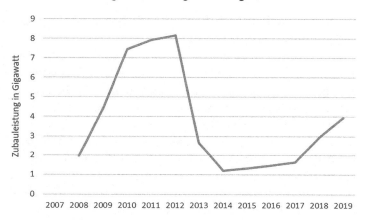

Abb. 2.9 Jährlicher Zubau an Solarenergie. (Quelle: Daten aus [11, 13])

Einspeisevergütung für Solarenergie so stark gekürzt, dass sich der Bau auf einmal so gut wie gar nicht mehr lohnte. Entsprechend ist der jährliche Zubau, der 2012 8 GW erreichte, innerhalb von zwei Jahren auf etwa ein Gigawatt abgestürzt (Abb. 2.9) und damit ausgerechnet zu einem Zeitpunkt, an dem Solarstrom fast so billig geworden war, wie fossiler Strom, fast zum Erliegen gekommen, wodurch zehntausende von Arbeitsplätzen in der deutschen Solarindustrie abgebaut wurden [17].

Der leichte Anstieg des Zubaus an Solarleistung seit 2018 ist zumindest teilweise mit einem Vorzieheffekt zu erklären: Die schwarz-gelbe Regierung hatte 2012 beschlossen, dass die Einspeisevergütung für Neuanlagen bis 750 kW Größe komplett gestrichen wird, sobald in Deutschland 52 GW Solarleistung installiert sind (Solardeckel). Da dies im Lauf des Jahres 2020 der Fall sein wird, wurde in den beiden Vorjahren der Bau einiger eigentlich erst für 2020 oder später geplanter Anlagen entsprechend vorgezogen. Mittlerweile hat die Große Koalition jedoch beschlossen, den Solardeckel abzuschaffen, also die Solarförderung zunächst einmal beizubehalten.

Solarstrom ist mittlerweile so nah an der Wettbewerbsfähigkeit im freien Strommarkt, dass man die Einspeisevergütung nur wenige Cent pro Kilowattstunde über dem mittleren Börsenstrompreis ansetzen müsste, um einen wahren Bauboom auszulösen. Aber selbst diese geringen Kosten erschienen der deutschen Regierung nach der großen Anfangseuphorie zu hoch und so wurde nach einer ersten panikhaften und übertriebenen Absenkung der Einspeisevergütung die Errichtung von Ökostromanlagen durch die Einführung des Ausschreibungsverfahrens im Jahr 2017 noch unattraktiver gemacht. Offiziell wollte man damit die Kosteneffizienz des EEG erhöhen und Auswüchse wie zwischen 2009 und 2012 verhindern. Letztendlich hat man dadurch aber vor allem erreicht, dass der Ausbau von erneuerbaren Energien seit 2017 praktisch zum Erliegen gekommen ist. Die Idee der Ausschreibungen ist an sich vernünftig: Ein Nachteil der bis dahin festen Vergütungssätze besteht ja darin, dass man die Geschwindigkeit des Ausbaus und damit die damit verbundenen Kosten nicht kontrollieren kann und die Vergütungssätze deshalb ständig überprüfen und anpassen muss. Außerdem weiß man nicht, ob einige der Wind- und Solaranlagen nicht vielleicht auch gebaut worden wären, wenn der Vergütungssatz niedriger gewesen wäre. Speziell diejenigen, die in der Lage sind, die Anlagen besonders günstig zu bauen, würden gegebenenfalls auch eine niedrigere Einspeisevergütung verkraften und werden durch die in ihrem Fall überhöhte Einspeisevergütung unnötig hoch zulasten der die EEG-Umlage tragenden Stromverbraucher (und damit letztendlich zulasten der Allgemeinheit) entlohnt. Beim Ausschreibungsverfahren hingegen wird eine feste Gesamtmenge an Solar- bzw. Windleistung ausgeschrieben und die Anlagenbauer nennen selbst die Einspeisevergütung, die sie benötigen, um die von ihnen geplante Anlage unter Einhaltung der persönlichen Renditeerwartung bauen zu können. Die Anbieter, die die geringste Einspeisevergütung fordern, erhalten den Zuschlag. Was in der Theorie vernünftig klingt, hat in der 2016 von der schwarz-roten Koalition beschlossenen konkreten Ausgestaltung nur leider zwei Haken:

1. Die ausgeschriebene Leistung an Solar- und Windanlagen ist angesichts der von der Regierung verkündeten nationalen Klimaziele unangemessen gering und reicht noch nicht einmal dafür aus, den in den nächsten Jahren noch wegfallenden Atomstrom zu kompensieren.

2. Es werden nur Bieter zugelassen, die eine Einspeisevergütung fordern, die niedriger als eine vorgegebene Höchstgrenze ist. Diese Höchstgrenze ist jedoch speziell bei der Ausschreibung von Windenergie so niedrig angesetzt, dass es noch nicht einmal für die kleinen ausgeschriebenen Mengen genügend Anbieter gibt, die in der Lage sind, für eine so niedrig angesetzte Einspeisevergütung Windanlagen zu bauen, sodass die Ausschreibungsmengen bei Weitem nicht ausgeschöpft werden. Diese Situation wird zusätzlich dadurch verschärft, dass aufgrund der verschärften Abstandsregeln und sonstigen genehmigungsrechtlichen Hürden (Bürgerinitiativen, Vogelschutz usw.) die erschließbaren windreichen Standorte bereits weitgehend vergeben sind. Windanlagen in windschwächeren Gebieten benötigen eine höhere Einspeisevergütung als die im Ausschreibungsverfahren festgesetzte Obergrenze, um rentabel zu sein, und können deshalb nicht gebaut werden.

Die logische Konsequenz daraus war, dass nach dem Zusammenbruch der Solarindustrie nun auch der Ausbau der Windenergie innerhalb von zwei Jahren so massiv eingebrochen ist (Abb. 2.10), dass es dort ebenfalls zu einem erheblichen Arbeitsplatzabbau kam [18].

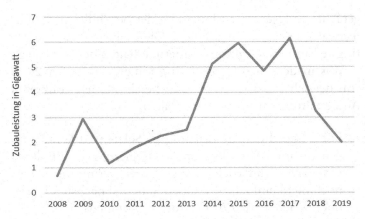

Abb. 2.10 Jährlicher Zubau an Windenergie. (Quelle: Daten aus [11, 12])

Die Ergebnisse der bisherigen Ausschreibungen zeigen, dass aktuell ein Einspeisetarif von etwa 6 ct/kWh genügen würde, den Ausbau von Wind- und Solarenergie auf das zur Erreichung der Klimaziele erforderliche Maß zu beschleunigen. Dieser Einspeisetarif wäre damit nur etwa 3 ct/kWh höher als der mittlere Börsenstrompreis und würde damit Förderkosten von nur noch etwa 3 ct/kWh bedeuten. Dies entspräche CO_2-Vermeidungskosten von etwa 30 €/t und damit eine der aktuell günstigsten Möglichkeiten, CO_2 einzusparen. Es gibt sogar finanzstarke Investoren, die große Offshore-Windparks ohne jegliche finanzielle Förderung planen, weil sie hoffen, dass die Anlagenkosten noch deutlich heruntergehen und der Börsenstrompreis tendenziell ansteigt. Doch statt diese günstige Möglichkeit offensiv auszunutzen, wird Geld in Dinge wie Elektromobilität und Power-to-Gas (Erzeugung von Wasserstoff aus Strom) hineingesteckt, die in der gegenwärtigen Phase der Energiewende deutlich weniger oder sogar rein gar nicht zum Klimaschutz beitragen.

Die Bundesregierung hat also extrem viel Geld in den Ausbau der Solar- und Windenergie gesteckt, als diese noch relativ teuer war – jetzt, wo sie nur noch kaum teurer als konventionelle Energieerzeugung ist, werden diese einzigen beiden nachhaltig ausbaubaren Arten der klimafreundlichen Stromerzeugung so gut wie gar nicht mehr finanziell gefördert.

Der teure und klimaschädliche Irrweg mit Biosprit und Biogasanlagen

Biosprit und Biogas zur Verwendung in Verbrennungsmotoren galten als große Hoffnungsträger für die Energiewende, versprachen sie doch die Vision, dass jeder sein herkömmliches Auto ohne große Mehrkosten oder Einschränkungen in der Reichweite zukünftig klimaneutral betreiben kann. Gleichzeitig sollte die unstetige Wind- und Sonnenenergie durch verlässlich stromliefernde Biogasanlagen ergänzt werden. Dementsprechend wurde die Gewinnung von Treib- und Brennstoff aus nachwachsenden Rohstoffen wie Weizen, Raps, Soja, Mais, Zuckerrohr oder Palmen eine Zeit lang als nachhaltige Alternative zu Benzin, Diesel und Erdgas gesehen. Wie zu erwarten, witterte die Agrarindustrie hier natürlich eine große Chance, eine zusätzliche Einnahmequelle zu finden, und so verabschiedeten die EU und Deutschland massive Förderungen für diese Art der Rohstofferzeugung, wie zum Beispiel

- eine Prämie von 45 € pro Hektar für den Anbau von Energiepflanzen (2010 wieder abgeschafft);
- eine Einspeisevergütung für aus Biogasanlagen erzeugten Strom, die momentan etwa dreimal so hoch ist, wie die Vergütung für Solarenergie;

- eine Steuerbefreiung von Biodiesel, die 2007 durch eine staatlich verordnete Zwangsbeimischung von mittlerweile 6 % Bioethanol in Benzin abgelöst wurde.

Aufgrund verschiedener Studien hat sich jedoch die Erkenntnis durchgesetzt, dass Bioenergie keineswegs immer so klimafreundlich ist, wie erhofft. Entscheidender Faktor dabei ist, wie die mit Energiepflanzen bebauten Flächen zuvor genutzt wurden. Dass die Abholzung von tropischem Regenwald zum Anbau von Energiepflanzen klimaschädlich ist, dürfte jedem einleuchten, doch auch die Nutzung von Brachflächen oder die Verdrängung anderer Agrarpflanzen kann sich negativ auf die Klimabilanz auswirken. Werden diese Emissionen aus Landnutzungsänderungen einbezogen, können durch Biogas und Biosprit sogar mehr Emissionen entstehen als durch fossile Brennstoffe [19, 20]. Der Anbau von Energiepflanzen tritt angesichts des Bevölkerungswachstums auch mehr und mehr in Konkurrenz zum Anbau von Nahrungsmitteln und gefährdet als Monokultur die biologische Vielfalt [21]. Deshalb wurden die Förderungen von Biobrenn- und -kraftstoffen auch wieder deutlich verringert und gleichzeitig auch an den Nachweis eines Mindestmaßes an nachhaltiger Gewinnung geknüpft. Es ist somit davon auszugehen, dass die durch Biomasse bereitgestellte Energie zur Erreichung der Klimaziele sogar zurückgehen muss [22].

Die Geschichte von Biogas bzw. Biosprit hat bewiesen, wie gezielte Lobbyarbeit einzelner Industriezweige unter dem Deckmantel des Klimaschutzes in der Lage ist, eine massive staatliche Förderung für bestimmte Technologien zu erwirken, die sich im Nachhinein als übertrieben oder gar kontraproduktiv herausstellt. Dies sollte man sich immer als warnendes Beispiel vor Augen halten, wenn nun Stimmen aus der Industrie eine massive Förderung der Elektromobilität oder der Wasserstofftechnik fordern.

Fazit

Das mehr oder wenig Gute (zum Beispiel Wind, Fotovoltaik, Kraft-Wärme-Kopplung, Diesel, Biosprit usw.) unkoordiniert zu fördern, statt einfach das unbestritten Schlechte (Treibhausgase) zu bestrafen, hat sich als extrem teurer und ineffizienter Weg erwiesen, die Emissionen zu senken.

2.3 War es ein Fehler, aus der Kernkraft auszusteigen?

Kernkraftwerke gelten unbestritten als eine der klimafreundlichsten Erzeugungsarten. Von daher ist es nicht überraschend, dass der Weltklimarat die Nutzung der Kernkraft grundsätzlich als eine der möglichen Bausteine einer klimaneutralen Energieversorgung sieht. Der Weltklimarat sagt jedoch nicht, dass die Kernkraft für die Energiewende unabdingbar ist. Rein wirtschaftlich betrachtet scheint es zumindest in Europa unsinnig geworden zu sein, neue Kernkraftwerke zu bauen, da die dort herrschenden Bauvorschriften und Planungsrisiken so hoch sind, dass deren Strom teurer als der von Solar- oder Windanlagen ist. Das neugebaute Kernkraftwerk in Großbritannien erhält einen Einspeisetarif von 11 ct/kWh zuzüglich Inflationsausgleich, während in Deutschland für ausgeschriebene Wind- und Solaranlagen eine maximale Vergütung von 5 bis 6 ct/kWh bezahlt wird [23].

Dass trotzdem noch vereinzelt Kernkraftwerke gebaut werden, liegt daran, dass die Entscheidungen für die Neubauten bereits vor einigen Jahren gefällt wurden, als die Kosten für Wind- und Solarstrom noch deutlich höher lagen. Außerdem liefern Kernkraftwerke verlässlichen Grundlaststrom, während Wind- und Solarstrom nur als Ergänzung einer bestehenden Erzeugungskapazität genutzt werden können.

Vollkommen anders sieht es aus, wenn man die Stromkosten bereits vor etlichen Jahren gebauter Kernkraftwerke betrachtet. Da die Baukosten bereits abgeschrieben sind und der größte Teil der Kosten von Entsorgung und Endlagerung unabhängig von der verbleibenden Betriebsdauer anfallen, ergeben die dann noch verbleibenden Betriebs-, Wartungs- und die bei der Kernkraft fast vernachlässigbaren Brennstoffkosten den extrem geringen Wert von etwa 2 ct/kWh ([24], S. 9). Die Nutzung bestehender Kernkraftwerke ist damit die mit Abstand günstigste Möglichkeit, nahezu klimafreundlichen und im Gegensatz zur Wind- und Solarenergie äußerst verlässlichen Strom zu erzeugen. Es ist deshalb nicht sehr verwunderlich, dass sich nach der Fukushima-Katastrophe die meisten Länder dafür entschieden haben, zumindest die bestehenden Kraftwerke bis zum Ende ihrer Lebensdauer weiter laufen zu lassen.

In Deutschland hingegen werden die Risiken der Kernkraft von der Bevölkerung tendenziell deutlich höher als in vielen anderen Ländern eingeschätzt. Die rot-grüne Regierung hatte im Jahr 2000 mit den deutschen Kernkraftbetreibern bestimmte Reststrommengen vereinbart, die die Kernkraftwerken noch maximal erzeugen dürfen, woraus sich eine maximale Laufzeit der Kernkraftwerke bis etwa 2020 ergab und damit wurde erstmals der Atomausstieg in Deutschland beschlossen. Dieser Ausstieg wurde im Jahr 2010 von der Regierung Merkel zurückgenommen und die zulässige Reststrommenge so stark erhöht, dass sich daraus eine Laufzeitverlängerung um 8 bis 14 Jahre ergab. Als im Zug der Fukushima-Katastrophe die Regierung Merkel angesichts dreier kurz bevorstehender Landtagswahlen massive Stimmenverluste, speziell an die Grünen befürchten musste, beschloss Angela Merkel 2011 kurzerhand den

Ausstieg vom Ausstieg vom Ausstieg aus der Kernenergie und nahm die Laufzeitverlängerung wieder zurück und vereinbarte stattdessen einen stufenweisen Atomausstieg bis 2022. Durch diese plötzliche Rücknahme der 2010 gewährten Reststrommengen hat das Bundesverfassungsgericht den Kraftwerksbetreibern einen Schadenersatzanspruch zugesprochen. Um die Kraftwerksbetreiber dazu zu bewegen, auf die Schadenersatzansprüche zu verzichten, einigte man sich darauf, dass der Staat von den Kraftwerksbetreibern zwar 23 Mrd. € erhält, dafür jedoch für sämtliche Kosten der Entsorgung des Atommülls in unbegrenzter Höhe aufkommen muss, die sich laut einer Schätzung des Wirtschaftsministeriums bis zum Jahr 2100 auf 170 Mrd. € summieren werden [25, 26]. Ein Großteil der Entsorgungskosten wird also der Steuerzahler tragen; die in Jahrzehnten bei den Kernkraftwerksbetreibern angehäuften Milliardengewinne sind aber unangetastet, sodass auch hier leider der bekannte Spruch gilt: Gewinne werden privatisiert – Verluste sozialisiert.

Bei der Entscheidung von Angela Merkel für einen beschleunigten Atomausstieg wurden leider die zwangsläufig damit verbundenen Folgen für die Bevölkerung nicht transparent gemacht, nämlich die Tatsache, dass dadurch die Erreichung der Klimaziele entweder nicht mehr möglich ist oder aber deutlich teurer und aufwendiger wird (zum Beispiel werden dann deutlich früher mehr Windräder und Hochspannungsleitungen benötigt). Durch den Atomausstieg muss zumindest übergangsweise die Kohleenergie stärker genutzt werden, als es ohne den Atomausstieg der Fall gewesen wäre und man schätzt, dass allein in der EU jährlich 23.000 Menschen vorzeitig an den Folgen der kohlebedingten Luftverschmutzung sterben. Zusätzlich sterben bis zu einige Tausend Menschen im Jahr beim Abbau der Kohle [27].

Ob die Bevölkerung immer noch mehrheitlich für einen beschleunigten Atomausstieg gewesen wäre, wenn man ihr die damit verbundenen negativen Konsequenzen offen klar gemacht hätte, darf zumindest bezweifelt werden, da eines der Hauptprobleme der Kernenergie, nämlich die sichere Endlagerung, auch durch einen beschleunigten Atomausstieg nicht gelöst werden kann.

Erst jetzt, wo die Bevölkerung so langsam die zu ertragenden Folgen einer Energiewende ohne Kernenergie vor Augen geführt bekommt, werden ein paar Stimmen in Industrie und Wirtschaft laut, ob es nicht vielleicht doch sinnvoller wäre, zumindest die verbleibenden Kernkraftwerke noch ein wenig länger laufen zu lassen [28]. Wie aufwendig es ist, die geplanten Kraftwerksstilllegungen klimafreundlich zu kompensieren, zeigt folgende Abschätzung: Die in Deutschland noch in Betrieb verbliebenen Kernkraftwerke produzierten im Jahr 2018 72 TWh nahezu klimaneutralen Strom [29]. Dies bedeutet, dass ein zusätzlicher Ausbau der Wind- und Solarenergie benötigt wird, der mehr als dem gesamten Ausbau innerhalb der letzten fünf Jahre entspricht, um zu verhindern, dass diese Strommenge durch fossile Kraftwerke ersetzt wird [30].

Tatsache jedoch ist und bleibt, dass speziell für so ein reiches Land wie Deutschland die Energiewende sowohl mit als auch ohne Kernenergie grundsätzlich umsetzbar ist, und beide Varianten jeweils Vor- und Nachteile mit sich bringen. In Deutschland hat nur leider die Politik der Öffentlichkeit aus teilweise ideologischen Gründen die jeweiligen Vor- und Nachteile nicht vollständig transparent gemacht und damit eine fundierte ergebnisoffene gesellschaftliche Diskussion über die sinnvollste Geschwindigkeit des Atomausstiegs verhindert.

Literatur

1. Emissions Gap Report. (2019). United Nations Environment Programme. https://wedocs.unep.org/bitstream/handl e/20.500.11822/30797/EGR2019.pdf?sequence=1&isAllo wed=y. Zugegriffen am 12.05.2020.
2. EEA greenhouse gas – data viewer. (2019). European Environment Agency. https://www.eea.europa.eu/data-and-maps/ data/data-viewers/greenhouse-gases-viewer. Zugegriffen am 12.05.2020.
3. Kern, V. (2018). Merkel gegen höhere EU-Klimaziele. Klimareporter. https://www.klimareporter.de/europaische-union/merkel-gegen-hoehere-eu-klimaziele. Zugegriffen am 12.05.2020.
4. Fischer, F., & Stratmann, K. (2020). Erhöhung der EU-Klimaziele: Bundestagsfraktion stellt sich gegen Merkel. Handelsblatt. https://www.handelsblatt.com/politik/deutsch-land/ green-deal-erhoehung-der-eu-klimaziele-bundestagsfraktion-stellt-sich-gegen-merkel/25813342.html?ticket=ST-3663618-OPuOiyeZ3vODxL4Uv9z0-ap4. Zugegriffen am 12.05.2020.
5. Crolly, H. (2018). Brüssels nächster Nackenschlag für die deutschen Autobauer. Welt. https://www.welt.de/wirtschaft/ article185689466/CO2-Grenzwerte-Bruessels-naech-ster-Nackenschlag-fuer-die-deutschen-Autobauer.html. Zugegriffen am 12.05.2020.
6. Treibhausgas-Emissionen in der Europäischen Union. (2019). Umweltbundesamt. https://www.umweltbundesamt.de/da-ten/klima/treibhausgas-emissionen-in-der-europaeischen-uni-on#pro-kopf-emissionen. Zugegriffen am 12.05.2020.
7. Energy Charts. (2020). Fraunhofer Ise. https://www.ener-gy-charts.de/energy_pie_de.htm. Zugegriffen am 12.05.2020.
8. Treibhausgasemissionen in Deutschland 2018 nach Gas und Kategorie. (2019). Umweltbundesamt. https://www.bmu. de/fileadmin/Daten_BMU/Download_PDF/Klimaschutz/ pi-thg_abbildungen_bf.pdf. Zugegriffen am 12.05.2020.

9. Auswertungstabellen. (2020). AG Energiebilanzen e.V. https://ag-energiebilanzen.de/10-0-Auswertungstabellen.html. Zugegriffen am 12.05.2020.

10. Der Irrsinn von Irsching. (2019). Bayerische Staatszeitung. https://www.bayerische-staatszeitung.de/staatszeitung/wirtschaft/detailansicht-wirtschaft/artikel/der-irrsinn-von-irsching.html#topPosition. Zugegriffen am 12.05.2020.

11. Bundesnetzagentur. (2020). Zahlen, Daten und Informationen zum EEG. https://www.bundesnetzagentur.de/DE/Sachgebiete/ElektrizitaetundGas/Unternehmen_Institutionen/ErneuerbareEnergien/ZahlenDatenInformationen/zahlenunddaten-node.html. Zugegriffen am 12.05.2020.

12. Internationales Wirtschaftsforum Regenerative Energien. 2020.. Windenergie-Zubau an Land sinkt auf niedrigsten Stand seit 2018. https://www.iwr.de/news.php?id=36499. Zugegriffen am 12.05.2020.

13. Enkhardt, S. (2020). Photovoltaik-Zubau in Deutschland schrammt 2019 knapp an Vier-Gigawatt-Marke vorbei. pv magazine. https://www.pv-magazine.de/2020/01/31/woltaik-zubau-in-deutschland-schrammt-2019-knapp-an-vier-gigawatt-marke-vorbei/. Zugegriffen am 12.05.2020.

14. Hein, F., Peter, F., & Graichen, P. (2020). Die Energiewende im Stromsektor: Stand der Dinge 2019. Agora Energiewende. https://www.agora-energiewende.de/fileadmin2/Projekte/2019/Jahresauswertung_2019/171_A-EW_Jahresauswertung_2019_WEB.pdf. Zugegriffen am 12.05.2020.

15. Zech, K., & Lindner, M. (2018). Braucht Deutschland eine CO2-Steuer? *Energiewirtschaftliche Tagesfragen, 68*(10), 37.

16. Bundesnetzagentur. (2020). Was ist die EEG-Umlage und wie funktioniert sie? https://www.bundesnetzagentur.de/SharedDocs/FAQs/DE/Sachgebiete/Energie/Verbraucher/Energielexikon/EEGUmlage.html. Zugegriffen am 23.05.2020.

17. Baumer, A., & Kerler, M. (2017). Der Niedergang der deutschen Solarwirtschaft. Augsburger Allgemeine. https://www.augsburger-allgemeine.de/wirtschaft/Der-Niedergang-der-deutschen-Solarwirtschaft-id41477701.html. Zugegriffen am 12.05.2020.

18. Witsch, K. (2019). So kann die deutsche Windkraft die Wende noch schaffen. Handelsblatt. https://www.handelsblatt.com/unternehmen/energie/analyse-so-kann-die-deutsche-windkraft-die-wende-noch-schaffen/25214260.html?ticket=ST-4202404-9aBFJ0ihLVoxTufMgavX-ap1. Zugegriffen am 12.05.2020.

19. Bolzen, S., & Ehrenstein, C. (2012). „Iluc-Effekt" – Brüssel schafft E10-Subventionen ab. Welt. https://www.welt.de/wirtschaft/article109154383/Iluc-Effekt-Bruessel-schafft-E10-Subventionen-ab.html. Zugegriffen am 12.05.2020.

20. Bowyer, C. (2010). Anticipated indirect land use change associated with expanded use of biofuels and bioliquids in the EU – An analysis of the national renewable energy action plans. Institute for European Environmental Policy. https://ieep.eu/uploads/articles/attachments/c0f61601-e2dd-4e1c-816e-d4d4ea847b7e/Analysis_of_ILUC_Based_on_the_National_Renewable_Energy_Action_Plans.pdf?v=63664509731. Zugegriffen am 12.05.2020.

21. Welt im Wandel: Zukunftsfähige Bioenergie und nachhaltige Landnutzung. (2008). Wissenschaftlicher Beirat der Bundesregierung Globale Umweltveränderungen. https://www.wbgu.de/fileadmin/user_upload/wbgu/publikationen/hauptgutachten/hg2008/pdf/wbgu_jg2008_kurz.pdf. Zugegriffen am 12.05.2020.

22. Sterchele, P., Brandes, J., Heilig, J., Wrede, D., Kost, C., Schlegl, T., Bett, A., & Hans-Martin Henning, H.-M. (2020). Wege zu einem klimaneutralen Energiesystem. Fraunhofer-Institut für Solare Energiesysteme ISE, https://www.ise.fraunhofer.de/content/dam/ise/de/documents/publications/studies/Fraunhofer-ISE-Studie-Wege-zu-einem-klimaneutralen-Energiesystem.pdf. Zugegriffen am 12.05.2020.

23. Wolk, C. (2016). Hintergrund: Hinkley Point C. Energiewende Magazin. https://www.ews-schoenau.de/energiewende-magazin/zur-sache/hintergruende-zu-hinkley-point-c/. Zugegriffen am 12.05.2020.

24. World Nuclear Association. (2017). Nuclear Power Economics and Project Structuring. https://www.world-nuclear.org/getmedia/84082691-786c-414f-8178-a26be866d8da/

REPORT_Economics_Report_2017.pdf.aspx. Zugegriffen am 12.05.2020.

25. Bollmann, R. (2016). Das kostet den Steuerzahler der Atommüll. FAZ.net. https://www.faz.net/aktuell/finanzen/steuerzahler-tragen-die-kosten-der-energiewende-14209053.html. Zugegriffen am 12.05.2020.

26. Schulz, J. (2019). Staatsfonds macht Verluste. Deutschlandfunk. https://www.deutschlandfunk.de/atommuell-entsorgung-staatsfonds-macht-verluste.769.de.html?dram:article_id=454601. Zugegriffen am 12.05.2020.

27. Kolonko, P. (2005). Kapazität auf Kosten der Sicherheit. FAZ.NET. https://www.faz.net/aktuell/gesellschaft/ungluecke/grubenunglueck-kapazitaet-auf-kosten-der-sicherheit-1209139.html. Zugegriffen am 12.05.2020.

28. Schaible, J. (2019). War der Atomausstieg ein Fehler? DER SPIEGEL. https://www.spiegel.de/politik/deutschland-war-der-atomausstieg-ein-fehler-a-38ddbbc7-93c6-43aa-982b-2ea46ada42ed. Zugegriffen am 12.05.2020.

29. Fraunhofer-Institut für Solare Energiesysteme ISE. (2019). Jährliche Stromerzeugung in Deutschland in 2018. https://www.energy-charts.de/energy_de.htm?source=all-sources&period=annual&year=2018. Zugegriffen am 12.05.2020.

30. Bundesministerium für Wirtschaft und Energie. (2020). EEG in Zahlen: Vergütungen, Differenzkosten und EEG-Umlage 2000 bis 2020 https://www.erneuerbare-energien.de/EE/Redaktion/DE/Downloads/eeg-in-zahlen-pdf.pdf%3F__blob%3DpublicationFile. Zugegriffen am 12.05.2020.

31. Heymann, E. (2019). CO2-Steuer: Besser als der Status quo, aber nicht optimal. Deutsche Bank. https://www.dbresearch.com/servlet/reweb2.ReWEB?rwnode=NAVIGATION&rwsite=RPS_DE-WORK&rwobj=ReDisplay.Start.class&document=PROD0000000000494331. Zugegriffen am 12.05.2020.

3

Wie muss die Energiewende weitergehen?

Inhaltsverzeichnis

Zusammenfassung Um die Klimaziele zu erreichen, muss der Energiesektor Deutschlands innerhalb weniger Jahrzehnte dekarbonisiert werden. Dieses Kapitel beschreibt, inwieweit dies mithilfe schwankender Wind- und Sonnenenergie auch ohne teure Speicher möglich ist und warum es beim Ausbau der Wasserstoffinfrastruktur stark auf das

© Springer Fachmedien Wiesbaden GmbH, ein Teil von Springer   **75**
Nature 2020
A. Luczak, *Deutschlands Energiewende – Fakten, Mythen und Irrsinn*,
https://doi.org/10.1007/978-3-658-30277-1_3

richtige Timing ankommt. Als effizienteste Klimaschutzmaßnahme gilt eine Bepreisung von CO2, die in ihren verschiedenen Facetten ausführlich beleuchtet wird. Die am Schluss des Kapitels vorgestellten Abschätzungen der Kosten der Energiewende ergeben Beträge, die erheblich von der Veränderungsbereitschaft der Bevölkerung abhängen und speziell zur Vermeidung der letzten Prozent an Emissionen erheblich ansteigen.

Die Erfahrungen der Vergangenheit haben gezeigt: Am leichtesten ist es, zu einem Konsens zu kommen, wenn man sich auf keine Maßnahmen, sondern nur auf Ziele einigen muss und diese Ziele möglichst weit in der Zukunft liegen. So ist es auch keine Überraschung, dass eine EU, in der schon die konkrete Verteilung einiger hundert Flüchtlinge auf mehrere Staaten zu unüberwindbaren Konflikten führt, sich auf das eigentlich unfassbar radikal und schwer zu erreichende Ziel einigen konnte, bis zum Jahr 2050 klimaneutral zu werden. Der von der EU euphorisch gefeierte „Green Deal" enthält bezeichnenderweise keinerlei konkrete verbindliche Maßnahmen, sondern nur Absichtserklärungen, in welchen Bereichen man Strategien erarbeiten muss, um das Ziel zu erreichen. Mit solchen bloßen Absichtserklärungen tut sich auch die deutsche Regierung sehr leicht und hat entsprechend in ihrem Klimaschutzplan bereits 2016 das Ziel formuliert, bis 2050 weitgehend klimaneutral zu werden.
So lobenswert es ist, dies als Ziel zu formulieren, hat es die Bundesregierung aber leider immer noch nicht gewagt, auch nur annähernd die notwendigen konkreten Maßnahmen darzulegen, wie dieses Ziel tatsächlich erreicht werden kann. Glaubwürdigkeit der Politik sieht man nicht an der Formulierung langfristiger Ziele, sondern bei kurzfristigen, gegebenenfalls auch unbequemen Entscheidungen, und hier passiert seit Jahren nicht annähernd das, was zur Umsetzung der selbst gesteckten langfristigen Ziele notwendig wäre.

3.1 Kann „Zappelstrom" aus Wind und Sonne wirklich die Lösung sein?

Kann eine Klimaneutralität überhaupt technisch realisiert werden, unabhängig davon, ob der gesellschaftliche und politische Wille da ist, die damit verbundenen wirtschaftlichen Folgen tatsächlich tragen zu wollen? Der für die meisten Menschen bequemste und damit erstrebenswerteste Ansatz besteht darin, alle Technologien, die momentan Treibhausgase verursachen, durch eine treibhausgasfreie Alternative auf Basis erneuerbarer Energien zu ersetzen. Am schwierigsten dürfte dies im Sektor Landwirtschaft gelingen, wo es kaum technische Möglichkeiten gibt, die mit der Produktion von Nahrungsmitteln verbundenen Treibhausgasemissionen (vor allem Methan und Lachgas) zu reduzieren. Die wesentliche Maßnahme ist damit die Reduktion des Verzehrs tierbasierter Nahrung (Abschn. 5.2).

Der größte Teil der Treibhausgase entsteht jedoch in Form von CO_2 bei der Verbrennung fossiler Rohstoffe zur Erzeugung von Energie, die in Form von Strom, Wärme und Mobilität genutzt wird. Und für die Gewinnung von Energie gibt es bereits etablierte und erschwingliche technische Möglichkeiten, dies nahezu klimaneutral zu bewerkstelligen.

Momentan decken erneuerbare Energien etwa ein Sechstel des deutschen Primärenergiebedarfs[1] (Abb. 3.1). Zu dieser erneuerbaren Energieerzeugung trägt die Wind- und

---

[1] Primärenergie ist diejenige Energie aus fossilen und regenerativen Quellen, die benötigt wird, um die vom Verbraucher genutzte Endenergie zu erzeugen. Da regenerative Quellen per Definition unerschöpflich sind, wird die regenerative Primärenergie der Endenergie gleichgesetzt, während bei nichtregenerativen Energien die Primärenergie aufgrund der Umwandlungsverluste (zum Beispiel der Wärmeverlust bei der Stromerzeugung) immer höher als die Endenergie ist.

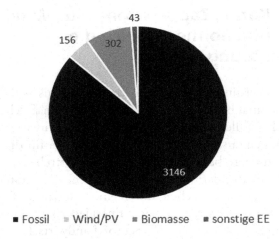

Abb. 3.1   Primärenergieverbrauch nach Energieträgern in TWh. (Quelle: Daten aus [1])

Solarenergie (in Form der Stromerzeugung mittels der Fotovoltaik, im folgenden PV genannt) mit aktuell 156 TWh zu etwa einem Drittel bei. Die anderen beiden Drittel der erneuerbaren Energieerzeugung stammen weitestgehend aus der energetischen Verwendung von Biomasse.

Mittlerweile hat sich herausgestellt, dass die beiden mit Abstand günstigsten ausreichend ausbaubaren Formen der erneuerbaren Energiegewinnung die Wind- und Solarenergie sind. Es gab mal eine Zeit, in der auch die Biomassenutzung große Hoffnungen geweckt hat, einen wesentlichen Anteil zur Energiegewinnung beizutragen, man hat allerdings nach etlichen Jahren extrem hoher finanzieller Förderung der Biomassenutzung feststellen müssen, dass die Öko- und Klimabilanz so miserabel ist, dass ein weiterer wesentlicher Ausbau unverantwortlich wäre und deshalb in Deutschland auch nicht geplant ist (Abschn. 2.2).

Um den verbleibenden, von fossilen Quellen gedeckten Primärenergiebedarf in Deutschland von mehr als 3000

TWh zu decken, müsste man die gegenwärtig installierte Wind- und PV-Leistung also etwa verzwanzigfachen. Es ist jedoch damit zu rechnen, dass der Primärenergiebedarf aufgrund von Effizienzmaßnahmen deutlich sinkt. So nimmt zum Beispiel der Anteil schlecht gedämmten Wohnraums kontinuierlich ab und der Wirkungsgrad von Elektromotoren und Wärmepumpen ist deutlich höher als der von Verbrennungsmotoren und Gasheizungen. Außerdem verringern sich die zum Primärenergiebedarf zählenden thermischen Verluste in den fossilen Kraftwerken, da diese immer weniger ausgelastet werden. Umgekehrt ist allerdings mit Verlusten durch Energiespeicher zu rechnen, die in der Endphase der Energiewende in stärkerem Umfang benötigt werden, wenn auch noch die sogenannten Dunkelflauten (windarme und sonnenscheinarme Wetterlagen speziell in den Wintermonaten) emissionsfrei überbrückt werden müssen. Geht man in Summe von einer ungefähren Halbierung des Primärenergiebedarfs auf 1700 TWh aus, müsste die gegenwärtige Wind- und PV-Erzeugung daher nur noch verzehnfacht werden (und natürlich zusätzlich auch noch die aktuellen Wind- und Solaranlagen erneuert werden, da deren Lebensdauer nur etwa 20 Jahre beträgt). Bei der gegenwärtigen Zuwachsrate von Wind- und PV-Energie von etwa 10 TWh pro Jahr, würde dies allerdings ganze 170 Jahre dauern. Dass Deutschland in der Lage ist, die Wind- und PV-Energie deutlich schneller auszubauen, hat es in der Vergangenheit jedoch bereits gezeigt. Bei einem Zuwachs der PV-Energie wie im Jahr 2011 (8 TWh) und einem Zuwachs der Windenergie wie im Jahr 2015 (22 TWh) würde man bis zur Klimaneutralität nur noch 57 Jahre benötigen [2]. Die Ausbaugeschwindigkeit, um bereits bis 2050 die Klimaneutralität zu erreichen, muss also nur doppelt so groß sein, wie diejenige, die wir bereits vor Jahren schon einmal erreicht hatten. Dies ist zwar anspruchsvoll, aber rein von der technischen Umsetzbarkeit her grundsätzlich machbar, sofern der politische Wille da wäre, die dafür notwendigen wirtschaftlichen Rahmenbedingungen zu schaffen.

Die wesentlichen Handlungsfelder für die konkrete Umsetzung der Energiewende ergeben sich direkt aus den in Abb. 2.5 dargestellten Sektoren, in denen CO2 entsteht, nämlich Strom, Wärme und Mobilität.

Strom: Verbrennung von Braun- und Steinkohle, Erdöl und Erdgas zur Stromerzeugung

Hier ist der Ersatz der bisherigen fossilen Erzeugung durch Wind- und Solarenergie am einfachsten und mittlerweile auch am günstigsten. Eine Herausforderung ist jedoch die Problematik, dass Wind- und Sonne nicht unbedingt dann zur Verfügung stehen, wenn es der Verbrauch erfordert. Es wird deshalb manchmal argumentiert, es sei sinnlos, die Wind- und Solarstromerzeugung auszubauen, da diese zu unstetig und nicht verlässlich sei. Der damit erzeugte Strom sei ein kaum nutzbarer „Zappelstrom", der je nach Wetter und Tageszeit beliebig hin- und her schwankt. In diesem Zusammenhang wird auch immer wieder gefordert, erst die zum Ausgleich der Schwankungen notwendigen (Wasserstoff-)Speicher zu entwickeln und zu bauen, bevor man die Wind- und Solarenergie weiter ausbaut. Der entscheidende Fehler hierbei ist, sich nur auf den absoluten Endpunkt der Energiewende zu fokussieren. Eine 100 %ige regenerative Energieversorgung ist aus heutiger Sicht unbestritten technisch extrem anspruchsvoll und teuer. Aber inwieweit gilt dies auch für eine 80 %ige regenerative Energieversorgung als mögliches Zwischenziel? Dieses Ziel ist mit deutlich weniger Aufwand und Kosten verbunden und kann mit heutigem Stand von Wissen und Technik relativ problemlos erreicht werden. Das Ziel ist ja in erster Linie, so schnell wie möglich so viele Treibhausgase wie möglich einzusparen. Wie man dann irgendwann mal vielleicht tatsächlich sogar komplett ohne fossile Energieversorgung auskommen kann, ist eine Frage, die sich bei einem Anteil von Wind- und Solarenergie an der gesamten Energieversorgung von weniger als 10 % noch lange Zeit nicht stellen wird, selbst wenn man bedenkt, dass man eine speziell dafür notwendige Infrastruktur natürlich nicht von heute auf morgen aus dem Boden stampfen kann. Die ständige Diskussion darüber, wie schwer es ist, eine vollständig regenerative Energieversorgung hinzubekommen, ist ähnlich absurd, wie wenn ein Trainer einem Sportler die Aufgabe gibt, möglichst weit zu laufen und der Sportler erst gar nicht losläuft, weil er nicht sicher ist, ob er einen kompletten Marathon schaffen kann.

Vor welche Herausforderungen der Ausbau der fluktuierenden Wind- und Solarenergie das Energiesystem stellt, hängt in erster Linie von deren Anteil an der Stromversorgung ab. In unserem Stromnetz muss zu jedem Zeitpunkt die erzeugte Leistung (nahezu) exakt die von den Stromverbrauchern benötigte Leistung sein. Deshalb wird es selbst bei optimalem Netzausbau mit steigendem Ausbau der erneuerbaren Energien auch schon bei einem mittleren Anteil der Wind- und Solarenergie von etwa 30 % einige Stunden im Jahr dazu kommen, dass es bei viel Wind und Sonne nicht mehr ausreicht, die fossilen Kraftwerke zu drosseln, sondern dass auch die Wind- und Solaranlagen abgeregelt werden müssen. Da Deutschland sich jedoch im europäischen Verbundnetz befindet und entsprechend mit den meisten anderen europäischen Ländern vernetzt ist,[2] ist

---

[2] Die Vernetzung der nationalen Stromnetze innerhalb des europäischen Verbundnetzes ist weitestgehend noch auf einen in der Vorenergiewendezeit ausreichenden, eher geringen Ausgleichsbedarf zwischen den Ländern ausgerichtet, kann aber mit wachsendem Ausbau der Wind- und Solarenergie problemlos verstärkt werden. Weiterhin bestehen auf Hochspannungs-Gleichstrom-Übertragung(HGÜ) basierende Verbindungen zu weiteren Verbundnetzen, die ebenfalls zu einem Ausgleich von Erzeugung und Verbrauch genutzt werden können.

dabei nicht der Anteil an fluktuierendem Wind- und Solarstrom in Deutschland, sondern deren Anteil im gesamten europäischen Verbundnetz entscheidend, wo er allerdings noch weit unter 30 % liegt. Eine Abregelung aufgrund eines Überangebots von Wind- und PV-Strom im Vergleich zum Bedarf auf europäischer Verbundnetz-Ebene findet deshalb momentan noch so gut wie nie statt.

Dass in Deutschland trotzdem bereits vor allem Windanlagen abgeregelt werden müssen, liegt also nicht daran, dass es tatsächlich einen Überschuss an Wind- und Solarenergie gibt, sondern daran, dass er wegen lokaler Netzengpässe nicht immer vollständig zu den Verbrauchern transportiert werden kann. Dieser abgeregelte Strom wird in den Medien oft als Geisterstrom bezeichnet, weil die Betreiber von Ökostromerzeugungsanlagen für diesen abgeregelten Strom (nahezu) dieselbe Vergütung erhalten wie für tatsächlich erzeugten Strom. Die damit verbundenen hohen Kosten für diesen Geisterstrom werden oft als Argument für den Irrsinn der Energiewende herangeführt und Maßnahmen gefordert, die Menge an Geisterstrom mit technischen Maßnahmen zu reduzieren. Dabei wird übersehen, dass die Kosten bei einer Reduzierung des Geisterstroms gar nicht wesentlich geringer werden, da sie dann in Form der normalen Einspeisevergütung in derselben Höhe entstehen würden. Finanziell profitieren würde man also nur von den zusätzlichen Erlösen des dann eingespeisten Geisterstroms am Strommarkt, die in Zeiten, in denen Windanlagen abgeregelt werden müssen, aber naturgemäß sehr niedrig sind.

Außerdem wird das Stromnetz zur Verringerung der Abregelungen bereits seit Jahren ausgebaut, was aber aufgrund langer Genehmigungsverfahren und Bürgerprotesten im Vergleich zum Ausbau der Wind- und Solarenergie in der Vergangenheit nicht schnell genug erfolgte. Da die ersten Netzausbaumaßnahmen aber nun endlich fertiggestellt werden, nimmt der Anteil des abgeregelten Stroms trotz des weiter steigenden Anteils von Wind- und PV-Strom bereits wieder ab und beträgt insgesamt weniger als 3 % des gesamten Ökostroms. Entsprechend machen die Entschädigungszahlungen auch nur einen Anteil von etwa 3 % der gesamten Ökostromförderkosten aus und sind deshalb momentan kein wirklicher Grund, die gesamte Energiewende infrage zu stellen [2].

Ein so starker Netzausbau, dass überhaupt kein Strom mehr abgeregelt werden muss, ist ohnehin ökonomisch unsinnig, da dann Aufwand und Nutzen in keinem sinnvollen Verhältnis mehr stehen würden. Es sollte einleuchtend sein, dass man keine teure Stromleitung bauen sollte, die nur wenige Stunden im Jahr vollständig genutzt wird. Die Kosten, um abgeregelten Strom zu vermeiden oder ihn irgendwie anders zu nutzen, müssen sich mit den Kosten messen lassen, die alternative Maßnahmen zur Emissionssenkung mit sich bringen. Ziel muss es sein, mit einem investierten Euro die maximale Treibhausgaseinsparung zu erreichen. Dabei sind ganz besonders das Timing und die Reihenfolge von Investitionsentscheidungen entscheidend. Wer schon mal einen Ikea-Schrank selber aufgebaut hat, weiß, dass auch sinnvolle Arbeitsschritte kontraproduktiv sein können, wenn sie in der falschen Reihenfolge ausgeführt werden. Technologien, die in der Endphase der Energiewende unabdingbar sind, bringen in früheren Phasen deutlich weniger oder können sogar klimaschädlich sein. Das macht die Diskussion in der Öffentlichkeit auch so schwierig, weil es für die meisten einfacher ist, Technologien oder Fördermaßnahmen binär in die Kategorie „klimafreundlich" oder „klimaschädlich" einzuordnen, statt sich komplexe Gedanken über das jeweilige Kosten-Nutzen-Verhältnis oder die jeweilige optimale Ausbaugeschwindigkeit einer bestimmten Technologie und Infrastruktur zu machen. Das bei der Stromerzeugung angewendete kostenoptimierende Merit-Order-Prinzip, dass die einzelnen Kraftwerke in der

Reihenfolge ihrer Erzeugungskosten zugeschaltet werden, sollte auch für die Energiewende angewendet werden: Zunächst werden die Maßnahmen umgesetzt, mit denen am günstigsten eine bestimmte Emissionsminderung erzielt werden kann und erst dann die teureren Maßnahmen. Ein solches kostenoptimiertes Vorgehen ergibt sich automatisch, wenn der Staat nicht lenkend in den Energiemarkt eingreift, sondern stattdessen dafür sorgt, dass der Ausstoß von CO_2 mit den Jahren immer teurer wird (Abschn. 3.3).

Um ein sinnvolles Timing bestimmter Infrastrukturmaßnahmen abschätzen zu können, ist es hilfreich, sich die drei wesentlichen Phasen der Energiewende bewusst zu machen, die in erster Linie durch den Anteil fluktuierenden Wind- und Solarstroms im europäischen Verbundnetz charakterisiert sind.

Phase 1 (hier befinden wir uns noch etliche Jahre): Anteil des fluktuierenden Wind- und Solarstroms im europäischen Verbundnetz <40 %

Der Wind- und Solarstrom kann zu nahezu 100 % relativ problemlos in das Stromsystem integriert werden und führt direkt zu einer entsprechenden Reduktion der Auslastung der fossilen Kraftwerke. Abregelungen von Wind- und Solaranlagen erfolgen nur in relativ geringem Umfang aufgrund lokaler Netzengpässe.

Phase 2: Anteil des fluktuierenden Wind- und Solarstroms im europäischen Verbundnetz zwischen 40 und 80 %

Der Wind- und Solarstrom übersteigt immer häufiger den aktuellen Strombedarf in Europa bzw. kann nicht mehr zu vertretbaren Kosten zu den Verbrauchern transportiert werden und muss deshalb um bis zu einem Drittel abgeregelt werden. Für einen weiteren Ersatz der fossilen Stromerzeugung muss infolgedessen entsprechend überproportional viel Wind- und Solarkapazität installiert werden, was die fossilen Vermeidungskosten spürbar ansteigen lässt.

Es wird nach wie vor nahezu die gesamte fossile Kraftwerksleistung benötigt, wobei deren Auslastung (und damit deren CO_2-Emission) jedoch immer weiter zurückgeht. Das fossile Back-up wird mehr und mehr vor allem nur noch in windarmen Nächten oder trüben Wintertagen (für die bereits weiter oben erwähnten „Dunkelflauten") benötigt. Eine vielfach dringend geforderte Nutzung der Stromüberschüsse, zum Beispiel zur Erzeugung von Wasserstoff oder e-Fuels, ist noch lange Zeit extrem unwirtschaftlich, da die dafür notwendige Infrastruktur sehr teuer ist und diese nur während der weiterhin überschaubaren Zeit, in der Stromüberschüsse auftreten, genutzt werden kann (Abschn. 3.2).

Es ist eben vollkommen unsinnig, mit einem gigantischen technischen und finanziellen Aufwand einen kleinen Teil der sporadisch auftretenden Überschüssen zu nutzen, statt das dafür notwendige Geld dort hineinzustecken, wo man mit viel geringerem Aufwand Emissionssenkungen erzielen kann.

Phase 3: Anteil des fluktuierenden Wind- und Solarstroms im europäischen Verbundnetz zwischen 80 und 100 %

Die während der Dunkelflauten noch verbleibende fossile Stromerzeugung kann durch einen zusätzlichen Ausbau der Wind- und Solarenergie so gut wie nicht mehr reduziert werden. Die in diesen Zeiten fehlende Wind- und Solarenergie muss deshalb in Zeiten des Überangebots an Wind- und Solarenergie in Form von Wasserstoff gespeichert werden und während der Dunkelflauten wieder verstromt werden. Der Ersatz des noch geringen verbleibenden fossilen Stroms wird extrem teuer, da neben den Kosten der Wasserstofferzeugungs- und Verstromungsanlagen aufgrund des schlechten Speicherwirkungsgrads ein Vielfaches des zu ersetzenden Stroms regenerativ erzeugt werden muss und entsprechende zusätzliche Wind- und Solarkapazitäten dafür errichtet werden müssen. Im Gegenzug kann dafür jedoch die fossile Anlagenkapazität nach und nach abgebaut werden.

Eine gegenüber heute deutlich veränderte Infrastruktur ist also erst für die letzte Phase der Energiewende notwendig. Bei der gegenwärtigen Ausbaugeschwindigkeit wird diese Phase erst in mehr als 100 Jahren erreicht, insbesondere auch deshalb, weil ein signifikanter Teil der europäischen Stromversorgung aller Voraussicht nach noch sehr lange weiterhin durch Kernkraftwerke und Wasserkraftwerke erfolgen wird.

Wärme: Verbrennung von Heizöl und Erdgas zur Erwärmung von Gebäuden und zur Erzeugung von industriell benötigter Prozesswärme
Es gibt drei grundsätzliche Möglichkeiten, Wärme auf Basis von Wind- und Solarstrom zu erzeugen:

- Man erzeugt direkt aus dem Strom Wärme, was mit sehr günstiger Anlagentechnik wie Tauchsiedern oder Nachtspeicheröfen geschehen kann, die einen Wirkungsgrad von fast 100 % besitzen.
- Man betreibt mit dem Strom Wärmepumpen, die zusätzlich noch Wärme aus der Umgebung nutzen und dadurch aus einer Kilowattstunde Strom etwa drei bis fünf Kilowattstunden Wärme erzeugen können.
- Man erzeugt aus Strom mithilfe relativ teurer Elektrolyseure Wasserstoff, der dann entweder direkt verbrannt wird oder gegebenenfalls vor der Verbrennung in Erdgas umgewandelt wird, um die vorhandene Erdgasinfrastruktur ohne die für Wasserstoff notwendigen technischen Anpassungen nutzen zu können. Der Wirkungsgrad beträgt etwa 50 %, man benötigt im Vergleich zu einer Wärmepumpe zur Erzeugung einer bestimmten Wärmemenge also bis zu zehnmal mehr Strom.

Für diese besonders teure Art der Wärmeerzeugung fallen damit im Vergleich zu den beiden obigen Technologien neben den hohen Kosten für die eigentliche Wasserstofferzeugung erhebliche zusätzliche Kosten für die Errichtung der Ökostromanlagen an, die den dafür notwendigen Strom erzeugen.

Eine Dekarbonisierung der Wärmeerzeugung ist umso aufwendiger und damit teurer, je höher das benötigte Temperaturniveau ist, was speziell bei der bislang vor allem mit Erdgas erzeugten industriellen Prozesswärme eine wichtige Rolle spielt [3].

Ein Ersatz des für bestimmte Produktionsprozesse bei der Wärmeerzeugung benötigten Erdgases ist nur mit aus Ökostrom erzeugtem Wasserstoff möglich und damit so teuer, dass dies erst am Ende der Energiewende umgesetzt werden sollte, wenn bereits alle günstigeren Möglichkeiten zur Emissionsminderung ausgeschöpft sind.

Mobilität: Verbrennung von Mineralölen vor allem durch PKW, LKW und Flugzeuge

Ein Ersatz für die Verbrennung von Treibstoffen kann durch folgende Technologien erfolgen:

- Man verlagert die Mobilität hin zur bereits vorhandenen und bewährten schienengebundenen Elektromobilität. Entscheidend dabei ist, dass ein stromführender Fahrdraht in Form einer Oberleitung oder Stromschiene vorhanden ist, sodass keine Batterien erforderlich sind. So ein Fahrdraht kann grundsätzlich auch straßengebundene Fahrzeuge mit Strom versorgen, ein seit Jahrzehnten im Nahverkehr verwendetes Prinzip, das momentan auf einer Autobahnteststrecke in der Nähe von Lübeck für LKW getestet wird [4].

- Batterien werden mit Strom geladen und versorgen Elektromotoren. Der Wirkungsgrad ist mit etwa 80 % zwar recht hoch, die benötigten Batterien sind jedoch groß, schwer, haben eine geringe Energiekapazität, lange Ladezeiten und sind trotz bereits erreichter erheblicher Kostensenkungen immer noch sehr teuer. Ein Einsatz in Flugzeugen ist zwar theoretisch denkbar, jedoch durch das hohe Gewicht der Batterien extrem unökonomisch.

- Man erzeugt mit Wind- und Solarstrom Wasserstoff und daraus dann künstliche Treibstoffe (e-Fuels) und nutzt diese entweder genauso, wie bisher in Verbrennungsmotoren und Turbinen oder man erzeugt daraus bei Bedarf mittels Brennstoffzellen Strom, der wiederum Elektromotoren antreibt. Der Wirkungsgrad liegt aufgrund der vielen Umwandlungsverluste nur bei etwa 25 %. Damit entstehen mit dieser Technologie ähnlich wie bei der Wärmeerzeugung aus Wasserstoff aufgrund der teuren Elektrolyseure und Brennstoffzellen sowie dem erhöhten Strombedarf die höchsten Kosten bei der Dekarbonisierung des Mobilitätssektors. Speziell Flugzeuge werden allerdings nur auf diese Weise ihre Emissionen deutlich verringern können, weswegen die Fluggesellschaften den Flugverkehr erst bei einer extrem hohen Bepreisung von $CO2$ dekarbonisieren werden.

Die schmutzige Sektorkopplung

Egal, ob man den Strom direkt nutzt oder mit dem Strom zunächst Wasserstoff und daraus dann auch noch gegebenenfalls e-Fuels erzeugt, bedeutet dies letztendlich eine Elektrifizierung des gesamten Energiebedarfs. Die vormals separaten Sektoren Mobilität und Wärme verschieben sich immer mehr in den Stromsektor, was auch Sektorkopplung genannt wird. Dies bedeutet zwangsläufig eine deutliche Zunahme des Stromverbrauchs, der mit erneuerbaren Energien erzeugt werden muss. Verschiedene Studien gehen davon aus, dass sich der Stromverbrauch deshalb verdoppeln oder gar verdreifachen wird. Wie stark der Stromverbrauch ansteigt, wird vor allem davon abhängen, auf welche Art die Mobilität und Wärmeerzeugung elektrifiziert wird, da die verschiedenen Technologien teilweise extrem unterschiedliche Wirkungsgrade haben. Ein Wasserstoffauto verursacht einen etwa dreimal so hohen Strombedarf wie ein batteriegetriebenes Elektroauto. Erzeugt man Wärme direkt aus Strom oder über den Umweg Wasserstoff, wird dafür ebenfalls mindestens etwa dreimal so viel Strom benötigt, wie bei der Nutzung einer Wärmepumpe, die auch die Umgebungswärme nutzt.

Es ist zwar unstrittig, dass für das Erreichen einer vollständigen Dekarbonisierung des Energiesystems eine solche Sektorkopplung notwendig ist. Was der sinnvollste Weg dorthin ist, insbesondere welche Voraussetzungen gegeben sein müssen, damit ein Ausbau der Sektorkopplung sinnvoll ist, und was das bereits angesprochene optimale Timing dafür ist, wird jedoch leider oftmals nicht genau genug betrachtet. Die notwendige Elektrifizierung und Sektorkopplung wird fälschlicherweise als bereits jetzt klimafreundlicher Selbstzweck gesehen und entsprechend unüberlegt und übereilt gefördert (zum Beispiel in Form der Förderung der Elektromobilität oder in Form einer Senkung der Stromkosten durch die Einnahmen der CO2-Steuer). Eine Elektrifizierung der Sektoren Mobilität und Wärme senkt jedoch erst dann die Treibhausgasemissionen, wenn der Stromsektor nahezu vollständig dekarbonisiert ist. Ansonsten führen zusätzliche Stromverbraucher unweigerlich zu einer Erhöhung der fossilen Stromproduktion, also zu einer schmutzigen Sektorkopplung. Bereits ohne die durch die Sektorkopplung hinzukommenden Stromanwendungen kann der Stromverbrauch momentan nur zu etwa knapp der Hälfte durch erneuerbare Quellen gedeckt werden Eine nahezu vollständige Dekarbonisierung der Stromerzeugung, selbst wenn man nur vom aktuellen Strombedarf ausgeht, ist bei dem gegenwärtigen Tempo des Ausbaus der Wind- und Solarenergie erst in mehr als 100 Jahren zu erwarten. Aber selbst wenn der Ausbau der Wind- und Solarenergie stark beschleunigt werden kann, wird es noch Jahrzehnte dauern, bis genug Wind- und Solarenergie vorhanden ist, um dann auch noch die zusätzlichen Stromverbraucher aus dem Mobilitäts- und Wärmesektor versorgen zu können. Es wird zwar oft argumentiert, dass bereits jetzt zu bestimmten Zeiten überschüssiger Ökostrom vorhanden ist, der durch elektrische Anwendungen genutzt werden könnte, das dabei nutzbare Potenzial wird aber stark überschätzt. Selbst im windreichen Schleswig Holstein werden weniger als 10 % der Windenergie abgeregelt, mit mittlerweile sinkender Tendenz, da die ursprünglich nachhinkenden Netzausbaumaßnahmen langsam beginnen, zu wirken. Diese Abregelung erfolgt auch nur aufgrund von lokalen Netzengpässen in dünn besiedelten Gebieten, sodass die vor allem in den Ballungszentren geladenen Elektroautos und andere zusätzlichen Stromverbraucher diesen überschüssigen Strom überhaupt nicht nutzen könnten. Wie bereits dargelegt, treten häufige Überschüsse erst dann auf, wenn der Anteil an Wind- und Solarstrom im europäischen Verbundnetz 70–80 % erreicht. Um in absehbarer Zeit diesen Anteil zu erreichen, sind zunächst einmal Rahmenbedingungen erforderlich, die zu einem massiven Ausbau der Wind- und Solarenergie in Europa führen, allerdings keinerlei überhastete und undurchdachte Sektorkopplungsmaßnahmen ohne plausible Quantifizierung der damit verbundenen Klimawirkung.

Man könnte einwenden, dass die für die Sektorkopplung notwendige Umstellung so aufwendig sei, dass sie bereits jetzt zügig begonnen werden müsse, um rechtzeitig abgeschlossen zu sein. Dabei wird außer Acht gelassen, dass der aufgrund der Sektorkopplung benötigte zusätzliche Ausbau von Wind- bzw. Solarenergieerzeugungskapazitäten ohnehin nicht auf einen Schlag erfolgen kann. Die Elektrifizierung von Mobilität und Wärme muss also nur mit der Geschwindigkeit des Ausbaus von Wind- und Solarenergie Schritt halten und das auch erst ab dem Zeitpunkt, bei dem der Stromsektor nahezu vollständig dekarbonisiert ist. Darüber hinaus ist die für die Elektrifizierung von Mobilität und Wärme notwendige Technik seit Jahrzehnten entwickelt, erprobt und bereits im Einsatz. Eine durch den starken Ausbau dieser Technik sich ergebende Lernkurve und Kostensenkung wird sich automatisch zu gegebener Zeit mit der schrittweisen Umsetzung der Sektorkopplung ergeben und muss nicht vorab künstlich durch milliardenteure planwirtschaftliche Ausbauquoten einzelner Technologiearten erzwungen werden.

3.2 Fakten und Mythen über den Umbau der Energieversorgung

In der Öffentlichkeit kursieren erstaunlich viele unbelegte Mythen über den Weg zur Erreichung der Klimaneutralität, wie zum Beispiel:

1. Wir haben schon sehr viel erreicht und tun bereits so viel, dass keine zusätzlichen Maßnahmen notwendig sind.
2. Es gibt nicht genug Fläche für die notwendigen Windräder und Solarmodule.
3. Der Aufbau einer Wasserstoffinfrastruktur sollte rasch massiv gefördert werden.
4. Es ist klimafreundlich, den Eigenverbrauch von Solaranlagen mit Batteriespeichern zu erhöhen.
5. Es ist gut, dass die Energiewende zu einer Dezentralisierung der Energieversorgung führt.

Mythos 1: Wir haben schon sehr viel erreicht und tun ja bereits so viel für den Klimaschutz, dass keine zusätzlichen Maßnahmen notwendig sind

Dass es bei dem gegenwärtigen Tempo des Ausbaus der Wind- und Solarenergie noch etwa 170 Jahre dauern würde, bis der gesamte Primärenergiebedarf Deutschlands klimaneutral erzeugt wird, wurde bereits im vorherigen Abschnitt dargelegt. Auch andere Ansätze, das bisherige Tempo der Energiewende abzuschätzen, führen zu ähnlichen Ergebnissen:

- Deutschland hat den Anteil des Primärenergiebedarfs, den es durch erneuerbare Energiequellen deckt, zwischen 1990 und 2018 immerhin von 1 auf 14 % gesteigert. Die verbleibenden 86 % werden allerdings weiterhin durch die Verbrennung von Öl, Gas und Kohle gedeckt sowie durch die verbliebenen Atomkraftwerke, die allerdings bis 2022 abgeschaltet werden [5]. Der durchschnittliche Ausbau der erneuerbaren Energien seit 1990 beträgt damit etwa einen halben Prozentpunkt im Jahr. Würde Deutschland den Umbau in demselben Tempo fortsetzen, würde es zwangsläufig deutlich mehr als 100 Jahre dauern, bis die Klimaneutralität erreicht ist.
- Die jährlichen Treibhausgasemissionen konnten in den letzten zehn Jahren nur um etwa 100 Mio. t reduziert werden. Würde die Reduktion in diesem Tempo weitergehen, würde es noch 80 Jahre bis zur Klimaneutralität dauern.

Auch wenn dies sicherlich starke Vereinfachungen der Situation sind, zeigen sie unmissverständlich, dass ein bequemes „Weiter so" unweigerlich zu einer eklatanten Verfehlung der von Deutschland bis spätestens 2050 angestrebten Klimaneutralität führen wird.

Mythos 2: Es gibt nicht genug Fläche für die notwendigen Windräder und Solarmodule

Um so viel Wind- und PV-Kapazität ausbauen zu können, um die erforderlichen 1700 TWh zu erzeugen, muss natürlich auch die entsprechende Fläche verfügbar sein.

Eine Studie des Umweltbundesamts kommt zu dem Schluss, dass bei Inkaufnahme eines Mindestabstands von 600 m zu Wohnbebauung[3] 14 % der Fläche Deutschlands grundsätzlich für Onshorewindenergie geeignet seien und dabei 2900 TWh an Energie erzeugt werden könnten [6].

Zum Vergleich: Die Landwirtschaft beansprucht knapp die Hälfte der deutschen Fläche und wird durch Windparks so gut wie nicht beeinträchtigt, da die tatsächliche Grundfläche einer Windkraftanlage sehr gering ist.

Hinzu kommt noch ein nutzbares Offshorepotenzial von 263 TWh ([7], S. 21).

Bei der PV sieht es folgendermaßen aus: Für Freiflächenanlagen stehen 8 % der Fläche Deutschlands zur Verfügung, die entweder noch ungenutzt sind oder auf der Pflanzen parallel zu Solarmodulen angebaut werden können, wodurch weitere etwa 1700 TWh erzeugt werden könnten. Die Nutzung von Dächern und Fassaden für PV beansprucht keinerlei zusätzliche Fläche und könnte weitere 600 TWh beitragen ([8], S. 37 f.).

In Summe stehen in Deutschland also genug Flächen zur Verfügung, um mehr als dreimal so viel Energie zu erzeugen, wie wir benötigen.

---

[3] Aktuell existiert keine bundesweite Mindestabstandsregel. Entscheidend ist die Einhaltung von Grenzwerten bezüglich Lärm und Schattenwurf. Eine Ausnahme ist Bayern, wo die zehnfache Anlagenhöhe als Mindestabstand einzuhalten ist.

Mythos 3: Der Aufbau einer Wasserstoffinfrastruktur sollte rasch massiv gefördert werden

Im Jahr 2019 stellten die norddeutschen Bundesländer eine Wasserstoffstrategie vor. Gleichzeitig arbeitet die Bundesregierung an einer nationalen Wasserstoffstrategie. Allein für Norddeutschland wird eine Elektrolyseleistung von mindestens 500 MW bis 2025 und 3 GW bis 2030 gefordert. Was ist davon zu halten?

Der aktuelle Hype um Wasserstoff hat sicherlich auch mit seinen unbestritten sehr attraktiven Eigenschaften zu tun:

- Er lässt sich aus Ökostrom und Wasser erzeugen.
- Bei der Verbrennung entstehen keine Schadstoffe, sondern nur Wasser.
- Er kann mit hohem Druck gespeichert werden und erreicht dadurch fast die Energiedichte von fossilen Treibstoffen.
- Er kann in das vorhandene Erdgasnetz bis zu einem Anteil von 10 bis 20 % ohne zusätzliche technische Maßnahmen beigemischt werden.
- Große Mengen können mit relativ geringen Kosten zum Beispiel in unterirdischen Kavernen gespeichert werden.
- Er ist die kostengünstigste Art, die zur Überbrückung von tage- oder im schlimmsten Fall wochenlangen „Dunkelflauten" erforderliche gigantische Energiemenge zu speichern und ist damit zur Erreichung der vollständigen Klimaneutralität ein unverzichtbarer Baustein.
- Mit relativ wenig Aufwand können zusammen mit CO_2 daraus verschiedene synthetische kohlenstoffbasierte Brennstoffe (e-Fuels) hergestellt werden, die direkt von herkömmlichen Verbrennungsmotoren verwendet werden können. Je nachdem, ob es sich um gasförmigen oder flüssigen Brennstoff handelt, spricht man von Power-to-Gas (P2G, PtG) bzw. Power-to-Liquid (P2L, PtL).

Wasserstoff ist zwar ein farbloses Gas, wird aber mittlerweile oft im Zusammenhang mit einer Farbe genannt, die dessen Herkunft kennzeichnen soll:

Grüner Wasserstoff

Der Wasserstoff wird durch Stromelektrolyse hergestellt. Dieses Konzept wird manchmal auch Power-to-Gas genannt. Der dafür notwendige Strom wird zu 100 % aus erneuerbaren Energien hergestellt. Wirklich grün ist er allerdings nur dann, wenn das Stromsystem vollkommen dekarbonisiert ist oder es sich um ansonsten abgeregelten Strom erneuerbarer Energien handelt, da er sonst dem allgemeinen Stromsystem entnommen und deshalb durch Strom aus fossilen Kraftwerken ersetzt werden muss.

Grauer Wasserstoff

Der Wasserstoff wird aus Erdgas hergestellt und das dabei freiwerdende CO_2 gelangt in die Atmosphäre. Aufgrund der damit verbundenen Wirkungsgradverluste ist er damit sogar noch klimaschädlicher als die direkte Nutzung von Erdgas.

Blauer Wasserstoff

Der Wasserstoff ist grauer Wasserstoff, wobei das bei der Herstellung freiwerdende CO_2 abgeschieden und gespeichert wird („carbon capture and storage, CCS), damit es nicht in die Atmosphäre gelangt. Er ist damit genau so klimafreundlich wie grüner Wasserstoff, birgt aber das Risiko der Lagerung großer Mengen an CO_2 in sich.

Türkiser Wasserstoff

Der Wasserstoff wird aus Erdgas mittels Methanpyrolyse hergestellt. Anstelle von CO_2 entsteht dabei Kohlenstoff, der relativ einfach und risikoarm gelagert oder industriell verwertet werden kann. Türkiser Wasserstoff ist damit genauso klimafreundlich wie grüner Wasserstoff.

Für alle oben genannten Wasserstoffarten wird mehr oder weniger Energie zur Herstellung und Betrieb der damit verbundenen Produktionsanlagen benötigt, was die jeweilige Klimabilanz entsprechend verschlechtert, es sei denn, diese Hilfsenergie wird durch im Überschuss vorhandene erneuerbare Energien erzeugt.

Es herrscht momentan sowohl in Wissenschaft als auch Politik Uneinigkeit darüber, ob bzw. welche Art von Wasserstoff man besonders fördern oder ausschließen sollte.

Wasserstoff ist keine innovative Technologie, die man gerade erst entdeckt hat und dadurch einen großen Forschungsnachholbedarf hätte. Bereits Ende des 19. Jahrhunderts wurde mit Windenergie Wasserstoff erzeugt. General Motors hat 1966 innerhalb von nur zehn Monaten auf Basis der für die Raumfahrt entwickelten Technologie ein Brennstoffzellenauto entwickelt [9].

Daimler Benz forscht und entwickelt schon seit Jahrzehnten an wasserstoffbetriebenen Brennstoffzellenautos, stellte 1996 sein erstes Wasserstoffversuchsfahrzeug fertig und bot die A-Klasse 2003 mit Wasserstoffbrennstoffzellentechnik an.

Dass sich die Technik bislang nicht in größerem Maßstab durchgesetzt hat, liegt also nicht daran, dass nicht genug an dieser Technik geforscht und entwickelt wurde, sondern dass sie aufgrund von chemisch-physikalischen Gesetzmäßigkeiten sehr ineffizient und unter normalen Umständen extrem unwirtschaftlich ist. Wirtschaftlich kann der Einsatz erst dadurch werden, dass die Technologie günstiger und/oder die jetzigen fossilen und fossilfreien Alternativen teurer.

Man könnte nun einfach abwarten, ob sich Wasserstoff von allein bei bestimmten Anwendungen durchsetzt, wenn alle anderen günstigeren Möglichkeiten zur Treibhausgasreduktion ausgeschöpft sind. Es scheint sich aber die Meinung durchzusetzen, dass es unbedingt schon jetzt notwendig sei, die Wasserstoffwirtschaft gezielt massiv zu fördern. Klimafreundlich ist Wasserstoff jedoch nur dann, wenn abgeregelter Strom aus erneuerbaren Energien verwendet wird. Teure Anlagen, die mithilfe von überschüssigem Ökostrom Wasserstoff erzeugen sollen, stehen allerdings die meiste Zeit ungenutzt herum, da nur wenige hundert Stunden im Jahr überschüssiger Strom zur Verfügung stehen. Stattdessen zusätzliche Wind- und Solaranlagen nur zur Wasserstofferzeugung zu bauen, führt zwar zu einer höheren Auslastung der Elektrolyseure, aber zusätzlich auch noch zu den Kosten für den Bau der dafür benötigten Ökostromanlagen. Außerdem kann es im Grunde gar keine zusätzlichen Ökostromanlagen geben, solange der Stromsektor nicht vollständig dekarbonisiert ist, da jeder zusätzliche Ökostrom zunächst erst einmal dafür benötigt wird, fossil erzeugten Strom zu ersetzen.

Um diesem Dilemma zu entgehen, wird nun auch wieder das bereits seit vielen Jahren diskutierte „Desertec"-Konzept als möglicher Ausweg diskutiert. Bei diesem Konzept hatte man sich erhofft, mit riesigen Solaranlagen in der afrikanischen Wüste günstig Strom zu produzieren und diesen dann mit Hochspannungsnetzen nach Europa zu transportieren. Was wegen der schwierigen internationalen Koordinierung und hohen Kosten für den Stromtransport bislang grandios gescheitert ist, soll nun auf einmal funktionieren. Der Transport von Wasserstoff in Pipelines mag zwar vielleicht etwas günstiger als der Transport von Strom sein, dafür kommen nun zu den simplen und robusten Solaranlagen noch vergleichsweise komplexe und wartungsintensive Elektrolyseuranlagen hinzu, die in politisch instabilen Regionen gebaut und betrieben werden müssen.

Egal, auf welche Weise der Wasserstoff klimafreundlich erzeugt wird, muss man für die damit verbundene Einsparung von einer Tonne CO2 aktuell mindestens etwa 100 € zahlen, während die Grenzvermeidungskosten von CO2 (abzulesen an dem Preis für CO2-Emissionszertifikate) in der EU momentan nur bei 25 €/t liegen. Warum sollte man deshalb für 100 € mithilfe der Wasserstofftechnologie nur eine Tonne CO2 einsparen, wenn man damit an anderer Stelle die vierfache Menge einsparen könnte? Eine Begründung könnte sein, dass es vielleicht noch Kostensenkungspotenziale gibt, die man nur dadurch realisieren kann, indem man den Bau einer erheblichen Leistung an Elektrolyseanlagen staatlich subventioniert. Die mögliche Kostensenkung ist aber angesichts der Tatsache, dass es sich um eine sehr materialintensive und bereits seit Langem etablierte Technologie handelt, recht begrenzt und wird vor allem von denjenigen Gruppierungen sehr hoch eingeschätzt, die sich einen wirtschaftlichen Vorteil von staatlichen Subventionen erhoffen.

Erklärbar ist dieser irrationale Hype deshalb eigentlich nur folgendermaßen:

* Teile der Industrie, die Komponenten für die Wasserstoffinfrastruktur herstellen, wittern die Chance auf Subventionen.
* Wasserstoff-Start-ups wollen die Chance erhöhen, von Investoren mehr Geld zu bekommen.
* Investoren in Wasserstoff-Start-ups wollen kurzfristig den Wert der Firmen erhöhen, in die sie investiert haben.
* Unternehmen wollen sich durch eine medienwirksame Förderung von Wasserstoff in der Öffentlichkeit einen klimafreundlichen Anstrich verleihen (Greenwashing). Manche davon haben sogar einen finanziellen Vorteil, wenn sich durch einen verfrühten Ausbau der Wasserstofferzeugung die Energiewende verteuert und damit letztlich verzögert. Und so ist es auch nicht verwunderlich, dass zum Beispiel das Mineralölunternehmen Shell an Europas größten öffentlichkeitswirksamen Wasserstoffdemonstrationsprojekten beteiligt ist [10], obwohl

es gleichzeitig ein erhebliches finanzielles Interesse daran hat, dass die Energieversorgung noch möglichst lange auf fossiler Basis bleibt.

• Solange der Stromsektor nicht vollständig dekarbonisiert ist, muss der Mehrbedarf an Strom, der sich zwangsläufig durch die Wasserstoffelektrolyse ergibt, durch konventionelle Kraftwerke gedeckt werden. Die konventionelle Energiewirtschaft profitiert davon direkt durch eine stärkere Auslastung ihrer fossilen Kraftwerksflotte. So ist zum Beispiel RWE als einer der größten Betreiber von Kohlekraftwerken an vielen von der Bundesregierung geförderten Wasserstoffdemonstrationsprojekten beteiligt [11] und sichert sich so mithilfe von Steuergeldern eine zusätzliche Nachfrage nach deren Kohlestrom.

• Die Politik will von ihrem Versagen beim Ausbau der erneuerbaren Energien ablenken: Die öffentliche Aufmerksamkeit soll von den jetzt notwendigen unpopulären Entscheidungen (zum Beispiel eine Verringerung der Abstandsregel beim Windkraftausbau) auf Zukunftsvisionen gelenkt werden, deren verfrühte Umsetzung zunächst einmal niemandem offensichtlich weh tut. Sie erweckt dabei den durch keinerlei wissenschaftliche Studien untermauerten Eindruck, dass nicht nur für die Endphase der Energiewende, sondern bereits jetzt ein schneller und massiver Ausbau der Wasserstoffwirtschaft eine notwendige Voraussetzung zur Erreichung unserer Klimaziele sei.

Diese unheilvolle Allianz von Interessengruppen gepaart mit Halbwissen führt zu gut gemeinten, jedoch ökonomisch sehr fragwürdigen Initiativen, wie die Forderung der norddeutschen Bundesländer, mehrere Gigawatt Elektrolyseleistung zu errichten, ohne dafür eine einzige Kosten-Nutzen-Analyse durchgeführt zu haben. Planwirtschaftliche Eingriffe in die Marktwirtschaft, die über das notwendige Setzen sinnvoller Rahmenbedingungen (zum Beispiel die Einführung des Emissionshandels) hinausgehen, haben sich in der Vergangenheit jedoch meist als ineffizient und kontraproduktiv erwiesen und sollten nur in plausibel nachvollziehbaren Einzelfällen in überschaubarem Maßstab erfolgen.

Fazit: Die Erzeugung von Wasserstoff ist nicht per se klimafreundlich, sondern erst sinnvoll, um das letzte Stück der Energiewende zu vollenden. Die für die Erzeugung von klimafreundlichem Wasserstoff notwendige Überschusskapazität wird erst in mehreren Jahrzehnten in wirtschaftlich verwertbarer Menge zur Verfügung stehen. Der planwirtschaftliche Ansatz einer verfrühten massiven Subvention des Ausbaus der Wasserstoffwirtschaft verschwendet unsere knappen Ressourcen, die an anderer Stelle klimawirksamer eingesetzt werden könnten, und hilft damit nicht dem Klima, sondern nur der davon profitierenden Industrie.

Mythos 4: Es ist klimafreundlich, den Eigenverbrauch von Solaranlagen mit Batteriespeichern zu erhöhen
Die staatliche Förderung der Anschaffung von Batteriespeichern, um einen höheren Anteil des mit einer privaten PV-Anlage erzeugten Stroms im eigenen Haushalt verbrauchen zu können, ist ein weiteres typisches Beispiel dafür, wie mangelnde Sachkenntnis der Politik dazu führt, dass eine bestimmte Industrie es mit dem Argument Klimaschutz schafft, sich auf Kosten der Allgemeinheit zu bereichern, obwohl damit sogar eine Erhöhung der Emissionen verbunden ist. Hintergrund dieser Thematik ist der folgende:

Hat man eine eigene PV-Anlage auf dem Dach, erzeugt diese oft dann Strom, wenn er im eigenen Haushalt nicht gebraucht wird. Dieser für den Haushalt überschüssige Strom wird entsprechend in das öffentliche Stromnetz eingespeist. Als die Eigentümer von PV-Anlagen dafür noch 30 ct/kWh und mehr erhalten haben, war diese Tatsache nicht von Belang, da die Einspeisevergütung damit höher lag, als der Arbeitspreis für den vom Energieversorger bezogenen Strom. Dadurch war es am wirtschaftlichsten, das Einspeisekabel der Anlage direkt an das öffentliche Netz parallel zu seinem eigenen Hausanschluss anzuschließen, mit einem separaten Zähler jede Kilowattstunde, die die PV-Anlage erzeugt, zu messen und sich diese gesamte Strommenge vergüten zu lassen. Somit war es wirtschaftlich für den Betreiber völlig egal, ob, wann oder wie viel die PV-Anlage mehr Strom erzeugt, als man in seinem Haushalt gerade benötigt.

Seitdem durch die gefallenen Preise für PV-Anlagen die Einspeisevergütung niedriger liegt als der Strompreis vom Energieversorger, ist es für den Betreiber jedoch nun wirtschaftlicher geworden, das Einspeisekabel mit demselben Zähler zu verbinden, mit dem auch der Stromverbrauch des Haushalts gemessen wird. Erzeugt die PV-Anlage weniger, als der Haushalt benötigt, dreht sich der Stromzähler entsprechend langsamer und der von der PV-Anlage erzeugte Strom verringert entsprechend die Strommenge, die man beim Energieversorger bezahlen muss. Erzeugt die PV-Anlage mehr als der Haushalt benötigt, fließt der nicht vom eigenen Haushalt benötigte Überschuss in das öffentliche Stromnetz. Für die so eingespeiste Strommenge erhält man weiterhin eine Einspeisevergütung, die aber bei aktuellen Neuanlagen mit etwa 9 ct/kWh deutlich geringer ist, als der übliche Haushaltsstrompreis. Dadurch hat man einen wirtschaftlichen Vorteil, wenn die Erzeugung der PV-Anlage möglichst mit dem eigenen Strombedarf übereinstimmt, weil man für jede weniger vom Energieversorger bezogene Kilowattstunde etwa 30 ct spart, für jede überschüssige Kilowattstunde jedoch nur 9 ct erhält. Haushalte oder Unternehmen mit hohem Stromverbrauch können mit einer

eigenen PV-Anlage somit gigantische Renditen im zwei-
stelligen Bereich erzielen.

Man kann nun dadurch, dass man bestimmte zeitunkri-
tische Stromverbraucher tendenziell eher in Zeiten hoher
Sonneneinstrahlung einschaltet, diesen sogenannten Eigenverbrauch etwas erhöhen, das realistisch nutzbare Potenzial
ist jedoch recht gering und mit einer lästigen Verhaltensänderung verbunden. Komfortabler und stärker lässt sich
der Eigenverbrauch durch einen Batteriespeicher erhöhen,
der sich tagsüber von den Überschüssen der PV-Anlage auf-
lädt und am Abend und in der Nacht wieder entlädt und
den Bedarf an Netzstrom verringert. Mit jeder gespeicher-
ten und wieder entladenen Kilowattstunde spart man damit die Differenz zwischen dem Netzbezugspreis und der
Einspeisevergütung, was momentan etwa 21 ct/kWh aus-
macht.

Da eine Kilowattstunde Speicherkapazität etwa 1000 €
kostet, muss sich der Speicher jedoch etwa 5000-mal vollständig laden und entladen, bis man allein die Investitions-
kosten wieder eingespielt hat. Da die PV-Anlage nur an
sonnigen Tagen wesentliche Überschüsse produziert, dauert dies mehr als 20 Jahre, also länger, als die zu erwartende
Lebensdauer solcher Batteriespeicher.

Woran liegt es dann, dass trotz dieser schlechten wirtschaftlichen Bilanz immer mehr PV-Anlagen zusammen
mit einem Batteriespeicher verkauft werden?

Vielleicht liegt dies daran, dass Menschen das irrationale
Gefühl haben, dass ein hoher Anteil an selbstverbrauchter
Energie und damit einem höheren Autarkiegrad prinzipiell
etwas Gutes ist, weil man dann nicht mehr so stark vom
Stromversorger abhängig ist. Das Streben nach Stromautar-
kie, sei es auf Ebene des Privathaushalts oder auf der Ebene
ganzer Regionen ist jedoch ein unsinniger Rückschritt in

die Steinzeit der Stromversorgung. Schon vor 150 Jahren hat man erkannt, dass es viel einfacher und wirtschaftlicher ist, Erzeuger und Verbraucher über möglichst große Regionen hinweg zu vernetzen, als dass jedes einzelne Dorf versucht, mit viel höherem Aufwand eine eigene autarke Stromversorgung aufzubauen.

Verstärkt wird das in der Bevölkerung bestehende positive Image eines hohen Autarkiegrads zusätzlich vom Staat, der die Anschaffung von Batteriespeichern finanziell fördert und auch bei der Einstufung des Energiestandards von Neubauten (die wiederum mit bestimmten finanziellen Förderungen verbunden sind) positiv berücksichtigt.[4] Tatsächlich ist es aber so, dass die Erhöhung des Eigenverbrauchs durch Batterien für die Umwelt keinerlei Vorteile bringt. Der Anteil an PV-Dachanlagen ist momentan noch viel zu klein, als dass der damit erzeugte Überschussstrom nicht in das Stromnetz integrierbar wäre und damit fossil erzeugten Strom ersetzen könnte. Auch zur Netzstabilisierung taugen die vielen Solarbatterien nicht, da sie in den allermeisten Fällen vom Netzbetreiber nicht beeinflusst werden können und die unkoordinierten Lade- und Entladevorgänge das Netz eher gefährden als stützen. Zudem verursacht die Herstellung der Batterie CO_2 und die Verluste des Batteriesystems von etwa 10 % bedeuten schlicht eine nutzlose Stromvergeudung.

Aus der Tatsache, dass man einen finanziellen Vorteil hat, wenn man den Netzstrom durch eigenproduzierten Solarstrom ersetzt, schließen manche fälschlicherweise, dass man Solarstrom bereits deutlich günstiger als konventionellen Strom erzeugen kann. Dies ist jedoch nicht zutreffend, da

---

[4] Die Einstufung eines Neubaus als KfW-Effizienzhaus 40 plus ist nur mit einem Batteriespeicher erreichbar und erhöht den finanziellen Zuschuss um bis zu 6000 €.

in den 30 ct, die ein Endverbraucher für den Bezug einer Kilowattstunde Strom bezahlen muss, nur etwa 3 ct für die eigentliche Stromerzeugung enthalten sind (Einkauf des Stroms am Strommarkt), während die restlichen 27 ct Dinge wie die Netzinfrastruktur, Verwaltung, den Ausbau erneuerbarer Energien (über die EEG-Umlage) sowie den Staatshaushalt (über die Strom- und Mehrwertsteuer) finanzieren, die vollkommen unabhängig vom eigenen Stromverbrauch sind. Jemand, der mithilfe seiner PV-Anlage seinen Strombezug senkt, entsolidarisiert sich also aus der Gesellschaft und entzieht sich seiner Pflicht, wie alle anderen zum Beispiel für die Nutzung der Netzinfrastruktur zu zahlen. Aus diesem Grund wurde zumindest für große PV-Anlagen eingeführt, dass deren Eigentümer zumindest einen Teil der EEG-Umlage auch für den selbstverbrauchten PV-Strom bezahlen müssen. Von der PV-Lobby wurde diese Regelung mit dem fadenscheinigen Argument bekämpft, dass man für selbstangebautes Gemüse ja auch keine Mehrwertsteuer bezahlen müsse. Dies ignoriert jedoch die Tatsache, dass man als Freizeitgärtner keine von anderen finanzierte Infrastruktur nutzt, während dies der Besitzer einer PV-Anlage weiterhin tut, da die allerwenigsten sich vollautark versorgen können und damit über weite Strecken des Jahres weiterhin die in Deutschland extrem verlässliche Stromversorgung nutzen. Der finanzielle Vorteil des Eigenverbrauchs von selbsterzeugtem PV-Strom würde sofort in sich zusammenfallen, wenn der Stromtarif die tatsächlich verursachten Kosten widerspiegeln würde. In diesem Fall würde der Arbeitspreis nur noch die besagten etwa 3 ct betragen, während die monatliche Grundgebühr entsprechend erheblich angehoben werden müsste. Die sehr hohe indirekte Förderung der PV über den finanziellen Vorteil des Eigenverbrauchs sollte deshalb aus den folgenden Gründen abgeschafft werden:

- Sie ist erheblich teurer als die Förderung von Solarstrom über Ausschreibungsverfahren oder über eine angemessene Einspeisevergütung.
- Sie ist ungerecht und setzt einen falschen Anreiz, da von ihr besonders Haushalte mit einem hohen Stromverbrauch profitieren.
- Sie belohnt die klimaschädliche Erhöhung des Eigenverbrauchs mittels verlustreicher Batteriespeicher.

Eine Abschaffung dieser Förderung könnte recht simpel umgesetzt werden, indem der Anschluss der PV-Anlage einfach wieder wie früher direkt mit einem separaten Zähler an das öffentliche Stromnetz zu erfolgen hat, und die Einspeisevergütung im Gegenzug eventuell moderat erhöht wird.

Fazit: Batteriespeicher zur Erhöhung des Eigenverbrauchs von erzeugtem Solarstrom sind sowohl ökonomisch als auch ökologisch sinnlos.

Mythos 5: Es ist gut, dass die Energiewende zu einer Dezentralisierung der Energieversorgung führt
Ein beliebtes Schlagwort bei vielen staatlich geförderten Demonstrationsprojekten, bei denen Dörfer oder Regionen versuchen, möglichst stromautark zu werden, ist die sogenannte Dezentralisierung der Energiewende. Damit ist gemeint, dass es früher große, zentrale Kraftwerke gab, während es nun viele kleinteilige Wind- und Solaranlagen gibt, die in der Fläche verteilt und ganz in der Nähe der Verbraucher entstehen und damit die Notwendigkeit von unbeliebten Stromtrassen verringern. Dies entspricht jedoch insofern nicht der Realität, als dass sich die Standorte der meisten Großkraftwerke durchaus daran orientieren, wo auch die Verbraucher sitzen, während aus wirtschaftlichen

Gründen in Deutschland die meisten Windkraftanlagen natürlich vorwiegend in windreichen Regionen gebaut werden, in denen es meist nur wenige Verbraucher gibt. Letztendlich führt die Energiewende damit notgedrungenerweise eher zu einer sogar bis auf die Ebene Europa führenden Zentralisierung der Stromversorgung, bei der einige wenige Regionen deutlich überproportional zur Erzeugung von Wind- und Sonnenstrom genutzt werden, und dieser Strom dann entsprechend an alle anderen Regionen über weite Distanzen hinweg verteilt werden muss.

Gerade in den späteren Phasen der Energiewende verspricht eine verbesserte Vernetzung von Europa und auch über Europa hinaus enorme Effizienzgewinne, da die mit der Zunahme von Solar- und Windkraft ebenfalls zunehmenden Erzeugungsschwankungen umso geringer werden, je größer die Region des vernetzten Gebiets ist. Die viel gefürchtete „Dunkelflaute" ist auf europäischer Ebene viel unwahrscheinlicher und geringer ausgeprägt, als auf deutscher oder gar auf noch kleinteiligerer Ebene.

Natürlich sollte man trotz alledem den Umfang des Netzausbaus auf ein sinnvolles Maß beschränken, da es noch lange Zeit weiterhin deutlich ökonomischer sein wird, das Wegschmeißen von Überschüssen bewusst in Kauf zu nehmen, anstelle sie mit hohem finanziellen Aufwand (zum Beispiel durch extremen Netzausbau oder Erzeugung von Wasserstoff) unwirtschaftlich zu verwerten.

Stattdessen sollten Rahmenbedingungen geschaffen werden, die einen Anreiz bieten, dass sich die regionale Ansiedlung von energieintensiven Energien zukünftig stärker daran orientiert, wo es größere Potenziale an Wind- und Sonnenenergie gibt, statt daran, wo es große Kohlevorkommen gibt.

3.3 Die Wunderwaffe CO2-Bepreisung: Wovor fürchtet sich die Politik?

Wie bereits weiter oben beschrieben (Abschn. 2.2), hat der Staat die folgenden drei grundsätzlichen Möglichkeiten, die Emissionen zu senken:

- Förderung emissionsarmer Alternativen
- Verbot bzw. Einschränkung bestimmter klimaschädlicher Technologien bzw. Verhaltensweisen
- Verteuerung von Emissionen

Die ersten beiden dieser drei Maßnahmen haben sich bislang als höchst ineffektiv bzw. nicht durchsetzbar herausgestellt.

Damit bleibt also nur die unter Klimaökonomen als effizienteste und sinnvollste Methode gesehene Bepreisung desjenigen Stoffs, der letztendlich reduziert werden soll, sei es in Form einer CO2-Steuer oder in Form eines CO2-Emissionshandels [12].

Der Unterschied zwischen einer CO2-Steuer und dem Emissionshandel

Eine CO2-Bepreisung hat im Vergleich zu anderen staatlichen Eingriffen in den freien Markt eine sehr hohe klimapolitische Effizienz, da es direkt am eigentlichen Problem CO2 ansetzt und damit eine optimale Lenkungswirkung entfalten kann. Ein durch eine CO2-Bepreisung höherer Spritpreis führt unweigerlich für sämtliche Autobesitzer zu einem Anreiz einer CO2 ärmeren Fahrweise und Nutzung, während strengere Emissionsgrenzwerte nur Neufahrzeuge betreffen und auch keinen Einfluss auf Art und Umfang der tatsächliche Nutzung haben und damit nicht sicherstellen können, dass die Emissionen im Verkehrsbereich tatsächlich zurückgehen, was sich in der Vergangenheit auch so bewahrheitet hat.

Darüber hinaus ist eine CO_2-Bepreisung auch sehr kosteneffizient, da sich aus dem allgemein gültigen ökonomischen Prinzip der Nutzenoptimierung tendenziell nur Klimaschutzmaßnahmen ergeben, die pro vermiedene Tonne CO_2 weniger kosten als der bestehende CO_2-Preis und somit die CO_2-Vermeidungskosten minimiert werden. Obwohl staatlich angeordnete Klimaschutzmaßnahmen sicherlich in den meisten Fällen auch tatsächlich die Emissionen verringern, wird mit den dabei eingesetzten Ressourcen nur in den seltensten Fällen eine größtmögliche Reduktion der CO_2-Emissionen erreicht.

Speziell staatliche ordnungsrechtliche Maßnahmen, die auf Effizienzgewinne abzielen, wie zum Beispiel die bereits oben erwähnte Senkung der Emissionsgrenzwerte von Autos, führen oftmals zu gegenläufigen Rebound-Effekten, da der Effizienzgewinn die klimaschädliche Nutzung verbilligt und sich diese damit erhöht. Die durch jahrelange Optimierung erreichte Effizienzsteigerung der Autos wurde dadurch zunichte gemacht, dass immer größere, schwerere und stärkere Autos gekauft bzw. mit sparsameren Autos entsprechend mehr gefahren wird. Auch die tatsächlichen Einsparungen bei Niedrig- und Passivhäusern sind häufig deutlich geringer als man aufgrund der energetischen Bauvorschriften erwarten würde, weil sich die Menschen aufgrund der dann deutlich geringeren Heizkosten eine höhere Wohntemperatur gönnen und weniger darauf achten, nicht mehr als unbedingt nötig zu lüften. Die sparsamen LED-Lampen sind oftmals heller als die alten verbotenen Glühlampen und werden aufgrund des geringeren Verbrauchs tendenziell seltener ausgeschaltet. Bei einer CO_2-Bepreisung hingegen besteht immer ein finanzieller Anreiz, die Emissionen tatsächlich zu reduzieren und nicht nur auf dem Papier.

Die klassische Aufgabe der meisten Steuern, die der Staat erhebt, ist normalerweise die Finanzierung der staatlichen Leistungen. Dabei stellt sich aus Gerechtigkeitsgründen die grundlegende Frage, anhand welcher Kriterien der Staat festlegen soll, wie hoch diese Steuern für den Einzelnen (sei es Privatperson oder Unternehmen) sein soll. Während im privaten Geschäftsleben das Äquivalenzprinzip gilt, dass jeder Zahlung auch eine entsprechende Gegenleistung gegenüberstehen muss, hat sich beim Steuersystem weitgehend das Leistungsfähigkeitsprinzip durchgesetzt (Ausnahmen sind zum Beispiel die Mineralölsteuer, die Kfz-Steuer und alle über Gebühren abgerechnete staatliche Leistungen). Es besagt, dass sich die Höhe der Steuer nach der individuellen ökonomischen Leistungsfähigkeit richtet. Wie kann man aber nun diese Leistungsfähigkeit objektiv feststellen? Hierfür sind drei Größen grundsätzlich denkbar: Das Einkommen (bei Unternehmen: der Gewinn), das Vermögen und der Konsum. Von diesen drei Größen nutzt der deutsche Staat aktuell nur zwei, nämlich das Einkommen über die Einkommenssteuer bzw. den Gewinn über die Gewerbesteuer und den Konsum des Endverbrauchers über die Mehrwertsteuer. Das Hauptgegenargument, auch das Vermögen als Maß für die Höhe der Steuer heranzuziehen, ist die Aussage, dass das Vermögen ja aus Einkommen stamme, das bereits versteuert sei und man es deshalb nicht noch einmal besteuern dürfe. Dem liegt die irrige Vorstellung zugrunde, dass das Bruttogehalt erst einmal an den Staat gezahlt wird, dieser nimmt sich dann, was ihm zusteht und den Rest (das Nettoeinkommen) wird dann an den Bürger ausgezahlt und gehört ihm uneingeschränkt (weil es ja schon versteuert wurde) und ist deshalb für den Staat unantastbar. Diese Vorstellung kann schon dadurch widerlegt werden, dass dann ja auch die Mehrwertsteuer ungerecht und nicht zulässig wäre, da diese vom Endverbraucher ja auch mit dem bereits versteuerten Nettoeinkommen bezahlt wird. Die korrekte Beschreibung der Einkommenssteuer ist die, dass der Bürger sein gesamtes Bruttogehalt erhält, der Staat anhand der Höhe des jährlichen Bruttogehalts festlegt, wie hoch die jährliche Einkommenssteuer ist, und diese dann entsprechend (mit welchem Geld auch immer) beglichen werden muss. Damit der Staat seine Steuereinnahmen nicht erst bei der Jahressteuererklärung erhält, wird anhand der monatlichen Einkommensabrechnungen geschätzt, wie hoch ein Zwölftel der Einkommenssteuer ist und dieser Betrag direkt beim Arbeitgeber abgebucht, der dem Arbeitnehmer entsprechend nur das Nettogehalt überweist. Das Bruttoeinkommen dient also nur als Bemessungsgrundlage für die Höhe der Einkommenssteuer und die Zahlung der Einkommenssteuer entbindet einen nicht automatisch von etwaigen weiteren Zahlungen auf Basis von Steuerarten, die auf anderen Bemessungsgrundlagen basieren.

Eine Steuer kann jedoch nicht nur zur Staatsfinanzierung erhoben werden, sondern, im eigentlichen Wortsinn Steuer, um das Verhalten der Bevölkerung in eine bestimmte Richtung zu steuern (Lenkungssteuer). So dient die Tabak- und Alkoholsteuer in erster Linie dem Zweck, gesundheitsschädliches Verhalten zu minimieren. Eine spezielle Form der Lenkungssteuer ist die nach einem englischen Ökonomen benannte Pigou-Steuer, bei der es darum geht, ein Marktversagen zu korrigieren, dass dadurch entsteht, dass bei einem bestimmten Verhalten ein Schaden verursacht wird, den nicht der Verursacher selbst, sondern die Allgemeinheit begleichen muss. Eine CO_2-Steuer ist damit ein klassisches Beispiel einer Pigou-Steuer, da man damit die Verursacher von Emissionen direkt an den bislang von der Allgemeinheit getragenen Folgekosten beteiligt. Mit dem Klimawandel ist nämlich ein fundamentales Versagen des sonst für maximalen Wohlstand sorgenden freien Markts verbunden: Diejenigen, die anderen durch den Ausstoß von Treibhausgasen schaden, müssen für diese Schäden selbst nicht aufkommen.

Wie kann es bei einer Bepreisung von CO_2 überhaupt zu der gewünschten Verhaltensänderung und damit zu einer sinkenden Nachfrage kommen? Ist eine CO_2-Bepreisung nicht wieder eine Abzocke des Bürgers, der ja das CO_2 nicht aus Spaß emittiert, sondern weil er zum Beispiel als Pendler auf das Auto angewiesen ist oder als Mieter keinen Einfluss auf die verwendete Heiztechnologie hat? Würden wir also zähneknirschend die CO_2-Steuer zahlen und weiterhin genauso viel emittieren, wie vorher? Dies ist klar zu verneinen, da die gewünschte CO_2-Reduktion durch bewährte ökonomische Mechanismen entsteht: Bei einer steigenden CO_2-Bepreisung lohnt es sich immer mehr, Geld in die Reduktion der Emissionen zu stecken (zum Beispiel durch Nutzung emissionsärmerer, jedoch teurerer Technologien), da man diese Investition über die eingesparten CO_2-Steuer finanzieren kann. Bei einer genügend hohen CO_2-Bepreisung würde sich eine Gebäudedämmung deutlich früher über die eingesparten Heizkosten amortisieren und dadurch entsprechend häufiger durchgeführt werden.

Außerdem steigt mit der CO_2-Bepreisung der finanzielle Anreiz, durch Verhaltensänderung zumindest die relativ einfach vermeidbaren Emissionen zu reduzieren. Man fliegt dann vielleicht nicht mehr so häufig oder nicht mehr so weit und nimmt vielleicht eher eine Arbeitsstelle in der Nähe seiner Wohnung an, auch wenn diese vielleicht etwas schlechter bezahlt ist oder die Wohnung dadurch etwas teurer oder kleiner ausfällt.

Da die wenigsten Unternehmen in eine Klimaschutzmaßnahme mehr Geld hineinstecken, als man im Gegenzug an CO_2-Steuer einsparen kann, sorgt eine steigende

CO2-Bepreisung als alleiniges Klimaschutzinstrument zudem dafür, dass die Vermeidung von CO2 auf die günstigste Art geschieht.

Wird die Einstiegshöhe und die langfristige Entwicklung der CO2-Steuer gesetzlich festgelegt, ergibt dies zwar eine vorteilhafte finanzielle Planungssicherheit für Bürger und Unternehmen, aber man kann nicht vorhersehen, ob sich damit auch die CO2-Emissionen in dem gewünschten Maß verringern. Dass die Nachfrage nach CO2 mit steigendem Preis sinkt, ist zwar eine unzweifelhafte ökonomische Gewissheit, wie konkret diese Nachfrage bei einer bestimmten Preiserhöhung für CO2 sinkt (Preiselastizität der CO2-Nachfrage), ist jedoch schwer vorherzusehen. Diese Preiselastizität hängt zum Beispiel sehr stark davon ab, wie leicht sich die emissionsverursachende Anwendung durch emissionsarme bzw. -freie Anwendungen substituieren lässt. Um die geringe Emissionsminderung durch den Einsatz von LED zu erzielen, genügt vielleicht schon eine sehr geringe CO2-Steuer; damit die Menschen bereit sind, ihr Auto durch ein teureres Elektroauto mit weniger Reichweite und längeren Tankzeiten zu ersetzen und mit dafür zusätzlich erzeugtem Ökostrom zu laden, ist vermutlich eine sehr hohe CO2-Steuer erforderlich. Genauso ist es bei Verhaltensänderungen: Auf einige Dinge, wie vielleicht den Flug nach Mallorca über das Wochenende, verzichten die Menschen schon bei einer geringen Preiserhöhung, bei anderen Dingen lassen sich die Menschen nur wenig über den Preis beeinflussen. So ist für viele das Auto so notwendig und so konkurrenzlos vorteilhaft gegenüber anderen Alternativen, dass auch ein deutlich höherer Spritpreis kurzfristig die Fahrleistung nur wenig verringern wird. Untersuchungen haben entsprechend gezeigt, dass eine Kraftstoffpreiserhöhung von 10 % nur zu einer Verbrauchsreduktion von 4 bis 7 % führt ([13], S. 8), was auch noch einmal die große Schwankungsbreite der Preiselastizität unterstreicht.

Will man trotz dieser schlechten Vorhersagemöglichkeit des Einflusses einer bestimmten Steuerhöhe auf die CO_2-Emissionen sicherstellen, dass der Reduktionspfad eingehalten wird, müsste man (auf Kosten der finanziellen Planbarkeit) regelmäßig anhand der Diskrepanz zwischen den geplanten und den tatsächlichen CO_2-Emissionen die Steuer anpassen.

Statt jedoch die Höhe der Steuer immer wieder staatlich neu festlegen zu müssen, kann dies auch über einen marktwirtschaftlichen Ansatz erfolgen, dem sogenannten Emissionshandel. Der grundsätzliche Ansatz dabei, der auch „cap and trade" genannt wird, ist eigentlich genial einfach, aber auch extrem radikal: Man verbietet einfach den Unternehmen und Bürgern per Gesetz, mehr als eine bestimmte erlaubte Menge (den „cap") zu emittieren. Diese erlaubte Menge wird jährlich geringer, bis man dann im Jahr 2050 bei null angelangt ist. Dies ist im Prinzip eine wachsende Rationierung der emittierbaren Treibhausgase ähnlich der Rationierung von Lebensmitteln, Benzin und Genussmitteln in Krisen- und Kriegszeiten. Und genauso, wie früher Lebensmittelmarken und Bezugsscheine für Zigaretten ausgegeben wurden, werden nun Bezugsscheine für das Recht, Treibhausgase zu emittieren ausgegeben (sogenannte Emissionszertifikate). Und genau wie damals ist es erlaubt, diese Bezugsscheine an jemanden anderen zu verkaufen, wenn man sie selbst nicht benötigt („trade").

Dieses Verbot, mehr als eine bestimmte Menge zu emittieren, ist zwar ein radikaler Eingriff in den freien Markt, andererseits überlässt man es den Menschen/ bzw. Unternehmen damit komplett selbst, auf welche Weise sie es erreichen, mit der verfügbaren Gesamtmenge an Emissionsrechten auszukommen. Der Staat hält sich also komplett dabei heraus, Ländern, Unternehmen oder Bürgern Vorschriften machen zu wollen, mit welcher Technologie die Emissionen gesenkt werden sollen oder ob alle gleich viele Emissionen einsparen sollen oder manche mehr und manche weniger. Dabei wird die gewaltige Optimierungskraft der vielen einzelnen Teilnehmer des Emissionshandels genutzt, die jeder für sich ganz genau überlegen, was in ihrer speziellen Situation die günstigste Strategie und Verhaltensweise ist. Für manche ist es eben günstiger, mit entsprechender Technik besonders viel Emissionen zu senken und die nicht benötigten Emissionsrechte an diejenigen zu verkaufen, bei denen es wiederum günstiger ist, die Emissionsrechte zu kaufen, statt in emissionssenkende Technik zu investieren.

Wie schon bei den Lebensmittel- und Zigarettenmarken zu Kriegszeiten wird sich ein Preis für die Emissionsrechte einstellen, der sich auf klassischer marktwirtschaftlicher Weise aus Angebot und Nachfrage ergibt. Sinkt das Angebot der Emissionsrechte mit den Jahren bei gleichbleibender Nachfrage, wird dabei automatisch der Preis für die Emissionsrechte so stark ansteigen, bis die Nachfrage wieder dem Angebot entspricht. Der Mechanismus, wie es bei steigendem Zertifikatspreis zu einer Reduktion der Emissionen kommt, ist derselbe, wie oben für die CO_2-Steuer beschrieben: Aufgrund der steigenden Preise für Emissionsrechte lohnt es sich immer mehr, Geld in die Reduktion der Emissionen zu stecken (zum Beispiel durch Nutzung emissionsärmerer, jedoch teurerer Technologien), da man dies dadurch finanzieren kann, dass entsprechend weniger Emissionsrechte gekauft werden müssen bzw. dadurch überschüssige Emissionsrechte verkauft werden können.

Aufgrund der steigenden Preise für Emissionsrechte wird auch das damit erzeugte Gut (zum Beispiel Strom) teurer, was wiederum dessen Nachfrage senkt (auf Basis einer für Strom geltenden Preiselastizität).

Das Prinzip des Emissionshandels ist im Grunde einer der radikalsten Arten von Klimaschutz, da die maximale Emissionsmenge gesetzlich exakt vorgegeben wird, und man dafür in Kauf nimmt, dass der sich dabei ergebende Preis der Emissionsrechte stark schwanken und entsprechend auch unvorhergesehen stark steigen kann. Momentan kann man eine relativ große Verminderung der Emissionen bereits durch relativ geringe Emissionspreise erzielen, indem zum Beispiel Gaskraftwerke im Vergleich zu Steinkohlekraftwerke stärker ausgelastet werden. Mit weiter sinkendem Angebot an Emissionsrechten wird eine Substitution der Emissionen jedoch immer schwieriger und der Preis wird deshalb irgendwann unweigerlich überproportional stark ansteigen. Eine CO_2-Steuer ist im Vergleich dazu aus Klimasicht vom Grundsatz her nicht so effektiv, da man die Höhe der Emissionsreduktion, die sich aus einer bestimmten Steuerhöhe ergibt, nicht vorhersagen kann, und deshalb ständig die Höhe der Steuer anpassen muss, um den gewünschten Reduktionspfad zu erreichen.

Interessanterweise bevorzugen aber gerade industriefreundliche Parteien wie die CDU/CSU und die FDP für die bislang noch nicht vom EU-Emissionshandel abgedeckten Sektoren die Einführung eines nationalen Emissionshandels, obwohl die Preisunsicherheit der Emissionsrechte den Unternehmen eigentlich ein großer Dorn im Auge sein müsste. Auch wenn als Grund die vermeintlich einfachere Integrierbarkeit in den bereits existierenden EU-Emissionshandel genannt wird, scheint dies vermutlich eher an der bisherigen sehr industriefreundlichen Ausgestaltung des EU-Emissionshandels zu liegen. Aus Angst, dass der CO_2-Preis vielleicht so hoch werden könnte, dass er den Unternehmen zu sehr schaden könnte, wurde der „cap" bei der Einführung des EU-Emissionshandels in 2005 so hoch angesetzt, dass die Unternehmen mehr Rechte zur Verfügung hatten, als sie eigentlich brauchten. Es wurden zwar mit jedem Jahr weniger Zertifikate ausgegeben, diese gesetzlich vorgegebene Reduktion wurde jedoch geringer angesetzt, als die Emissionsreduktion, die sich bei den Industrieunternehmen ohnehin zum Beispiel aufgrund der allgemeinen Effizienzfortschritte ergab. Somit kam es zu einem immer größeren Überschuss an nicht benötigten Zertifikaten, deren Preis damit zwangsläufig stark zurückging und 2013 aus Industriesicht nur noch lächerliche 5 €/t betrug. Die EU hat diesem weitgehend wirkungslosen Emissionshandel mehr als zehn Jahre relativ tatenlos zugeschaut, vermutlich, da so ein niedriger CO_2-Preis aus Unternehmenssicht natürlich sehr vorteilhaft ist. Der steigende politische Druck, die Emissionen stärker als bisher zu senken, führte jedoch dann endlich zu dem EU-Beschluss, die Zahl der verfügbaren Zertifikate stärker zu reduzieren, wodurch der Zertifikatspreis bis 2019 auf ein Allzeithoch von zeitweise über 29 €/t angestiegen ist und seit einigen Jahren um etwa 25 €/t pendelt (Abb. 3.2). Dies ist ein Preis, der

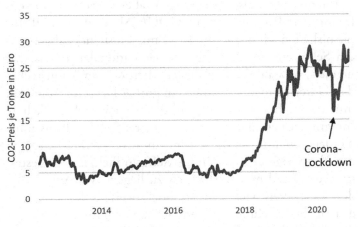

Abb. 3.2 Preisentwicklung der CO_2-Emissionszertifikate. (Quelle: Daten aus [14])

die Rentabilität von Kohlekraftwerken tatsächlich schon so weit reduziert, dass sie in Zeiten geringer Börsenstrompreise zugunsten emissionsärmerer Kraftwerke gedrosselt werden. Es ist geplant, die Menge der ausgegebenen Zertifikate ab 2021 jährlich noch stärker zu senken und außerdem überschüssige Zertifikate in eine sogenannte Marktstabilitätsreserve zu überführen, von der ein von der Menge an überschüssigen Zertifikaten abhängiger Teil regelmäßig gelöscht wird.

Im Zuge des mit der Coronakrise verbundenen Wirtschaftseinbruchs in der EU ist die Nachfrage nach Emissionsrechten im März 2020 deutlich zurückgegangen, was zu einem Preiseinbruch innerhalb weniger Wochen auf unter 20 €/t geführt hat. Da zu erwarten ist, dass im Jahr 2020 eine erhebliche Menge an Emissionszertifikaten nicht benötigt wird, führt die oben genannte Regelung zur Marktstabilitätsreserve dazu, dass die Zahl der für 2021 ausgegebenen Zertifikate um einen Teil dieses Überschusses zusätzlich reduziert wird. Damit sorgen die Mechanismen des europäischen Emissionshandels dafür, dass sich die Coronakrise nicht nur im Jahr 2020, sondern auch noch 2021 positiv auf den Klimaschutz auswirken wird. Sollte es bei einem schnellen Wiederanlauf der Wirtschaft im Jahr 2021 zu einem Mangel an Emissionsrechten und einem damit verbundenen hohen CO_2-Preis kommen, würde die Zahl der Emissionsrechte jedoch zumindest für das Jahr 2022 dann entsprechend wieder erhöht werden.

Ob CO_2 aufgrund des Emissionshandels oder aufgrund einer Steuer reduziert wird, ist vollkommen egal, entscheidend für die Klimawirkung ist, wie hoch der sich ergebende Preis für CO_2 ist. Und wie hoch dieser Preis ist, hängt in erster Linie vom politischen Willen ab, wie viel Emissionen ausgegeben werden oder wie hoch eine CO_2-Steuer angesetzt und bei einer Emissionszielverfehlung tatsächlich auch konsequent erhöht wird. Kriterium, ob man einen Emissionshandel oder die CO2-Steuer wählt, sollte also in erster Linie die Frage sein, wie schnell und aufwandsarm man die jeweilige Bepreisung umsetzen kann. Da in der EU die Steuerhoheit in den einzelnen EU-Ländern liegt, konnte eine EU-einheitliche CO2-Bepreisung prinzipiell nur mithilfe des Emissionshandels erreicht werden. Auf nationaler Ebene hingegen ist eine CO2-Steuer rechtlich deutlich einfacher und schneller umsetzbar, was die deutsche Regierung jedoch, vermutlich aus den oben genannten Gründen, nicht davon abgehalten hat, in den nicht vom Emissionshandel abgedeckten Sektoren einen nationalen Emissionshandel einführen zu wollen.

Welche Emissionen deckt der EU-Emissionshandel ab?
Einer der Nachteile des Emissionshandels liegt im bürokratischen Aufwand durch die Zuteilung und den Handel der Emissionszertifikate. Deshalb hat man sich sinnvollerweise dafür entschieden, den Umfang zunächst einmal so festzulegen, dass man mit relativ wenigen Handelsteilnehmern eine möglichst große Emissionsmenge abdecken kann. Aktuell sind knapp 2000 Energie- und Industrieanlagen im Emissionshandel integriert (vor allem der Stromsektor mit sämtlichen größeren Kraftwerken sowie zusätzlich noch ein Teil der energieintensiven Industrie, zum Beispiel Raffinerien, Anlagen zur Gewinnung von Eisen, Stahl und Zement sowie der innereuropäische Luftverkehr), was etwa 40 % der Gesamtemissionen der EU abdeckt [15].

Eine Ausweitung auf sämtliche Verursacher von Treibhausgasemissionen würde die Anzahl an Handelsteilnehmern zwangsläufig explodieren lassen, weil dann im Prinzip jeder einzelne Bürger und jedes einzelne Unternehmen am Handel teilnehmen müsste. Viel einfacher umsetzbar wäre eine entsprechend hohe Endverbraucherbesteuerung von Erdgas, Benzin, Diesel und Heizöl mit CO2 als Bemes-

sungsgrundlage, da in diesem Bereich ohnehin schon ein
System zur Abführung von Energiesteuern existiert.

Bis es zu einer wie auch immer gearteten Ausweitung des
EU-Emissionshandelssystems auf sämtliche Sektoren kommt,
muss es also andere Wege geben, die EU-Länder dazu zu
bringen, die Emissionen auch in den nicht vom EU-Emissionshandel umfassten Sektoren (also Mobilität, Wärme und
Landwirtschaft) so zu senken, dass die EU-Klimaziele erreicht werden. Für jedes EU-Land wurde deshalb ein indivi-
duelles verbindliches Reduktionsziel bezüglich der nicht vom
EU-Emissionshandel umfassten Sektoren festgelegt, was unter anderem von der nationalen Leistungsfähigkeit (gemessen
anhand der Wirtschaftskraft pro Einwohner) und von der
jeweiligen Kostenwirksamkeit (was kostet es in dem jeweiligen Land, eine bestimmte Reduktionswirkung zu erzielen)
abhängt („Lastenteilung 2021–2030" [16]).

Für Deutschland ergibt sich dadurch ein Reduktionsziel
in diesen Sektoren für 2030 von 38 % gegenüber 2005.
Sollte Deutschland diese Reduktion nicht erreichen, muss
es Emissionsrechte (in diesem Zusammenhang „Zuweisun-
gen" oder „allowances" genannt) von anderen Ländern, die
ihre Ziele übererfüllen, zukaufen. Letztendlich entsteht dabei also auch wieder ein Emissionshandelssystem, nur dass
es auf nationaler Ebene und nicht auf konkreter Kraft-
werks- bzw. Industrieanlagenebene umgesetzt wird. Zur
Zielerreichung müsste Deutschland ab sofort jährlich etwa
3 % der Emissionen in den Sektoren Verkehr, Wärme und
Landwirtschaft einsparen. Da hier schon seit etlichen Jahren keine Einsparung erfolgt ist, muss damit gerechnet werden, dass Deutschland in erheblichem Umfang Emissionsrechte von anderen Ländern, die ihre Ziele übererfüllen,
zukaufen muss. Abgesehen von der Blamage, dass damit die
Unwirksamkeit der deutschen Klimapolitik offensichtlich
wird, bedeutet dies auch nicht unerhebliche finanzielle

Belastungen für den Bundeshaushalt. Da die CO_2-Vermeidungskosten im Nicht-Emissionshandelsbereich erheblich höher als im Emissionshandelsbereich sind, ist dort mit Kosten von bis zu etwa 100 €/t CO_2 und mehr zu rechnen, wodurch Deutschland von 2021 bis 2031 im Durchschnitt jährlich etwa 6 Mrd. € für den Zukauf von Emissionsrechten an klimapolitisch erfolgreichere EU-Staaten zahlen müsste [17].

Dabei wird vermutlich schnell den EU-Ländern, die in derselben Situation wie Deutschland sind, klar werden, wie unsinnig es ist, diesen hohen Preis für die Emissionsrechte zu zahlen, wenn die Emissionsrechte im Stromsektor mit aktuell etwa 25 €/t deutlich günstiger sind. Deshalb ist damit zu rechnen, dass von Staaten, die wie Deutschland erhebliche Mengen an Zertifikaten zukaufen müssen, Druck auf die EU ausgeübt wird, den Emissionshandel auf alle Sektoren auszuweiten oder anderweitig einen einigermaßen einheitlichen CO_2-Preis über alle Sektoren hinweg sicherzustellen. Damit könnte dann jedes Land in demjenigen Sektor seine Emissionen reduzieren, wo es am günstigsten ist und nicht dort, wo es die EU mit sektorspezifischen Zielen vorschreibt.

Der Wasserbetteffekt

Wenn man sich entscheidet, die Emissionsmenge über den Emissionshandel zu steuern, sind spezielle staatlich organisierte Förderungen von Klimaschutzmaßnahmen in vom Emissionshandel erfassten Sektoren vollkommen wirkungslos und deshalb überflüssig. Dies liegt daran, dass die mit Fördergeldern erzielte Einsparung von Emissionen dazu führt, dass die Emissionsrechte in dem geförderten Bereich in genau dem Umfang der Emissionseinsparung nicht mehr benötigt werden und an andere Teilnehmer des Emissionshandels verkauft werden, die damit entsprechend mehr Emissionen ausstoßen werden. Das zusätzliche Angebot an

Emissionsrechten führt zu einer Senkung des Zertifikatspreises (bzw. zu einer Reduktion der durch die jährliche Reduktion an ausgegebenen Zertifikaten erwirkten Preissteigerung), was den Wettbewerbsvorteil fossiler Technologien entsprechend erhöht. Wie gesagt: Bei einem (funktionierenden) Emissionshandel ist die Emissionsmenge einzig und allein durch die Menge der ausgegebenen Emissionszertifikate bestimmt. Der Effekt, dass eine Emissionsreduktion an der einen Stelle zu einer gleich hohen Emissionserhöhung an anderer Stelle führt, wird auch Wasserbetteffekt genannt: Wenn man an einer Stelle hineindrückt, wölbt es sich dafür an anderen Stellen nach oben, da die Gesamtwassermenge im Wasserbett ja unverändert bleibt. Wenn der Staat durch spezifische klimafreundliche Fördermaßnahmen die Emissionen gegenüber dem von der EU vorgegebenen Reduktionspfad tatsächlich zusätzlich reduzieren möchte, gelingt dies nur, wenn er die Anzahl der Emissionsrechte entsprechend der mit den Maßnahmen eingesparten Emissionsrechte löscht. Die eigentliche Emissionsminderung bewirkt dann aber nur die Löschung der Emissionsrechte und nicht die spezifische Fördermaßnahme, die man sich dann auch hätte sparen können und stattdessen einfach gleich nur die Emissionsrechte aufkaufen und löschen hätte können.

Dieser Wasserbetteffekt tritt nur dann ein, wenn der Emissionshandel tatsächlich funktioniert, d. h. wenn weniger Zertifikate ausgegeben werden, als die Teilnehmer bei ihrem aktuellen Verhalten benötigen. Als Deutschland begann, den Ausbau der erneuerbaren Energien mit Milliarden Euro zu fördern, war der Emissionshandel jedoch noch in einer Phase, wo es mehr Zertifikate gab, als die Emissionshandelsteilnehmer benötigten. Von daher wurden durch diese Maßnahme tatsächlich Emissionen eingespart, da in dieser Zeit die Zertifikate praktisch wertlos waren und die durch den Ausbau erneuerbarer Energien freiwerdenden

Emissionsrechte der fossilen Kraftwerke niemand anders benötigt hat und dadurch auch nicht zu Mehremissionen an anderer Stelle führten. Dieselbe Emissionsreduktion hätte man jedoch zu einem Bruchteil der Kosten erreichen können, wenn man einfach die Menge der Emissionszertifikate zusätzlich reduziert hätte.

Der ökonomische Irrsinn des Kohleausstiegsgesetzes

Ohne den Verlauf der Energiewende im Detail vorhersehen zu können, ist es zweifellos offensichtlich, dass eine Reduktion der Emissionen im Stromsektor notgedrungenerweise mit einer Reduktion des Betriebs von Braun- und Steinkohlekraftwerken verbunden ist. Da dies mit einem erheblichen Strukturwandel in den Regionen der betroffenen Kraftwerksstandorte verbunden ist, wurde 2016 beschlossen, ein Gremium einzusetzen, das Vorschläge zur sinnvollen Umsetzung dieses Aspekts der Energiewende erarbeiten soll.

Wie bereits erwähnt, herrscht in der Klimaökonomie der überwältigende Konsens, dass die erwünschte Emissionsreduktion am effizientesten durch eine entsprechende CO_2-Bepreisung (zum Beispiel in Form des Emissionshandels) erzielt werden kann. Mittlerweile beginnt der EU-Emissionshandel endlich zu wirken, und speziell durch die höhere jährliche prozentuale Reduktion ab 2021 ist zu erwarten, dass die Emissionsmenge in einigen Jahren tatsächlich entsprechend der Menge der ausgegebenen Zertifikate sinkt und damit direkt über die ausgegebene Menge gesteuert werden kann. Eine staatlich verordnete Stilllegung von Kohlekraftwerken hat in diesem Szenario keinerlei Einfluss auf die in Summe in der EU ausgestoßenen Emissionen. Stattdessen führt sie unweigerlich zu einer unkontrollierten Ersetzung der Erzeugung von Braun- durch Steinkohlestrom, der Ersetzung von Steinkohlestrom durch Strom aus Gaskraftwerken und der Ersetzung der Abwärmenutzung bei Kohlekraftwerken (Kraft-Wärme-Kopplung) durch zusätzliche gasbefeuerte Heizkraftwerke. Gleichzeitig sinkt der CO_2-Preis durch die bei der Kraftwerksstilllegung freiwerdenden Zertifikate, was zu einer Erhöhung der Emissionen an anderer Stelle führt (der weiter oben beschriebene Wasserbetteffekt). Selbst wenn man mit Stilllegung der Kohlekraftwerke die damit verbundenen Zertifikate vom Markt nimmt (was in dem Kohleausstiegsgesetz noch nicht einmal eindeutig sichergestellt ist), würden die Emissionen zwar tatsächlich entsprechend stärker als nach dem ursprünglich vorgesehenen Emissionshandelsreduktionspfads vermindert werden. Die entsprechenden Zertifikate könnte man jedoch auch ohne staatlich verordnete Stilllegung von Kohlekraftwerken aus dem Markt nehmen und dadurch ohne die Verpflichtung zu Schadenersatzzahlungen denselben Effekt erzielen.

Trotz dieser offensichtlichen Tatsachen entschied sich die Kommission für einen staatlich angeordneten Abschaltplan der verschiedenen Kraftwerke. Wie konnte es zu diesem allen klimaökonomischen Grundsätzen widersprechenden Konsens kommen?

Der Grund dafür liegt an der Zusammensetzung der Kohlekommission. Um einen breiten gesellschaftlichen Konsens zu ermöglichen, wurde dieses Gremium mit Vertretern aller relevanten Interessengruppen gebildet: Industrievertretern, Gewerkschaften, Umweltverbände, den betroffenen Bundesländern und der Wissenschaft. Und bis auf die Wissenschaft hatten sämtliche Gruppierungen ein ureigenes Interesse an einem staatlich verordneten Ausstiegspfad.

Für die Industrievertreter hat eine mittels staatlichem Ordnungsrecht vereinbarte Stilllegung der Kraftwerke den unschätzbaren Vorteil, dass er automatisch zu hohen Schadenersatzansprüchen der Betreiber führt. Im Gegensatz dazu würde ein steigender CO_2-Preis direkt die Brennstoffkosten erhöhen und damit die Rentabilität so stark verringern, dass sie die Auslastung der Kraftwerke nach und nach freiwillig aus Rentabilitätsgründen reduzieren müssten, ohne Anspruch auf irgendeinen Schadenersatz zu haben.

Die Energiewirtschaft wiederum hat ein Interesse an der durch eine verordnete Stilllegung künstlichen Verknappung der Kraftwerkskapazität, die unweigerlich zu einem höheren Börsenstrompreis führt und damit die Rentabilität der verbleibenden Kapazitäten erhöht. Parallel dazu führt die mit der angeordneten Schließung von Kohlekraftwerken auch teilweise wegfallende Wärmeversorgung durch Kraft-Wärme-Kopplung zu einer zusätzlichen Nachfrage nach Neubauten rentabler Gasheizkraftwerke.

Auch die Gewerkschaftsvertreter bevorzugen eine staatlich angeordnete Stilllegung: Schließt ein Betreiber aus wirtschaftlichen Gründen ein Kraftwerk, haben die dadurch arbeitslos werdenden Bürger über die übliche gesetzliche Absicherung hinaus zunächst einmal keinerlei Ansprüche. Ordnet der Staat jedoch die Schließung an, wird er dies politisch nur durchsetzen können, wenn er den Betroffenen entsprechende zusätzliche Kompensationen verspricht.

Die Umweltverbände, denen es ja eigentlich am ehesten an einer möglichst effektiven und wirksamen Emissionsreduktion gelegen sein sollte, scheinen der Wirksamkeit des Emissionshandels zu misstrauen und haben deshalb auf plakative und der Bevölkerung einfach vermittelbare konkrete Abschaltzahlen gedrängt.

Den betroffenen Bundesländern ging es in erster Linie nur um Strukturhilfen und nicht darum, die effektivste Klimaschutzmaßnahme durchzusetzen.

Die einzige Möglichkeit, um mit einem Ausstiegsplan die Emissionen stärker zu reduzieren, als sie durch den Emissionshandel ohnehin schon reduziert werden, besteht darin, relativ frühe Stilllegungszeitpunkte für die Kraftwerke festzulegen und die damit verbundenen Zertifikate aus dem Emissionshandel zu entfernen. Mit Müh und Not einigte man sich dann 2019 auch auf einen einigermaßen ambitionierten Abschaltplan. Bei der Umsetzung in ein Gesetz hat die Regierung im Jahr 2020 die Abschaltzeitpunkte dann jedoch noch so weit in die Zukunft geschoben, dass damit zu rechnen ist, dass die Kraftwerke zu diesem Zeitpunkt aufgrund des zu erwartenden Preisanstiegs der Emissionszertifikate ohnehin schon unrentabel sein werden. Die Emissionen werden durch diesen staatlich angeordneten Ausstieg also nicht wesentlich stärker sinken, als ohnehin durch den EU-Emissionshandel gesteuert, es erhalten aber nun die Kraftwerksbetreiber RWE und LEAG Schadenersatzzahlungen in Milliardenhöhe. Die Absurdität dieser Entscheidung spiegelt sich auch in der Tatsache wider, dass der Aktienkurs von RWE als Betreiber vieler Kohlekraftwerke nach Bekanntgabe des Kohleausstiegsgesetzes um 10 % stieg. Es ist eine Ironie der Geschichte, dass Unternehmen, die über Jahrzehnte unglaublich viel Geld mit Technologien verdient haben, von denen seit Jahrzehnten bekannt ist, dass sie klimaschädlich sind und eigentlich so schnell wie möglich beendet werden müssen, durch die Entscheidungen der deutschen Regierung vom Kohleausstieg nun sogar noch finanziell profitieren, während deutsche Solar- und Windunternehmen aufgrund der immer schlechter werdenden von der Politik vorgegebenen Rahmenbedingungen in die Insolvenz getrieben werden und damit etliche zukunftsträchtige Arbeitsplätze verloren gehen.

Klimadividende: Umverteilung von Reich zu Arm

Die Einnahmen der Lenkungssteuer (sei es in Form einer CO_2-Steuer oder in Form versteigerter Emissionszertifikate) können natürlich auch eine willkommene Einnahmequelle für den Staat sein, deren Höhe jedoch nicht verlässlich ist, da sie umso mehr abnimmt, je mehr sich die

Bevölkerung wie gewünscht verhält. Diese Einnahmequelle wird jedoch nicht dem Leistungsfähigkeitsprinzip gerecht, da eine CO_2-Steuer pro verursachte Tonne CO_2 Arme und Reiche gleichermaßen belastet, während zum Beispiel die Einkommenssteuer mit dem Einkommen sogar überproportional zunimmt. Deshalb kann es sinnvoll sein, die Einnahmen an die Bevölkerung vollständig wieder zurückzugeben. Die gerechteste Art wäre es, die Einnahmen einfach pro Kopf gleichmäßig wieder auszuschütten. Wenn man zum Beispiel eine Treibhausgassteuer in Höhe von 100 €/t CO_2-Äquivalent festsetzen würde, hätte man eine jährliche Einnahme von aktuell etwa 90 Mrd. €. Verteilt man diese Einnahmen gleichmäßig auf die Bevölkerung, würde jeder Bürger jährlich etwa 1000 € ausgezahlt bekommen. Unabhängig davon, wie hoch die Steuer angesetzt wird, ist es dabei immer so, dass derjenige, der mehr CO_2 als der Durchschnitt verursacht, belastet, und derjenige, der weniger CO_2 als der Durchschnitt verursacht, entlastet wird. Für all diejenigen, die in etwa durchschnittlich viel CO_2 verursachen, hätte eine CO_2-Bepreisung also keinerlei finanzielle Auswirkung, egal, wie hoch diese Bepreisung ausfällt.

Gerade Parteien, die ihre Politik bislang eher an der Industrie und Besserverdienenden ausgerichtet haben, lehnen die CO_2-Steuer jedoch mit dem Argument ab, sie sei sozial ungerecht, weil Arme sich die CO_2-Steuer weniger leisten können als Reiche. Dies ist jedoch insofern kein Argument, da Ärmere sich niemals einen so energieintensiven (und damit klimaschädlichen) Lebensstil leisten können wie Reiche, und deshalb Ärmere im Durchschnitt sogar eine höhere Rückzahlung erhalten, als sie an CO_2-Steuer zahlen müssen. Eine Studie des Umweltbundesamts zeigt genau diese eindeutige Abhängigkeit der Treibhausgasemission vom Nettoeinkommen (Abb. 3.3).

Es mag natürlich Einzelfälle geben, in denen Ärmere aufgrund ihrer aktuellen Lebenssituation durch eine CO_2-

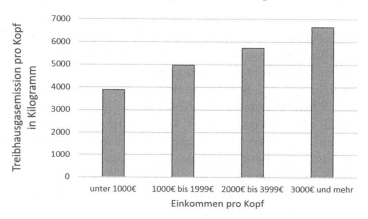

Abb. 3.3 Zusammenhang zwischen Einkommen und Treibhausgasemission. (Quelle: Daten aus [18], S. 126–127)

Bepreisung trotz aller zumutbaren klimafreundlichen Verhaltensänderungen tatsächlich einen finanziellen Nachteil erleiden. Hier muss der Staat selbstverständlich versuchen, gezielt für einen sozialen Ausgleich zu sorgen, ohne damit die gewünschte Lenkungswirkung zu torpedieren. Die Unterstützung von Fernpendlern durch eine entfernungsabhängige Mobilitätspauschale ist zwar gut gemeint, verringert allerdings den gewollten finanziellen Anreiz, langfristig die Entfernung zwischen Wohnsitz und Arbeitsstelle zu verringern. Bei Gesetzgebungen ist es im Allgemeinen sowieso immer unmöglich, einzelne Ungerechtigkeiten auszuschließen. Dies ist aber immer noch besser als der gegenwärtige für die große Mehrheit ungerechte Zustand, bei dem die eine Hälfte der Bevölkerung, die überdurchschnittlich viel Treibhausgase verursacht, dies kostenlos tun darf, während die andere Hälfte der Bevölkerung, die bewusst oder unfreiwillig unterdurchschnittlich viel Treibhausgase verursacht, für ihr klimafreundliches Verhalten nicht belohnt wird.

Die rot-grüne Regierung hat bereits vor etwa 20 Jahren eine Ökosteuer eingeführt (unter anderem eine Erhöhung der Mineralölsteuer um etwa 15 ct/l), von der viele behaupten, sie hätte gar nichts gebracht und sei deshalb ein Argument, keine CO2-Bepreisung einzuführen. Dass die damals eingeführte Ökosteuer überhaupt nichts gebracht hat, ist jedoch nicht korrekt. Die 17 Mrd. € Einnahmen jährlich fließen in die Rentenkasse und müssten sonst durch eine Erhöhung der Rentenbeiträge, höhere Steuern oder geringere Renten kompensiert werden. Die Höhe der eingeführten Ökosteuer ist allerdings so gering gewesen, dass aufgrund der geringen Preiselastizität in diesem Bereich die Wirkung auf den Mineralölverbrauch zwar vorhanden, aber vergleichsweise klein gegenüber anderen viel stärkeren Einflüssen (zum Beispiel den gestiegenen Wohlstand verbunden mit einer gestiegenen Mobilitätsnachfrage) ist und deshalb nicht klar in der Entwicklung des Mineralölverbrauchs ablesbar ist.

Welche CO2-Bepreisung hat die Bundesregierung beschlossen?

Im Rahmen des 2019 verabschiedeten Klimapakets der Bundesregierung wurde beschlossen, einen nationalen Emissionshandel in den nicht vom EU-Emissionshandel umfassten Sektoren einzuführen [19]. Dieser nationale Emissionshandel wird demnach die Verbrennung von fossilen Brenn- und Kraftstoffen für die folgenden Anwendungen umfassen:

- Wärme für Gebäude
- Wärme für Industrie (sofern nicht bereits vom EU-Emissionshandel erfasst)
- Verkehr (außer Luftverkehr, der bereits vom EU-Emissionshandel erfasst ist)

Von 2021 bis 2025 werden diese Zertifikate mit einem jährlich um 5 € steigenden Preis beginnend mit 25 € (2021) bis 45 € (2025) je Tonne CO2 nach Bedarf ausgegeben. Sollte der Bedarf an Emissionsrechten größer sein, als es dem verbindlichen EU-Ziel für Deutschland entspricht, werden die fehlenden Zertifikate auf Staatskosten aus dem Ausland zugekauft.

Erst ab 2026 werden nur noch so viele Zertifikate ausgegeben, wie es dem verbindlichen EU-Ziel für Deutschland entspricht, wobei dies im Rahmen einer Versteigerung geschieht. Dabei soll ein Mindestpreis von 55 € und ein Höchstpreis von 65 € festgesetzt werden. Wie eine Begrenzung auf 65 € konkret umgesetzt werden soll, ist aber im Gesetzestext nicht geregelt. Ohne eine Limitierung steigt der Zertifikatspreis so lange, bis die Nachfrage nach den Zertifikaten dem Angebot entspricht. Mit einer Limitierung auf 65 € kann es passieren, dass mehr Zertifikate zu diesem Preis nachgefragt werden, als dem EU-Ziel entspricht. Diese müsste dann der Staat, wie bereits vor 2026, von anderen EU-Staaten zukaufen. Dadurch wird der eigentliche Vorteil des Emissionssystems, nämlich die Sicherstellung, dass eine bestimmte Emissionsmenge nicht überschritten wird, ausgehebelt. Faktisch handelt es sich also um eine CO2-Steuer, die das Mäntelchen eines Emissionshandels umgehängt bekommt. Im Gegensatz zu einer echten CO2-Steuer, die man relativ schnell und rechtssicher durch eine Anpassung der bereits bestehenden Energiesteuergesetze hätte umsetzen können, sehen Experten bei der von der Regierung verabschiedeten Lösung erhebliche rechtliche Probleme bei der Umsetzung. Grund für dieses komplizierte Konstrukt des Emissionshandels mit einem staatlich festgelegten Preiskorridor ist rein politischer Natur: Man wollte der Öffentlichkeit demonstrieren, dass man den von den Klimaökonomen favorisierten Emissionshandel umsetzt und die oftmals geforderte Ausweitung des

EU-Emissionshandels anstrebt. Gleichzeitig hatte man aber Angst davor, dass der CO2-Preis im freien Emissionshandel unkontrollierbar nach oben steigen könnte.

Durch die niedrige Festlegung der Preise der Emissionszertifikate ist es leider zu erwarten, dass selbst der erst 2026 maximal mögliche CO2-Preis von 65 € nur eine geringe Lenkungswirkung entfalten wird, da in diesen Sektoren die Preiselastizität recht gering ist. Wie schon weiter oben angemerkt, haben Untersuchungen gezeigt, dass eine Kraftstoffpreiserhöhung von 10 % nur zu einer Verbrauchsreduktion von 4 bis 7 % führt. Der Verbrauch von Erdgas reduziert sich bei so einer Preiserhöhung erfahrungsgemäß sogar nur um 1 bis 4 % [13].

Eine über fünf Jahre gestreckte Erhöhung der Spritpreise und des Heizöls um etwa 16 ct/kWh sowie eine Erhöhung des Gaspreises um etwa 1 ct/kWh wird für den Bürger aufgrund der ohnehin ständigen Preisschwankungen fossiler Rohstoffe in teilweise noch größerer Höhe vermutlich sogar überhaupt nicht wahrgenommen werden. Mit anderen Worten: Es ist zu befürchten, dass die Bürger einfach den Mehrpreis zahlen, als den Verbrauch spürbar zu verringern.

Statt die durch den Emissionshandel generierten Einnahmen sozial gerecht gleichmäßig an die Bürger auszuzahlen, ist es vorgesehen, mit der CO2-Abgabe einen Teil der EEG-Umlage zu finanzieren, um damit den Strompreis zu senken. Was auf den ersten Blick ebenfalls sozial gerecht erscheint, da natürlich jeder Bürger mehr oder weniger Strom verbraucht, ist bei näherem Hinsehen letztlich eine finanzielle Umverteilung von ärmeren Haushalten mit dementsprechend eher niedrigem Pro-Kopf-Stromverbrauch zu reichen Haushalten mit dementsprechend besonders hohem Pro-Kopf-Stromverbrauch. Die Appelle an Bürger und Unternehmen, Emissionen durch eine generelle Energieeinsparung zu verringern, werden durch eine Verbilligung des Strompreises konterkariert. Begründet wird die Finanzierung der Strompreissenkung damit, dass man damit die für die Energiewende notwendige Elektrifizierung der Sektoren Mobilität und Wärme fördern will. Wie bereits ausgeführt, führt so eine Elektrifizierung jedoch zu keiner wesentlichen Emissionssenkung, solange der Stromsektor nicht nahezu dekarbonisiert ist, was in absehbarer Zeit nicht zu erwarten ist (Abschn. 3.1).

Bringt eine CO_2-Bepreisung, die nur auf die EU beschränkt ist, überhaupt etwas?
Das Kernproblem einer regional beschränkten CO_2-Bepreisung besteht darin, dass sie zu Emissionserhöhungen außerhalb dieser Region führen kann. Dies liegt daran, dass jede Region mit anderen Ländern Waren austauscht und auch die Weltmarktpreise für Rohstoffe beeinflusst, was zu Verschiebungen von Emissionen von einer Region in andere Regionen führen kann („carbon leakage").

Im Energiesektor kann ein „indirect leakage" auftreten: Ein Rückgang der Nachfrage nach fossilen Brennstoffen in der EU führt zu einer Verringerung der Weltmarktpreise für fossile Brennstoffpreise und damit zu einer erhöhten Nachfrage dieser Brennstoffe und entsprechend mehr Emissionen außerhalb der EU.

Im Güter- und Dienstleistungssektor besteht die Gefahr eines „direct leakage": Zieht man von den physikalisch innerhalb der EU entstehenden Emissionen diejenigen ab, die durch die Herstellung der Exportgüter entstehen, und addiert diejenigen, die durch die Herstellung der Importgüter entstehen, ergibt sich der sogenannte CO_2-Fußabdruck der EU, also diejenige Emissionsmenge, für die die EU verantwortlich ist. Aufgrund der in der Weltwirtschaft bestehenden Arbeitsteilung ist dieser Fußabdruck bereits ohne das Vorhandensein eines nur in der EU wirksamen CO_2-Preises etwa 20 % größer als die physikalisch innerhalb der EU entstehenden Emissionen („weak leakage"). Eine in der Zukunft zu erwartende wesentliche Erhöhung des CO_2-Preises in der EU könnte zu einer zusätzlichen Verschiebung CO_2-intensiver Produktion ins Ausland führen („strong leakage"). Speziell CO_2-intensive Güter aus Ländern, in denen eine geringere oder gar keine CO_2-Bepreisung vorhanden ist, werden im Vergleich zu den im Inland produzierten Gütern deutlich günstiger und deshalb stärker importiert. Die von der EU verursachten Emissionen für solche Güter werden also nicht reduziert, sondern bloß ins Ausland verlagert. Abgesehen von der negativen Auswirkung auf die heimische Wirtschaft ist dies auch nachteilig, was die globale Wirtschaftskraft angeht, weil sich damit die internationale Arbeitsteilung in eine weniger effiziente Richtung verschiebt. An sich unwirtschaftliche Produktionsanlagen im Ausland werden auf einmal nur deshalb stärker genutzt, weil sie durch eine unterschiedliche CO_2-Besteuerung einen ungerechtfertigten Vorteil erhalten.

Das ganze Carbon-Leakage-Problem wäre natürlich am einfachsten dadurch zu lösen, indem man einen weltweit einheitlichen CO_2-Preis einführt. Da dies auf absehbare Zeit nicht zu erwarten ist, muss das Carbon-Leakage-Problem in der Übergangszeit jedoch anders gelöst werden.

Die EU versucht, Carbon Leakage dadurch zu minimieren, indem sie den von einer CO_2-Bepreisung besonders betroffenen energieintensiven exportorientierten Industrien (sogenannte „emissions-intensive trade-exposed" bzw. EITE-Sektoren) kostenlos so viele Emissionsrechte zuteilt, wie sie für ihre Produktion benötigen, was auch „output-based allocation" (OBA) genannt wird. Carbon Leakage wird damit zwar weitgehend verhindert, für die EITE-Sektoren fehlt dann jedoch jeder Anreiz, deren Emissionen zu senken, was die Erreichung der EU-Klimaziele natürlich erschwert.

Deshalb wird nun als Alternative zur OBA die Einführung eines sogenannten „carbon border adjustments" (CBA) diskutiert, bei dem unterschiedliche CO_2-Besteuerungssysteme an der EU Grenze ausgeglichen werden sollen [20, 21]. Beim Export wird der Wert der damit verbundenen Emissionszertifikate zurückerstattet und beim Import wird eine Abgabe erhoben, dessen Höhe sich daran orientiert, welche CO_2-Emission mit dem jeweiligen Importgut verbunden ist, womit wieder die gleichen Wettbewerbsbedingungen („level playing field") hergestellt wären. Dies wäre also kein Klimazoll, der einseitig ausländische Waren im Inland benachteiligt, da die Abgabe ja über die Emissionszertifikate auch für die inländischen Güter anfällt. Ein CBA entspricht damit der Mehrwertsteuer, die ja auch beim EU-Export von Waren erstattet und beim Import von Waren in die EU erhoben wird.

Die Höhe der CO_2-Emission könnte der Einfachheit halber auf Basis des in der EU vorhandenen Energiemixes festgesetzt werden, es sei denn, das ausländische Unternehmen kann den Nachweis erbringen, dass mit seinem Produkt weniger Emissionen verbunden sind. Ausländische Trittbrettfahrer, die von den Vorteilen der von der EU ergriffenen Klimaschutzmaßnahmen profitieren möchten, sich jedoch nicht selbst an der Verminderung von CO_2 beteiligen wollen, würden damit durch einen in diesem Fall besonders hohen Zoll bestraft bzw. motiviert, eine ähnliche CO_2-Bepreisung einzuführen.

Letztendlich wird auf dieser Weise in der EU der Konsum von Dingen, die CO_2 verursachen besteuert und nicht mehr die Produktion. Konsum ist immobiler als die Produktion, da man selten ins Ausland fährt, um dort Waren zu kaufen, die wegen einer geringeren Besteuerung billiger sind, wohingegen es gang und gäbe ist, dass Produktionsanlagen in Länder mit attraktiveren Bedingungen verlagert werden. Eine Besteuerung des eher immobilen Konsums reduziert also die Gefahr des Carbon Leakage. Da die damit verbundenen Zollerhöhungen zu massiven politischen Auseinandersetzungen und Gegenzöllen führen und gegebenenfalls auch von der Welthandelsbehörde untersagt werden könnten, ist es jedoch fraglich, ob bzw. wann ein CBA eingeführt werden kann. Alternativ gäbe es deshalb noch die Möglichkeit, das ohne Zollerhöhung auskommende System von OBA beizubehalten und es durch eine spezielle CO2-Bepreisung der EITE-Sektoren innerhalb der EU zu ergänzen. Dies könnte von der Wirkung her identisch zur Einführung eines CBA sein, jedoch mit dem Vorteil, es politisch und juristisch einfacher umsetzen zu können [22, 23].

3.4 Wie teuer wird die Energiewende?

Da die einzige relevante Maßnahme zur Emissionsreduktion das EEG ist, werden die Kosten der Energiewende aktuell weitestgehend anhand der auf den Strompreis aufgeschlagenen EEG-Umlage von 6 ct/kWh sichtbar. Dies ist jedoch nur ein grober Anhaltspunkt, da es noch einige Dinge gibt, die man dazuzählen bzw. abziehen muss:

Die Höhe der EEG-Umlage ist so bemessen, dass mit den daraus generierten Einnahmen die Differenz der an Ökostromerzeuger ausgezahlten Einspeisevergütung und den an der Strombörse erzielten Einnahmen aus dem Verkauf des Ökostroms finanziert werden kann. Durch das zusätzliche Angebot an Ökostrom hat sich der Börsenstrompreis allerdings schätzungsweise um etwa 1 ct/kWh verringert [24]. Dementsprechend haben sich die Einnahmen aus dem Verkauf von Ökostrom an der Strombörse ebenfalls verringert, wodurch die EEG-Umlage zusätzlich angehoben werden musste. Die Höhe der EEG-Umlage ergibt sich damit nicht nur aus den Mehrkosten der Ökostromerzeugung, sondern wird durch die durch den Ökostrom verursachte Senkung des Börsenstrompreises zusätzlich erhöht [25]. Inwieweit wiederum die durch den Ökostrom verursachte Börsenstrompreissenkung an den Verbraucher in Form einer entsprechenden Senkung des Verbraucherstrompreises weitergegeben wird, lässt sich nicht transparent überprüfen.

In den Kosten unseres Konsums steckt ein mehr oder weniger großer Anteil an Stromkosten, die, wie oben beschrieben, aufgrund der EEG-Umlage angestiegen sind. Inwieweit dieser Kostenanstieg jeweils auf den Produktpreis aufgeschlagen wird, ist ebenfalls nur schwer quantifizierbar.

Sämtliche sonstigen staatlichen Förderprogramme in Sachen Klimaschutz führen letztendlich zu höheren Steuern bzw. zu einer Verringerung oder Verhinderung möglicher Steuersenkungen. Im Vergleich zu den Kosten der Ökostromförderung im Rahmen des EEG ist dies jedoch vernachlässigbar.

Die aktuellen Veränderungen des Strompreises sind allerdings nahezu irrelevant im Hinblick auf die Beurteilung der zukünftig zu erwartenden Energiekosten. So basieren die aktuellen Kosten zu einem großen Teil auf einer Förderung von vor mehr als fünf Jahren errichteten Solar- und Windenergieanlagen, die damals noch viel teurer waren als jetzt und deshalb einen extrem hohen Stromvergütungsanspruch von teilweise mehr als 50 ct/kWh besitzen. In etwa 10–15 Jahren fallen all diese teuren Anlagen nach und nach aus der Förderung heraus, da die Förderung nur 20 Jahre lang ausgezahlt wird. Aktuell genügt Investoren hingegen nur noch eine Vergütung von etwa 5 ct/kWh, damit sie Wind- oder Solaranlagen bauen. Selbst wenn man so viel davon bauen würde, dass damit 100 % unseres heutigen Strombedarfs erzeugt wird, würde dies den Verbraucherstrompreis nur um etwa 2 ct/kWh erhöhen, wenn man von dem aktuellen Börsenstrompreis von etwa 3 ct/kWh ausgeht. Wie bereits beschrieben (Abschn. 3.1) hätte man auf diese Weise jedoch noch lange nicht einen vollständigen Umbau der Energieversorgung erreicht, da man bei so einem starken Ausbau der Wind- und Solarenergie etwa ein Drittel des dadurch erzeugten Stroms abregeln müsste, da die mit Wind und Sonne schwankende Erzeugung häufig den Bedarf übersteigen würde. Entsprechend muss diese abgeregelte Energie weiterhin durch zusätzliche Kosten verursachenden fossile Back-up-Kraftwerke gedeckt werden und man hätte außerdem auch noch keinerlei Verringerung der Emissionen im Wärme- und Mobilitätssektor erreicht.

Grobe Abschätzung zukünftiger klimaneutraler Energiekosten

Soll die Energieversorgung über alle Sektoren hinweg vollständig regenerativ erfolgen, können die dann zu erwartenden Energiekosten mit dem folgenden einfachen möglichen Szenario einer zukünftigen klimaneutralen Energieversorgung grob abgeschätzt werden: Der Strombedarf wird zu zwei Dritteln direkt durch die Wind- und Solarenergie gedeckt und der Rest aus der Verstromung von Wasserstoff. Aufgrund der Umwandlungsverluste werden für eine Kilowattstunde aus Wasserstoff erzeugten Strom etwa drei Kilowattstunden zusätzlicher Wind- und Solarstrom benötigt. Damit muss durch Wind- und Solarenergie in Summe etwa die doppelte Menge an Strom erzeugt werden, die ein Endverbraucher benötigt. Da die Erzeugung einer Kilowattstunde Strom aus Wind- und Solarenergie etwa 5 ct/kWh kostet, würde der tatsächlich genutzte Strom demnach 10 ct/kWh kosten. Hinzu kommen noch die Kosten für die Infrastruktur zur Umwandlung von Strom in Wasserstoff

und zurück, die umgelegt auf die gesamte Stromerzeugung
etwa 3 ct/kWh ausmachen. Der Strompreis würde damit in
Summe etwa 13 ct/kWh betragen, im Vergleich zu den aktuell etwa 3 ct/kWh an der Strombörse.

Der gesamte Wärme- und Mobilitätsbedarf wird mithilfe
von Wasserstoff gedeckt, der entweder direkt oder nach
Umwandlung in Methan oder andere künstliche „grüne"
Brennstoffe genutzt wird. Aufgrund der Umwandlungsverluste werden für eine Kilowattstunde „grüner" Brennstoff
etwa zwei Kilowattstunden Wind- und Solarstrom benötigt, wodurch er damit insgesamt etwa 10 ct/kWh (bezogen
auf den Energieinhalt) kosten würde. Hinzu kommen noch
die Kosten für die Umwandlung des Stroms in die grünen
Brennstoffe, die umgelegt auf den Energieinhalt der erzeugten Brennstoffe mit etwa 7 ct/kWh angesetzt werden können. In Summe kostet damit eine Kilowattstunde Energie
aus grünem Brennstoff in der Herstellung etwa 17 ct. Zum
Vergleich: Eine Kilowattstunde Energie aus Erdgas kostet
momentan in der Herstellung 0,85 ct und für den Endverbraucher etwa 5 ct. Ein Liter Diesel kostet für den Verbraucher etwa 50 ct (ohne Steuern) und bei einem Heizwert von
10 kWh/l damit 5 ct/kWh. Eine vom Verband der deutschen Automobilindustrie beauftragte Studie schätzt einen
ähnlich hohen Preis für klimaneutrale e-Fuels, nämlich
etwa den zehnfachen Dieselpreis, wobei langfristig eine Absenkung auf den doppelten Dieselpreis aufgrund von Kos-
tensenkungspotenzialen als erreichbar gesehen wird [26].

**Genauere Kostensimulationen möglicher Energiewen-
deszenarien**

Wie viel die Klimaneutralität der Energieversorgung dann
in Summe tatsächlich zusätzlich kostet, hängt natürlich extrem stark davon ab, auf welche Art diese erreicht wird.
Eine neuere Studie des Fraunhofer Instituts hat die Kosten,
um die energiebedingten CO_2-Emissionen bis zum Jahr

2050 um 95 % zu reduzieren, für verschiedene mögliche Szenarien abgeschätzt [27].

Die meisten Kosten entstehen dabei in einem Szenario, in dem die Bereitschaft der Bevölkerung zu einer energiesparenden Lebensweise und zu einem Umstieg auf neuere Technologien stark begrenzt ist. Konkret bedeutet dieses „Beharrung" genannte Szenario, dass wir im Prinzip genauso energieintensiv weiterleben wie bisher und die bisherigen fossilen Brennstoffe durch klimaneutral hergestellten Wasserstoff und e-Fuels ersetzt werden. Dies ist die für die Verbraucher bequemste Möglichkeit, da sie den geringsten Anpassungsaufwand für die Nutzer der Endenergie fordert. Die Verbraucher müssen in diesem Szenario weder ihre Lebensweise noch die verwendete Technologie (Heizung, Verbrennungsmotoren) ändern. Gleichzeitig beschreibt dieses Szenario aber auch die mit Abstand teuerste Art, die Klimaneutralität zu erreichen, da dafür eine gigantische Wasserstofferzeugungsinfrastruktur aufgebaut werden muss, und aufgrund der bei Wasserstoff im Vergleich zu strombasierten Technologien unweigerlich verbundenen hohen Umwandlungsverluste erheblich mehr Wind- und PV-Anlagen benötigt werden. Die Mehrkosten einer nahezu klimaneutralen Energieversorgung betragen in diesem Szenario jährlich 72 Mrd. € oder 2 % des Bruttoinlandprodukts. Die tatsächlichen Kosten würden aber sicherlich niedriger ausfallen, da die Energiekosten in diesem Szenario so stark ansteigen würden, dass allein dieses Preissignal unweigerlich zu einer gewissen Verhaltensänderung und damit verbundenen Rückgang der Energienachfrage führen würde.

Die geringsten Kosten entstehen in einem „Suffizienz" [28] genannten Szenario, bei dem durch Verhaltensänderungen (zum Beispiel weniger Mobilität und Konsum) bis 2050 die folgenden Energieeinsparungen erreicht werden:

- Strombedarf für bisherige Stromverbraucher −45 %
- Verkehrsaufkommen motorisierter Individualverkehr −30 %
- Verkehrsaufkommen Flugverkehr −55 %
- Gebäudewärme: Erhöhung der aktuellen energetischen Sanierungsrate von 1 auf 2–3 %
- Industrielle Prozesswärme: Bedarfssenkung um 0,75 % pro Jahr

Der damit stark sinkende verbleibende Bedarf an Endenergie wird in diesem Szenario mit einer möglichst effizienten Technologie bereitgestellt, also im Bereich Mobilität durch eine starke Verbreitung von Elektroautos und im Bereich Wärme durch einen verstärkten Einsatz von Wärmepumpen. Dieses Szenario ist mit Abstand das günstigste, allerdings auch am schwersten umzusetzende, da es den höchsten technologischen Anpassungsaufwand und starke Veränderungen des Verhaltens erfordert. Die Mehrkosten einer nahezu klimaneutralen Energieversorgung betragen dafür dann jährlich nur noch 14 Mrd. € oder 0,4 % des Bruttoinlandprodukts und damit nur etwa ein Fünftel der Mehrkosten des Beharrung-Szenarios.

Zum Vergleich: Der jährliche Umsatz im Weihnachtsgeschäft (d. h. der Umsatz des Einzelhandels in den Monaten November und Dezember) liegt bei etwa 100 Mrd. €. Auch wenn der Vergleich vielleicht hinkt, zeigt es doch, dass selbst die teuerste Art, Klimaneutralität herzustellen, für eine so leistungsfähige Gesellschaft wie Deutschland durchaus verkraftbar ist.

Hinzu kommt, dass die Mehrkosten zum Großteil durch den Bau von in Deutschland installierter Anlagentechnik entstehen und im Gegenzug dafür kein Geld mehr für den Import von fossilen Brennstoffen ins Ausland abfließt. Die inländische Wertschöpfung in der Energieversorgung wird damit massiv erhöht, was die Arbeitsplatzverluste in fossiler Energietechnik deutlich überkompensieren wird und zusätzliche finanzielle Vorteile für Deutschland erwarten lassen, die in obigen Kostenabschätzungen nicht berücksichtigt sind.

Die Kosten der CO2-Reduktion steigen, je näher man sich der Klimaneutralität nähert

Wenn man die Kosten eines bestimmten Energiewendeszenarios in Relation zur erzielten CO2-Reduktion setzt, erhält man die sogenannten CO2-Vermeidungskosten. Diese nehmen prinzipiell immer stärker zu, je mehr CO2 man bereits reduziert hat (Abb. 3.4).

Dies folgt aus dem Grundsatz der wirtschaftlichen Optimierung, dass man immer zunächst die kostengünstigsten Vermeidungsmaßnahmen umsetzt („low hanging fruits"), die teuersten Maßnahmen hingegen erst ganz zum Schluss, wenn diese als einzige Möglichkeit übrig bleiben, um noch die letzten notwendigen Prozente an Emissions-

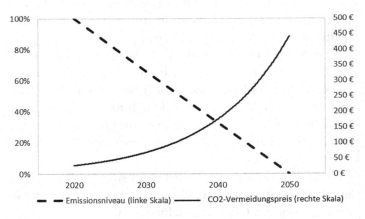

Abb. 3.4 Gegenüberstellung der Emissionsreduktion mit den damit verbundenen CO2-Vermeidungskosten. (Quelle: Daten in Anlehnung an [27])

reduktion zu erzielen. Dieser permanente Anstieg der Kosten wird zwangsläufig zu immer größeren Widerständen in Gesellschaft und Politik führen, die notwendige Emissionsreduktion wirklich bis zum bitteren Ende durchzustehen. Allein die letzten 5 % an CO_2-Emissionen auch noch zu beseitigen, erhöht die Gesamtkosten um etwa ein Viertel. Ob dabei der Nutzen der Emissionsminderung den Aufwand wirklich noch rechtfertigt und es eine gesellschaftliche Mehrheit dafür geben wird, diesen letzten Schritt dann auch noch zu gehen, darf durchaus bezweifelt werden.

Die Abhängigkeit zwischen Klimaschutz, Kosten und Verhaltensänderung

Die enormen Kostenunterschiede der beiden Szenarien Beharrung und Suffizienz machen deutlich, dass das gesellschaftliche Verhalten einen enormen Einfluss auf die Kosten der Energiewende hat. Die drei Ziele Minimierung der Treibhausgase, Minimierung der Kosten und Minimierung der Verhaltensänderung sind sich widersprechende Ziele, um deren bestmögliche Erreichung schon seit Jahrzehnten in Politik und Gesellschaft gerungen wird. Die bisherigen Entscheidungen der Bundesregierungen kann man nur dann verstehen, wenn man unterstellt, dass bislang die Minimierung der Verhaltensänderung die mit Abstand höchste Priorität hatte: Keiner musste sein Verhalten aufgrund der Energiewende wesentlich ändern und trotz relativ hoher Kosten wurde nur eine vergleichsweise geringe Emissionsreduktion erreicht.

Wir leben in einer Demokratie und wenn die Mehrheit der Bevölkerung die Energiewende auf diese Weise umgesetzt haben will, ist dies zu akzeptieren. Es muss jedoch sichergestellt sein, dass den Wählern diese Situation auch bewusst ist. Wenn eine Partei im Wahlkampf sinngemäß verspricht, man werde die Klimaziele ohne großen Verhaltensänderungen und mit geringen Kosten erreichen und eine andere Partei wahrheitsgemäß darlegt, dass die Klimaziele nur mit deutlichen Verhaltensänderungen und/oder hohen Kosten zu erreichen ist, wen wird man dann wählen?

Man könnte einwenden, dass falsche Versprechungen relativ schnell nach der Wahl als Wahllüge entlarvt und bei der nächsten Wahl dann die ehrliche Partei gewählt werden könne. Im Gegensatz zu den üblichen Wahlversprechen, deren fehlende Umsetzung unmittelbar erfahrbar wird, bemerkt man das Scheitern der Energiewende jedoch nicht so eindeutig. Ähnlich wie beim Klima überlagern bei der jährlichen Entwicklung der Treibhausgasemissionen kurzfristige Schwankungen den langfristigen stetigen Trend der politisch gesteuerten Energiewende, sodass der langfristige Trend erst nach zehn oder mehr Jahren erkennbar wird. Ein windreiches Jahr, ein milder Winter, durch politische Spannungen spekulativ erhöhte Rohstoffpreise oder ein durch eine Pandemie wie die Coronakrise ausgelöster Wirtschaftseinbruch können kurzfristig die Emissionen viel stärker senken als die ambitionierteste Klimaschutzpolitik. Spielen diese äußeren Zufallsfaktoren der Regierung in die Hände, werden sie möglichst kleingeredet oder gar vollständig ignoriert und stattdessen die eigene Politik als Grund für den Erfolg angeführt. Führen sie hingegen zu einer Stagnation oder gar Erhöhung der Emissionen, werden sie als willkommene Ausrede missbraucht, warum die Klimapolitik noch keine positive Auswirkung zeigt.

Hinzu kommt, dass klimapolitische Entscheidungen in der Klimabilanz erst mit mehreren Jahren Verzögerung sichtbar werden und damit eine demokratische Gegensteuerung erst mit erheblicher Phasenverschiebung möglich ist.

Ein Beispiel: Die Veränderung des EEG im Jahr 2016 mit der Umstellung auf das Ausschreibungsverfahren bewirkte erst ab etwa 2018 den beginnenden Einbruch der jährlich installierten Windenergie (bzw. hat diesen Einbruch nicht verhindert), da bis dahin noch diejenigen Anlagen fertiggestellt werden konnten, für die noch die frühere attraktivere Förderregelung galt. Der dadurch mittlerweile fast vollständig zum Erliegen gekommene Ausbau der Wind- und Solarenergie in Kombination mit dem Ende 2019 stillgelegten Kernkraftwerk Philippsburg II bedeutet einen politisch bewusst in Kauf genommenen erhöhenden Einfluss auf die Emissionsmenge in Deutschland. Die tatsächliche Emissionsmenge wird aber erst mit einer deutlichen zeitlichen Verzögerung veröffentlicht. Die Menge der im Jahr 2020 von Deutschland verursachten Treibhausgasemissionen wird frühestens im Herbst 2021 (und dann auch nur als Schätzung) vorliegen, und damit vermutlich erst nach der kommenden Bundestagswahl und ist noch dazu durch die Coronakrise extrem verfälscht. Dies ist insofern besonders brisant, da Angela Merkel im Wahlkampf 2017 das Erreichen einer bestimmten Emissionsreduktion bis 2020 persönlich versprochen hatte [29]. Die Unzulänglichkeit der Klimapolitik würde also erst nach der Wahl zutage treten und die klimapolitisch ungünstige Entscheidung aus dem Jahr 2016 erst mit der übernächsten Bundestagswahl 2025 demokratisch korrigiert werden können, wobei es dann auch wiederum mehrere Jahre dauern wird, bis die aufgrund eines Regierungswechsels dann eventuell beschlossenen Veränderungen tatsächlich wirksam werden. Das demokratische Korrektiv versagt also bei dieser Art von notwendiger langfristiger Politik mit langfristigen Auswirkungen.

Literatur

1. Auswertungstabellen. (2020). AG Energiebilanzen e.V. https://ag-energiebilanzen.de/10-0-Auswertungstabellen. html. Zugegriffen am 12.05.2020.
2. Bundesministerium für Wirtschaft und Energie. (2020). EEG in Zahlen: Vergütungen, Differenzkosten und EEG-Umlage 2000 bis 2020. https://www.erneuerbare-energien.de/EE/ Redaktion/DE/Downloads/eeg-in-zahlen-pdf.pdf%3F__ blob%3DpublicationFile. Zugegriffen am 12.05.2020.
3. Guminski, A. (2017). Power-to-Heat in der industriellen Prozesswärme – technische Potenziale und Kosten für ausgewählte Beispiele. 3. Dialogplattform Power-to-Heat Berlin, 16. Mai 2017. https://www.ffegmbh.de/attachments/article/733/Power_to_heat%20in%20der%20industriellen%20Prozessw%C3%A4rme.pdf. Zugegriffen am 12.05.2020.
4. FESH – Feldversuch eHighway an der BAB A1 in Schleswig-Holstein. (2020). eHighway.SH. https://www.ehighway-sh. de/de/. Zugegriffen am 12.05.2020.
5. Primärenergieverbrauch. (2020). Umweltbundesamt. https:// www.umweltbundesamt.de/daten/energie/primaerenergieverbrauch#primarenergieverbrauch-nach-energietragern. Zugegriffen am 12.05.2020.
6. Lütkehus, I., Salecker, H., & Adlunger, K. (2013). Potenziale der Windenergie an Land. Umweltbundesamt. https://www. umweltbundesamt.de/sites/default/files/medien/378/publikationen/potenzial_der_windenergie.pdf. Zugegriffen am 12.05.2020.
7. Knorr, K., Horst, D., & Bofinger, S., Hochlof, P. (2017). Energiewirtschaftliche Bedeutung der Offshore-Windenergie für die Energiewende. Fraunhofer-Institut für Windenergie und Energiesystemtechnik. https://www.offshore-stiftung. de/sites/offshorelink.de/files/documents/Studie_Energiewirtschaftliche%20Bedeutung%20Offshore%20Wind.pdf. Zugegriffen am 12.05.2020.
8. Wirth, H. (2020). Aktuelle Fakten zur Photovoltaik in Deutschland. Fraunhofer-Institut für Solare Energiesysteme

ISE. https://www.ise.fraunhofer.de/content/dam/ise/de/documents/publications/studies/aktuelle-fakten-zur-photovoltaik-in-deutschland.pdf. Zugegriffen am 12.05.2020.

9. Rotz, B. V. (2016). GM Electrovan hatte 50 Jahre Vorsprung. Zwischengas.com. https://www.zwischengas.com/de/blog/2016/10/13/GM-Electrovan-hatte-50-Jahre-Vorsprung.htm. Zugegriffen am 12.05.2020.

10. Europas größtes grünes Wasserstoffprojekt startet in Groningen. (2020). Shell. https://www.shell.de/medien/shell-presseinformationen/2020/europas-groesstes-gruenes-wasserstoffprojekt-startet-in-groningen.html. Zugegriffen am 12.05.2020.

11. GET H2 – Ein RWE-Partnerprojekt am Standort Lingen. (2020). RWE. https://www.group.rwe/unser-portfolio-leistungen/innovation-und-technik/technologie-forschung-entwicklung/wasserstoff-projekt-get-h2. Zugegriffen am 12.05.2020.

12. Heymann, E. (2019). CO2-Steuer: Besser als der Status quo, aber nicht optimal. Deutsche Bank. https://www.dbresearch.de/servlet/reweb2.ReWEB?rwsite=RPS_DE-PROD&rwobj=ReDisplay.Start.class&document=PROD0000000000494331. Zugegriffen am 12.05.2020.

13. Frondel, M. (2019). CO2-Bepreisung in den nicht in den Emissionshandel integrierten Sektoren: Optionen für eine sozial ausgewogene Ausgestaltung. RWI Consult GmbH. https://www.bdew.de/media/documents/20190709_Studie-CO2-Bepreisung_BYKgJtF.pdf. Zugegriffen am 12.05.2020.

14. EUA Price. (2020). Ember. https://ember-climate.org/carbon-price-viewer/. Zugegriffen am 27.08.2020.

15. Umweltbundesamt. (2015). Emissionshandel in Zahlen. https://www.dehst.de/SharedDocs/downloads/DE/publikationen/Broschuere_EH-in-Zahlen.pdf?__blob=publicationFile&v=1. Zugegriffen am 12.05.2020.

16. Lastenteilung. (2021–2030). Ziele und Flexibilitäten. Europäische Kommission. https://ec.europa.eu/clima/policies/effort/regulation_de#tab-0-0https://www.cep.eu/fileadmin/user_upload/cep.eu/Studien/cepAdhoc_CO2_Bepreisung/CO2-Steuer_oder_Emissionshandel.pdf. Zugegriffen am 12.05.2020.

17. Deutsch, M., Buck, M., Graichen, P., & Vorholz, F. (2018). Die Kosten von unterlassenem Klimaschutz für den Bundeshaushalt. Agora Energiewende. https://www.agora-energiewende.de/fileadmin2/Projekte/2018/Non-ETS/142_Nicht-ETS-Papier_WEB.pdf. Zugegriffen am 12.05.2020.

18. Kleinhückelkotten, S., Moser, S., & Neitzke, H.-P. (2016). Umweltbundesamt. Repräsentative Erhebung von Pro-Kopf-Verbräuchen natürlicher Ressourcen in Deutschland (nach Bevölkerungsgruppen). https://www.bmu.de/fileadmin/Daten_BMU/Pools/Forschungsdatenbank/fkz_3713_17_311_erhebung_verbraeuchen_ressourcen_bf.pdf

19. Bundesregierung. (2020). Eckpunkte für das Klimaschutzprogramm 2030. https://www.bundesregierung.de/resource/blob/975232/1673502/768b67ba939c098c994b71c0b7d6e636/2019-09-20-klimaschutzprogramm-data.pdf?download=1. Zugegriffen am 12.05.2020.

20. Pinzler, P., & Schieritz, M. (2019). Klimazoll. *ZEIT ONLINE*. https://www.zeit.de/2019/52/co2-grenzausgleich-steuer-klimazoll-ursula-von-der-leyen-eu/komplettansicht. Zugegriffen am 12.05.2020.

21. Volmert, B. (2011). *Border Tax Adjustments: Konfliktpotential zwischen Umweltschutz und Welthandelsrecht?* Kassel: Kassel University Press GmbH.

22. Kaushal, K. R., & Rosendahl, K. E. (2020). Taxing consumption to mitigate carbon leakage. *Environmental and Resource Economics, 75*, 151–181. https://doi.org/10.1007/s10640-019-00392-1.

23. Böhringer, C., Rosendahl, K. E., & Storrosten, H. B. (2019). *Smart hedging against carbon leakage.* University of Oldenburg. https://uol.de/fileadmin/user_upload/wire/fachgebiete/vwl/V-427-19.pdf. Zugegriffen am 12.05.2020.

24. Sensfuß, F. (2013). Analysen zum Merit-Order Effekt erneuerbarer Energien. Fraunhofer-Institut für System- und Innovationsforschung (ISI). http://publica.fraunhofer.de/eprints/urn_nbn_de_0011-n-5067119.pdf. Zugegriffen am 12.05.2020.

25. Bode, S. (2013). EEG-Umlage: Grenzen der Interpretation im Kontext der Energiewende. arrhenius Institut für Energie- und

Klimapolitik. https://www.arrhenius.de/uploads/media/arrhenius_DP12_-_EEG_Umlage.pdf. Zugegriffen am 23.05.2020.

26. Siegemund, S., Trommler, M., Kolb, O., & Zinnecker, V. (2017). The potential of electricity-based fuels for low-emission transport in the EU. Deutsche Energie-Agentur GmbH (dena). https://www.dena.de/fileadmin/dena/Dokumente/Pdf/9219_E-FUELS-STUDY_The_potential_of_electricity_based_fuels_for_low_emission_transport_in_the_EU.pdf. Zugegriffen am 12.05.2020.

27. Sterchele, P., Brandes, J., Heilig, J., Wrede, D., Kost, C., Schlegl, T., Bett, A., & Hans-Martin Henning, H.-M. (2020). Wege zu einem klimaneutralen Energiesystem. Fraunhofer-Institut für Solare Energiesysteme ISE. https://www.ise.fraunhofer.de/content/dam/ise/de/documents/publications/studies/Fraunhofer-ISE-Studie-Wege-zu-einem-klimaneutralen-Energiesystem.pdf. Zugegriffen am 12.05.2020.

28. Zell-Ziegler, C., & Förster, H. (2018). Mit Suffizienz mehr Klimaschutz modellieren. Umweltbundesamt. https://www.umweltbundesamt.de/sites/default/files/medien/1410/publikationen/uba_texte_55_2018_zwischenbericht_mit_suffizienz_mehr_klimaschutz_modellieren.pdf. Zugegriffen am 12.05.2020.

29. Aktivistin Lisa Storcks fordert Kanzlerin Angela Merkel heraus. (2018). DW.COM. https://www.dw.com/de/aktivistin-lisa-storcks-fordert-kanzlerin-angela-merkel-heraus/a-46767804. Zugegriffen am 12.05.2020.

4

Elektroautos: Heilsbringer oder Sackgasse?
Über die Sinnhaftigkeit möglicher und geplanter Maßnahmen zur Reduktion der PKW-Emissionen

Inhaltsverzeichnis

Zusammenfassung In diesem Kapitel erfahren Sie, warum die Politik vor allem auf die Fahrzeugtechnik und nicht auf Verhaltensänderungen setzt und wie es den Herstellern ermöglicht wurde, Emissionswerte nur auf dem Papier und nicht auf der Straße zu senken. Es wird außerdem deutlich

© Springer Fachmedien Wiesbaden GmbH, ein Teil von Springer
Nature 2020
A. Luczak, *Deutschlands Energiewende – Fakten, Mythen und Irrsinn*,
https://doi.org/10.1007/978-3-658-30277-1_4

gemacht, warum die Elektromobilität so stark gefördert wird, obwohl deren Klimanutzen umstritten ist, und ob es sich beim Autobahntempolimit um eine wirksame Maßnahme oder nur um ideologische Symbolpolitik handelt.

4.1 Grundsätzliches zum Thema PKW-Emissionen

Wenn in der Öffentlichkeit über Maßnahmen zur Senkung der Treibhausgasemissionen im Umfeld der Mobilität diskutiert wird, schlagen die Emotionen oft schnell hoch, da es dann auch sehr schnell um die Art und den Umfang der privaten Autonutzung geht. In vielen Ländern, aber auch gerade in Deutschland, hat der Mensch eine ganz besondere Beziehung zum Auto. Das Streben nach Mobilität ist tief in uns verwurzelt, und dass es möglich ist, für relativ wenig Geld spontan bequem und schnell mit meinem Auto irgendwo hinfahren zu können, ist unbestritten eine der faszinierendsten Errungenschaften unserer modernen Gesellschaft. Das Auto ist damit ein Symbol für Freiheit und Unabhängigkeit geworden. Hinzu kommt, dass in Deutschland über eine Million Menschen direkt oder indirekt in der Automobilindustrie beschäftigt sind. Das Auto ist damit nicht nur ein Symbol dafür, zu welchem Wohlstand wir gekommen sind, sondern zum Teil auch der Grund für unseren Wohlstand, weswegen es von vielen so vehement verteidigt wird.

Wie wichtig ist der Verkehrssektor denn überhaupt zur Erreichung unserer Klimaziele? Sein Anteil an den deutschen Treibhausgasemissionen beträgt etwa ein Sechstel (Abb. 4.1). Dies ist gewissermaßen eine gefährliche Größenordnung, weil sie einerseits so klein ist, dass man in die Versuchung gerät, sich hier große Anstrengungen sparen zu können, da die große Mehrheit der Emissionen in anderen

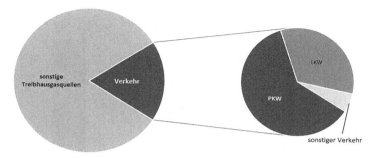

Abb. 4.1 Anteil der Verkehrsemissionen an den Gesamtemissionen in Deutschland. (Quelle: Daten aus [1], S. 62)

Sektoren verursacht wird. Andererseits kann die angestrebte Reduktion der Gesamtemissionen um mindestens 90 % nicht ohne wesentliche Maßnahmen im Verkehrssektor erreicht werden, selbst wenn in allen anderen Sektoren die Emissionen auf null sinken.

Angesichts des enorm gestiegenen LKW- und Flugverkehrs mag man der Versuchung erliegen, emissionssenkende Maßnahmen auf diese Verkehrsträger abzuschieben, jedoch werden etwa zwei Drittel der Verkehrsemissionen von PKW verursacht. LKW sind hingegen nur für das restliche Drittel der Verkehrsemissionen verantwortlich. Die von innerdeutschen Flügen verursachten Emissionen sind im Vergleich dazu sogar nahezu vernachlässigbar.

Dieser Tatsache konnte selbst die autofreundlichste Politik die Augen nicht verschließen und so gibt es bereits seit etwa zehn Jahren gesetzliche Regelungen mit dem Ziel, die CO_2-Emissionen im PKW-Verkehr zu senken. Die beiden zentralen Maßnahmen dabei waren die Einführung eines CO_2-Flottengrenzwerts und einer CO_2-Komponente der Kfz-Steuer. Diese Maßnahmen scheinen allerdings wirkungslos gewesen zu sein, da die PKW-Emissionen in dieser Zeit nicht zurückgegangen sind (Abb. 4.2).

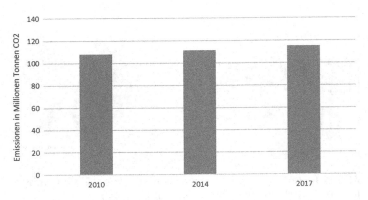

Abb. 4.2   Entwicklung der PKW-Emissionen. (Quelle: Daten aus [2])

Um die Wirkungslosigkeit der bisherigen Maßnahmen und mögliche alternative Maßnahmen besser verstehen zu können, ist es notwendig, sich die folgenden einfachen Grundlagen vor Augen zu halten: Generell entspricht die CO_2-Emission eines Fahrzeugs dessen Spritverbrauch: Bei der Verbrennung von 1 l Benzin entstehen 2,3 kg CO_2, bei der Verbrennung von 1 l Diesel entstehen 2,6 kg CO_2. Ein Benzinfahrzeug kann also etwa 13 % mehr Sprit verbrauchen als ein Dieselfahrzeug, ohne klimaschädlicher zu sein.

Die CO_2-Emissionen des gesamten PKW-Verkehrs erhält man, indem man die Gesamtzahl der mit allen Fahrzeugen zurückgelegten Kilometer mit den durchschnittlichen kilometerspezifischen Emissionswerten (Gramm pro Kilometer) der einzelnen Fahrzeuge multipliziert.

Die kilometerspezifischen Emissionswerte wiederum hängen davon ab, wie der Einzelne fährt (beeinflusst zum Beispiel durch Tempo, Gangwahl usw.) und welche technischen Eigenschaften das einzelne Auto hat.

Welche technischen Eigenschaften das einzelne Auto hat, beeinflusst zum einen der Hersteller (zum Beispiel durch effizientere Antriebe) und zum anderen der Autokäufer, der sich für ein bestimmtes Modell entscheidet (zum Beispiel Kleinwagen oder SUV).

Eine Reduktion der Emissionen kann also grundsätzlich dadurch erzielt werden, dass weniger Kilometer gefahren werden und/oder jeder gefahrene Kilometer zu weniger Emissionen führt. Welche Maßnahmen hierzu grundsätzlich möglich sind und welche die Politik verfolgt, wird in den folgenden Kapiteln dargelegt.

4.2 Emissionsreduktion durch individuelle Verhaltensänderung

Reduktion der zurückgelegten PKW-Kilometer
Maßnahmen, die darauf abzielen, dass die Bürger weniger Kilometer mit dem Auto zurücklegen, sind in der Bevölkerung natürlich wenig beliebt, da sie letztendlich auf eine mehr oder weniger vom Staat erzwungene Verhaltensänderung, Einschränkung oder Verteuerung der automobilen Freiheit hinauslaufen. Von daher ist es nicht verwunderlich, dass die Politik solche Maßnahmen scheut und entsprechend auch bislang keine umgesetzt hat. Eher im Gegenteil: Die Politik hat über Jahrzehnte Rahmenbedingungen geschaffen, bei denen jeder gefahrene Autokilometer im Vergleich zur Bahn immer günstiger wurde. Investiert man das verfügbare Tageseinkommen in Sprit, kommt man heute damit fast dreimal so weit wie 1965, während die Bahn bezogen auf das verfügbare Tageseinkommen in diesem Zeitraum nur unwesentlich günstiger geworden ist. Gleichzeitig hat sich die Dauer, für die man für den Kauf eines Autos arbeiten muss, in diesem Zeitraum in etwa halbiert. Kein Wunder also, dass die Menschen immer mehr Kilometer zurücklegen und dies bevorzugt mit dem Auto (Abb. 4.3).

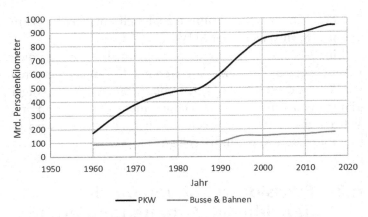

Abb. 4.3 Verkehrsleistung in Milliarden Personenkilometern. (Quelle: Daten aus [3, 4])

Große Entfernungen zu Arbeitgeber, Einkaufs- und Freizeitmöglichkeiten sind finanziell deutlich weniger nachteilig als früher und werden entsprechend häufiger in Kauf genommen, speziell wenn man im Gegenzug dadurch erhebliche andere Vorteile hat (zum Beispiel deutlich mehr Wohn- bzw. Grundstücksfläche oder überregionale berufliche Flexibilität ohne die unbequeme Notwendigkeit, umziehen zu müssen). Der Staat hat diese Nachfrage entsprechend zum Beispiel mit Straßenbau, Neubaugebieten im Grünen befriedigt und die Kosten der berufsbedingten Mobilität durch eine entsprechende Pendlerpauschale auch noch weiter verringert. Gleichzeitig hat sich durch die Erhöhung der Grunderwerbsteuer in fast sämtlichen Bundesländern die durch die erheblichen Immobilienkaufnebenkosten ohnehin schon hohe finanzielle Barriere für den berufsbedingten Umzug noch weiter erhöht.

Die Politik will die Menschen vor allem dadurch dazu bringen, weniger Auto zu fahren ist, indem sie umweltfreundlichere Alternativen zum Auto attraktiver macht. Das Reduktionspotenzial ist jedoch nicht unbedingt so groß, wie manche hoffen, da in vielen Fällen selbst ein kostenloser öffentlicher Nahverkehr oder stark preisreduzierte Bahntickets im Vergleich zu den politisch gewollt relativ geringen Betriebskosten des Autos einen viel zu geringen finanziellen Anreiz bieten, auf die Flexibilität und Bequemlichkeit des Autos zu verzichten. So hat zum Beispiel die Einführung eines kostenlosen Nahverkehrs in der estnischen Hauptstadt Tallinn nur sehr wenige Autofahrer dazu motiviert, auf öffentliche Verkehrsmittel umzusteigen.

Der Stadt-Land-Konflikt
Wenn hingegen Vorschläge in die Richtung gemacht werden, das Autofahren unattraktiver zu machen (zum Beispiel durch höhere Spritpreise, Wegfall der Pendlerpauschale, weniger bzw. teurere Parkplätze, City-Maut usw.) gibt es sofort erheblichen Widerstand mit dem Argument, dass ja viele Berufspendler auf ihr Auto angewiesen seien und dadurch nicht weniger Auto fahren würden, sondern zähneknirschend die Mehrkosten tragen müssten, was speziell für weniger Wohlhabende nicht zumutbar wäre. Dies unterstellt, dass die gegenwärtige Situation der aufs Auto angewiesenen Berufspendler eine gottgegebene Alternativlosigkeit darstellt. Dabei wird übersehen, dass die Entscheidung, wo man wohnt und wo man arbeitet natürlich auch auf Basis der vorhandenen Mobilitätsalternativen und deren Preise getroffen wurde und wird. Wenn man bequem und günstig mit dem Auto innerhalb einer überschaubaren Zeit von seinem Haus mit großem Garten zur Arbeit pendeln kann, warum sollte man dann in ein kleines Reihenhaus oder eine Wohnung in der Nähe der Arbeit ziehen? Warum soll man sich mit einer Wochenendbeziehung herumquälen, wenn

beide Partner in weit entfernten Orten arbeiten, wenn man stattdessen jeden Tag günstig mit dem Auto zur Arbeit pendeln kann? Warum soll man seine weit entfernt wohnenden Freunde und Bekannte so selten besuchen, wenn es mit dem Auto so schnell und bequem möglich ist? Die individuelle motorisierte Mobilität ist im Vergleich zum öffentlichen Personenverkehr auch deshalb so günstig, weil die damit verbundenen (Klima-)Schäden nicht eingepreist sind. Erst wenn diese zum Beispiel durch eine entsprechend hohe CO_2-Bepreisung verursachergerecht bezahlt werden müssen, werden sich die individuellen Entscheidungen bezüglich Wohn- und Arbeitsort wieder mehr in Richtung reduzierter und klimafreundlicherer Mobilität verschieben.

Da der öffentliche Nahverkehr außerhalb von Ballungszentren zwangsläufig nicht engmaschig mit geringen Taktzeiten realisiert werden kann und mittlerweile ohnehin praktisch jeder Haushalt ein eigenes Auto besitzt, ist dort die Nachfrage nach dem ÖPNV so gering, dass es nicht verwunderlich ist, dass dort die Infrastruktur noch weiter ausgedünnt wird und die Leute immer stärker auf das eigene Auto angewiesen sind – ein Teufelskreis.

Es werden deshalb oft Maßnahmen gefordert, um die Benachteiligung der Landbevölkerung bezüglich Mobilität auszugleichen, zum Beispiel ein massiver Ausbau des öffentlichen Nahverkehrs in der Fläche und eine Erhöhung der Pendlerpauschale und Mobilitätszuschüsse. Man könnte jedoch genauso fragen, warum die Allgemeinheit die private Entscheidung, auf dem Land und weit weg von den Ballungszentren und den dort vorhandenen klimafreundlichen Mobilitätsoptionen zu wohnen, subventionieren sollte. Gerade mal 23 % der Bevölkerung lebt nicht in einer Stadt oder einem Ballungszentrum [5]. Selbst wenn sich dieser auf dem Land lebende Bevölkerungsteil aufgrund der teuren Mobilität auf dem Land langfristig komplett in Städte und Ballungszentren verlagern würde, würde sich die Entfernung vom Rand bis zum Zentrum der Stadt im Schnitt nur um etwa 10 % vergrößern. Statt also ständig Neubaugebiete auf dem Land auszuweisen (angepriesen mit „in nur 30 Minuten mit dem Auto in der Stadt xy") und dann verzweifelt zu versuchen, mit viel Aufwand die Probleme der Mobilität auf dem Land zu reduzieren, wäre es stattdessen klimatechnisch viel effektiver, eine Nachverdichtung in und am Rand der Ballungsgebiete zu fördern.

Menschen, die in oder am Rand von Städten wohnen, belasten das Klima im Durchschnitt weit weniger als Menschen, die auf dem Land leben. Dies liegt vor allem an der in Städten geringeren pro Kopf beanspruchten Wohnfläche und den dort vorherrschenden energetisch günstigeren Mehrfamilienhäusern bzw. Hochhäusern und einem aufgrund der hohen Bevölkerungsdichte gut ausgelasteten öffentlichen Nahverkehr. Der Energieverbrauch eines Städters liegt in etwa 40 % niedriger als der eines auf dem Land lebenden [6]. Vor diesem Hintergrund ist es aus Klimasicht nicht nachvollziehbar, warum die in Städten und Ballungszentren lebenden Bürger zum Beispiel in Form einer Finanzierung der Pendlerpauschale das Leben auf dem Land bei gleichzeitiger Arbeitsstelle in einer Stadt finanziell fördern sollten.

Was bringt ein Umstieg auf andere Verkehrsmittel?
Wie stark die Reduktion der gefahrenen PKW-Kilometer tatsächlich zu einer Reduktion der Treibhausgase im Verkehrssektor führt, hängt natürlich davon ab, inwieweit die gesunkene Fahrleistung durch eine Steigerung der Fahrleistung anderer Verkehrsmittel kompensiert wird, wobei bis auf das Flugzeug alle anderen Alternativen zum Auto mehr oder weniger klimafreundlicher sind (Abb. 4.4).

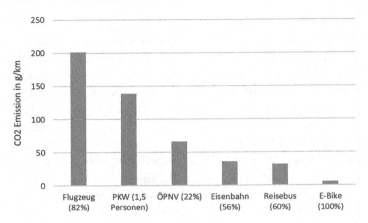

Abb. 4.4 Vergleich der CO2-Emissionen verschiedener Verkehrsmittel (Auslastung in Klammern; Quelle: Daten aus [7, 8])

Was im konkreten Einzelfall die klimafreundlichste Alternative ist, hängt stark von der Auslastung der Verkehrsmittel ab. So ist gemäß obiger Grafik das Flugzeug nicht klimaschädlicher als ein nur mit einer Person besetzter PKW, aber wiederum ein mit vier Personen besetzter PKW nicht klimaschädlicher als der öffentliche Personennahverkehr (ÖPNV). Lassen diese vier Personen ihren PKW aus Klimaschutzgründen jedoch stehen und nutzen stattdessen den ÖPNV, fallen die PKW-Emissionen komplett weg, während es beim ÖPNV zu keinen wesentlichen zusätzlichen Emissionen kommt, sondern nur die Auslastung steigt. Mit diesem Argument wäre allerdings auch das Flugzeug deutlich klimafreundlicher als die Fahrt mit dem PKW, weil das Flugzeug ja ohnehin fliegt und man nur dessen Auslastung erhöht, während der PKW direkte zusätzliche Emissionen bedeutet. Wenn allerdings viele so denken und auf das Flugzeug umsteigen, müssen zusätzliche Flugzeuge eingesetzt werden, was dann ja doch die Emissionen erheblich erhöht; bzw. wenn viele auf das Fliegen verzichten, werden Flugverbindungen so schlecht ausgelastet und damit unrentabel, dass sie eingestellt werden und die entsprechenden Emissionen komplett wegfallen. Für eine gesamtgesellschaftliche Betrachtung der durchschnittlichen Klimafreundlichkeit von Verkehrsmitteln zur Beurteilung, welche Verkehrsmittel gefördert werden sollten, ist obige Grafik also durchaus anwendbar.

Die relativ klimaschädliche Einstufung des PKW im Vergleich zu anderen Verkehrsmitteln ändert sich auch noch viele Jahrzehnte lang nicht wesentlich durch einen Umstieg auf die Elektromobilität (Abschn. 4.4).

CO2-Ausstoß beim Fahrradfahren

Der CO2-Ausstoß pro Kilometer des klassischen Fahrrads liegt nicht automatisch bei 0 g/km. Der beim Fahrradfahren im Vergleich zum Autofahren zusätzliche Energiebedarf muss der Mensch durch zusätzliche Nahrung aufnehmen. Die Herstellung dieser zusätzlichen Nahrung erzeugt zwangsläufig Treibhausgase; eine Berechnung der Deutschen Gesellschaft für Sonnenenergie ergibt dabei einen Wert von 36 g/km [9], was ähnlich hoch wie der Wert für Bahn und Fernbus ist und bedeuten würde, dass eine Familie ab drei Personen besser mit dem Auto, als zu dritt mit dem Fahrrad fahren sollte. Dieser Emissionswert hängt aber natürlich stark von der Art der jeweiligen Ernährung ab und auch davon, ob das Fahrradfahren als Alternative zum Autofahren tatsächlich einen zusätzlichen Energiebedarf darstellt oder andere körperliche Aktivitäten ersetzt: Da viele Menschen aus Spaß und aus Gesundheitsgründen grundsätzlich ein gewisses Maß an körperlicher Aktivität ausüben, wird jemand, der viele Autofahrten durch das Fahrrad ersetzt, vielleicht weniger das Bedürfnis haben, nach Feierabend noch ins Fitnessstudio zu gehen. Welcher Nahrungsmehrbedarf und damit CO2-Ausstoß dem Fahrrad tatsächlich zuzuordnen ist, lässt sich deshalb nur schwer eindeutig bestimmen. Dieses Beispiel zeigt, wie komplex es manchmal ist, die klimafreundlichste Verhaltensweise zu berechnen, was noch einmal unterstreicht, dass der Staat sich mit speziellen Förderungen oder Verboten einzelner Technologien möglichst zurückhalten sollte.

Emissionsreduktion durch sparsamere Fahrweise

Durch eine sparsamere Fahrweise lassen sich die Emissionen zwar nur in begrenztem Umfang reduzieren, dafür wäre dies praktisch unmittelbar direkt wirksam, mit keinerlei teurem technischen Aufwand verbunden und würde den Mobilitätsnutzen kaum reduzieren. Dass dieser Ansatz trotzdem nicht verfolgt wird, liegt offensichtlich daran, dass Eingriffe in die persönliche Freiheit, so zu fahren, wie man es für richtig hält, speziell in Deutschland nur schwer zu vermitteln sind (Abschn. 4.6). Dass die Menschen aufgrund des Klimawandels freiwillig sparsamer fahren, ist bislang nicht eingetreten. Nur eine extreme Erhöhung der Spritpreise könnte einen finanziellen Anreiz bieten, so sparsam wie sinnvoll möglich zu fahren. Wie groß der Einfluss der Fahrweise auf den Spritverbrauch und damit auf die CO_2-Emission im Extremfall sein kann, zeigt ein aktueller Test eines VW Passat, bei dem der Verbrauch bei sportlicher Fahrweise um mehr als 50 % über dem Verbrauch bei sparsamer Fahrweise liegt [10].

Das tatsächliche Reduktionspotenzial lässt sich mit folgendem Beispiel auch ohne teure Studien grob abschätzen: Laut Verbrauchsportal „Spritmonitor", in dem Nutzer ihre tatsächlichen Spritverbräuche dokumentieren, verbraucht ein VW Golf mit maximal 110 PS Baujahr 2010 bis 2019 im Durchschnitt 6,4 l Benzin pro 100 km; 5 % der Nutzer kommen jedoch mit nur 5,0 l Benzin pro 100 km aus. Wenn nun alle Golf-Fahrer so sparsam wie die sparsamsten 5 % fahren würden, würde sich der Benzinverbrauch damit insgesamt um 22 % reduzieren. Da in Verbrauchsportalen tendenziell eher Fahrer vertreten sind, die auf den Spritverbrauch achten, ist der tatsächliche Durchschnittsverbrauch vermutlich höher, sodass das Reduktionspotenzial sogar noch größer sein dürfte.

Das Umweltbundesamt schätzt das Reduktionspotenzial auf aktuell 20 % und prognostiziert aufgrund der weiteren technischen Optimierung der PKW eine Abnahme des Potenzials auf 15 % [11].

Emissionsreduktion durch Kauf von möglichst kleinen, sparsamen Fahrzeugmodellen

Selbst ohne jede technische Weiterentwicklung ließen sich die Emissionen allein dadurch senken, dass der CO_2-Emissionswert beim Autokauf ein wichtigeres Entscheidungskriterium wird. Der aktuelle Verbrauchertrend geht allerdings hin zu immer größeren, schwereren und stärker motorisierten Fahrzeugen [2]. Die bereits beschriebene Vergünstigung der Spritkosten im Vergleich zum Einkommen in den letzten Jahrzehnten hat zu der fatalen Entwicklung geführt, dass der Spritverbrauch eines Fahrzeugs kein wichtiges Kaufkriterium mehr ist. Waren noch in den 1980er-Jahren der Luftwiderstandsbeiwert (cw-Wert) und der lang übersetzte Spargang offensiv beworbene Technikmerkmale, ist nun der mit größeren, schwereren und leistungsstärkeren Fahrzeugen gewonnene Komfortgewinn für immer mehr Menschen wichtiger als ein möglichst geringer Verbrauch.

Hinzu kommt, dass die Gewinnmargen der Autohersteller bei kleineren, niedrig motorisierten sparsamen Modellen geringer sind als bei den großen hochmotorisierten Modellen. Da die Politik aufgrund des üblichen Arbeitsplatzarguments der Autoindustrie möglichst wenig wehtun will, gibt es auch hier keine wesentliche Maßnahme, den Kauftrend in Richtung Klimafreundlichkeit zu beeinflussen. Die 2009 eingeführte Abhängigkeit der Kfz-Steuer von der CO_2-Emission ist dabei kaum mehr als nur ein Feigenblatt, weil die damit verbundene Einsparung beim Kauf eines sparsameren Modells so gering ist, dass sie so gut wie kein Entscheidungskriterium für die Wahl eines Modelles darstellt.

Der SUV („Sport Utility Vehicle") ist dabei zum Symbol der Klimaschädlichkeit geworden, weil er im Vergleich zu seinem Nutzwert (hauptsächlich definiert durch die Anzahl der Sitzplätze und dem Kofferraum) konstruktionsbedingt zwangsläufig mehr verbraucht als ein klassischer

Fahrzeugtyp. Es gab deshalb schon Vorschläge aus der Politik, speziell diesen Fahrzeugtyp höher zu besteuern oder gar zu verbieten. Diese Vorschläge sind natürlich zum Scheitern verurteilt, da es zum Beispiel gar keine definierte Fahrzeugklasse SUV gibt und SUV auch manchmal für bestimmte Nutzergruppen wichtige Eigenschaften haben, in denen sie anderen Fahrzeugtypen objektiv überlegen ist (zum Beispiel Anhängelast, Sitzposition, Geländegängigkeit).

Die ganze Projektion des Autohasses auf den SUV ist auch eine Ablenkung vom eigentlichen Kern des Problems: Ziel sollte es ja sein, dass jeder für seinen Mobilitätsbedarf das möglichst sparsamste Fahrzeug wählt. Letztendlich geht es um die Abwägung zwischen Klimafreundlichkeit und möglichst bequemer und günstiger Befriedigung seines Mobilitätsbedarfs. Und da ist die Nutzung eines VW Golf, wenn ein VW Polo genauso reichen würde, genauso unnötig klimaschädlich, wie die Nutzung eines SUV statt eines vergleichbaren Kombis. Es ist natürlich viel bequemer, nur mit dem Finger auf die SUV-Fahrer zu zeigen, statt auch selbst auf das kleinstmögliche und damit tendenziell sparsamere Auto umzusteigen.

Interessanterweise gilt der VW-Bus als deutlich sympathischer und weniger umweltschädlich als ein SUV, obwohl er teilweise sogar mehr verbraucht. Wenn man den Nutzwert eines VW-Busses (Anzahl Sitzplätze und Kofferraumvolumen) mit dem eines SUV vergleicht, ist der VW-Bus zwar deutlich effizienter konstruiert, wenn dieser Nutzwert aber nie oder nur selten gebraucht wird, ist er jedoch genauso unnötig klimaschädlich wie ein SUV.

Manche argumentieren, dass viele Menschen sich gar keine Neuwagen leisten können und damit auch gar keinen Einfluss auf die Modellpolitik der Hersteller ausüben können. Eine Verschiebung der Nachfrage im Gebrauchtwagenmarkt zu kleineren, sparsamen Modellen würde jedoch den Wiederverkaufswert von großen, wenig sparsamen

Modellen verringern, was wiederum auch die Nachfrage im Neuwagenbereich beeinflussen würde.

4.3 Emissionsreduktion durch Entwicklung verbrauchsärmerer Fahrzeugmodelle

Da alle bislang aufgeführten Maßnahmen mit einer mehr oder wenig großen Verhaltensänderung der Autofahrer verbunden sind, blieb der Politik dann nur noch die Hoffnung, dass es die Technik richtet und die Hersteller immer emissionsärmere Fahrzeuge produzieren können.

Deshalb wurde 2009 in der EU die folgende Maßnahme verabschiedet: Die durchschnittliche CO_2-Emission (gemessen unter Laborbedingungen) neu zugelassener Fahrzeuge eines Herstellers darf einen gewissen Grenzwert nicht überschreiten, sonst muss der Hersteller entsprechend der Überschreitung des Grenzwerts Strafzahlungen an die EU leisten.

Die technikgläubige Politik ging dabei davon aus, dass es für die hochqualifizierten Ingenieure der Hersteller kein Problem sein sollte, die CO_2-Emissonen (und damit den Spritverbrauch) im Lauf der Jahre gemäß der Vorgaben mit überschaubaren Kosten zu senken. Es stellte sich jedoch heraus, dass der wachsende Wohlstand in Deutschland dazu geführt hat, dass immer größere, schwerere und stärker motorisierte Autos gekauft werden, die alle technischen Effizienzgewinne mehr als zunichte zu machen drohten.

Vermutlich durch ausgiebige Lobby-Arbeit der Hersteller ergab sich aber die folgende Möglichkeit, den Strafzahlungen mit überschaubarem Aufwand zu entgehen: Die Vorschriften, wie die CO_2-Emissionen bestimmt werden, enthalten eine Vielzahl von Schlupflöchern, die es den Herstellern auf legale Weise ermöglichen, den offiziellen

CO2-Ausstoß auf dem Papier reduzieren zu können, ohne teure technische Maßnahmen umsetzen oder die Modellpalette in Richtung kleiner und sparsamer (und damit weniger gewinnträchtig) ändern zu müssen. Hier eine kleine Auswahl dieser Schlupflöcher bei der Bestimmung der CO2-Emissionen [12]:

- Es dürfen 4 % Toleranz abgezogen werden.
- Sämtliche Karosseriefugen dürfen zur Verringerung des Luftwiderstands abgeklebt werden.
- Es dürfen spezielle rollwiderstandsarme Energiesparreifen mit erhöhtem Luftdruck verwendet werden, die nichts mit der Serienbereifung zu tun haben.
- Die Lichtmaschine darf abgeklemmt werden (d. h. keine elektrischen Verbraucher und weniger Reibungswiderstand).
- Es dürfen spezielle Leichtlauföle verwendet werden, die für Serienfahrzeuge aus Kostengründen nicht verwendet werden.
- Die Bremsklötze dürfen manuell in die Bremssättel hineingedrückt werden, um das in der Praxis nicht zu vermeidende leichte Schleifen zu verhindern.
- Die Fahrwerkseinstellung darf individuell optimiert werden.
- Der Test darf bei einer Umgebungstemperatur von 30 °C durchgeführt werden.[1]

Als es noch keine CO2-Flottengrenzwerte gab bzw. sie noch relativ niedrig lagen, war der Druck auf die Hersteller noch nicht sehr groß, diese legalen Schlupflöcher konsequent auszunutzen, da der im Verkaufsprospekt angegebene Spritverbrauch für die wenigsten das entscheidende Entschei-

---

[1] Der tatsächliche Temperaturdurchschnitt in Deutschland liegt bei 10°C. Bei Verbrennungsmotoren steigt die CO_2-Emission bzw. der Verbrauch mit sinkender Lufttemperatur stark an.

dungskriterium ist und man ja auch grundsätzlich vermeiden will, dass Kunden sich beschweren, dass der reale Verbrauch deutlich höher ist als der im Prospekt angegebene. Im Lauf der Jahre mussten die Schlupflöcher jedoch immer stärker ausgenutzt werden, um die Grenzwerte noch mit möglichst geringem (Kosten-)Aufwand zu erreichen, was dazu geführt hat, dass der Unterschied zwischen den im Prospekt angegebenen Verbrauchswerten (die zur Berechnung des Flottenverbrauchs herangezogen werden) und dem realen Verbrauch auf der Straße immer größer wurde (Abb. 4.5).

Diese Diskrepanz zwischen Laborwerten und Realität ist bezüglich der Emission von Stickoxiden bei Diesel-PKW noch eklatanter (Tab. 4.1).

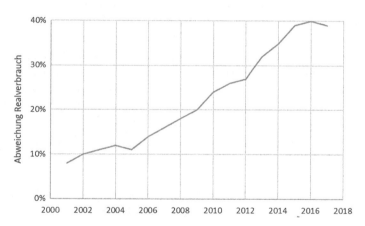

Abb. 4.5 Abweichung Realverbrauch von Herstellerangabe. (Quelle: Daten aus [13])

Tab. 4.1 Emission von Stickoxiden bei Diesel-PKW bis 2018 [14]

Abgasnorm	Grenzwert (mg/km)	Realwert (mg/km)
Euro 3 (ab 2001)	500	803
Euro 4 (ab 2006)	250	674
Euro 5 (ab 2011)	180	906
Euro 6 b/c (ab 2015)	80	507

Dies lag neben den oben bereits genannten Schlupflöchern an einer weiteren Lücke im Testverfahren: Den Herstellern ist es nämlich gestattet, die Abgasreinigung im Realbetrieb abzuschalten, wenn es die einzige technische Möglichkeit ist, um den Motor in bestimmten Situationen vor Schäden zu bewahren. Praktischerweise dürfen die Hersteller selbst entscheiden, welche Situationen dies sind, und auch, ob die Abschaltung tatsächlich die einzige Möglichkeit ist. Die Lage war ein bisschen, wie einem Kind zu sagen: „Du darfst aus dieser Dose keine Kekse nehmen, außer, Du sagst mir, dass es für Dich keine andere Möglichkeit gibt!" Es ist deshalb nicht überraschend, dass von dieser Möglichkeit nicht nur VW, sondern auch viele andere Hersteller reichlich Gebrauch gemacht haben. Dies hat nämlich für die Hersteller den verkaufsfördernden Vorteil, günstigere Abgasreinigungssysteme verwenden oder die Nachfüllintervalle des bei manchen Modellen zur Abgasreduktion notwendigen Harnstoffs (AdBlue) reduzieren zu können. Da es in der EU keine Dokumentationspflicht so einer „legalen Abschalteinrichtung" gibt, ist es für Behörden nahezu unmöglich, zu überprüfen, ob die höheren Emissionen im Realbetrieb durch legale oder illegale Abschalteinrichtungen verursacht werden.

Im Gegensatz dazu müssen Abschalteinrichtungen in den USA bei der Zulassung detailliert beschrieben werden, sodass es kein Zufall ist, dass man den illegalen Abschalteinrichtungen zunächst dort auf die Schliche gekommen ist. Während manche Hersteller sich damit begnügten, den Spielraum legaler Abschalteinrichtungen möglichst weit auszunutzen, indem sie relativ große Anteile von realen Betriebszuständen als schädlich für den Motor definierten und dort die Abgasreinigung entsprechend abschalteten, waren manche Hersteller sogar so dreist, eine Software einzusetzen, die erkennt, wann das Fahrzeug einen Prüfzyklus absolviert und nur dann die Abgasreinigung aktiviert. Fiat hat es sich dabei besonders einfach gemacht und die Abgasreinigung einfach grundsätzlich nach der Zeit, die ein Prüfzyklus dauert, über eine Zeitschaltuhr abgeschaltet [15].

Juristisch gesehen ist es völlig belanglos, dass die Stickoxidemissionen im Realbetrieb so viel höher liegen als im Prüfzyklus oder dass die Abgasreinigung mehr oder weniger lang im Fahrbetrieb abgeschaltet wird. Entscheidend ist einzig und allein, ob die Abschalteinrichtungen den Prüfzyklus erkennen und sich deshalb außerhalb vom Prüfzyklus grundsätzlich anders verhalten als während des Prüfzyklus. Dementsprechend ist es auch genauso völlig belanglos, ob die vom Abgasskandal betroffenen Fahrzeuge mehr oder weniger Stickoxide ausstoßen als andere Fahrzeuge. Bei den zwangsweise verordneten Software-Updates zur Behebung der illegalen Abschalteinrichtungen ging es also gar nicht darum, die Stickoxidemissionen im Normalbetrieb zu senken, sondern darum, dass sich die Abschalteinrichtungen bei identischen Bedingungen außerhalb des Prüfzyklus nicht grundsätzlich anders verhalten als während des Prüfzyklus. Messungen an VW-Motoren haben entsprechend gezeigt, dass sich die NOx-Emissionen im Realbetrieb nach dem Software-Update nicht einmal halbieren und damit trotzdem weiterhin noch um ein Vielfaches höher liegen als beim Prüfzyklus [16].

Da die Unsinnigkeit der Abgasnormen so offensichtlich ist, wurden sie von der EU dann auch endlich entsprechend geändert: Seit 2019 werden zumindest die Stickoxidgrenzwerte bei einer realen Testfahrt überprüft (Real Drive Emission, RDE). Um es der Autoindustrie jedoch nicht zu schwer zu machen, wurden die Realgrenzwerte gegenüber den früheren Laborgrenzwerten deutlich erhöht, liegen damit aber zumindest noch weit unter den realen Werten, die Fahrzeuge ausstoßen, die nur die früheren Abgasnormen erfüllen (Tab. 4.2).

Tab. 4.2 Emission von Stickoxiden bei Diesel-PKW ab 2019 [17]

Abgasnorm	Laborgrenzwert (mg/km)	Realgrenzwert (mg/km)
Euro 6d temp (ab 2019)	80	168
Euro 6d (ab 2020)	80	120

Die Ermittlung des Verbrauchs durch reale Testfahrten ist jedoch weiterhin nicht vorgesehen, da eine Vergleichbarkeit der Werte nur unter exakten Testbedingungen gewährleistet werden kann. Zumindest wurde der Prüfzyklus ein wenig realitätsnäher definiert: Seit 2018 gilt die neue Prüfprozedur „World Harmonized Light Vehicles Test Procedure" (WLTP). Da sich bei diesem neuen Prüfzyklus zwangsläufig höhere (und damit realistischere) Verbräuche bzw. CO_2-Emissionen ergeben, der Flottengrenzwert von 95 g/km ab 2021 jedoch bereits 2009 beschlossen wurde, als noch der alte Prüfzyklus NEFZ galt, wurde festgelegt, dass der Flottengrenzwert 2021 noch auf Basis des alten, einfacheren Prüfzyklus ermittelt werden darf, um die Erreichung der Ziele für die Hersteller nicht zu erschweren. Die Erkenntnis, dass der 2009 beschlossene Grenzwert mit einer extrem unrealistischen Prüfprozedur ermittelt wird, führte also zugunsten der Hersteller nicht zu einer Verschärfung der ab 2021 einzuhaltenden Grenzwerte.

Wie geht es nun nach 2021 weiter? Die meisten EU-Staaten haben eine weitere Reduktion um 40 % bis 2030 gefordert. Der deutschen Regierung war dies zu ambitioniert und sie hatte deshalb nur 30 % Reduktion gefordert. Man hat sich dann schließlich als Kompromiss auf 37,5 % Reduktion geeinigt.

Die Hersteller haben dabei vehement gefordert, dass es nur eine prozentuale Vorgabe und keinen absoluten Grenzwert gibt. Offizielle Begründung dafür ist, dass ja noch gar nicht bekannt ist, welcher höhere, gemäß WLTP ermittelte Wert im Jahr 2021 dem ursprünglichen Ziel von 95 g/km (gemäß NEFZ) entspricht. Es ist jedoch naheliegend, dass die Autohersteller eine weitere Möglichkeit nutzen wollen, die Reduktion weiterhin stärker auf dem Papier als in der Realität zu erreichen: Die Hersteller können nun nämlich die gesamten Spielräume zur Reduktion des Testverbrauchs bei der Durchführung des Prüfzyklus WLTP im Jahr 2020 in die entgegengesetzte Richtung nutzen, d. h. einen künstlich erhöhten WLTP-Emissionswert ermitteln, ohne damit das Erreichen des 95-Gramm-Ziels negativ zu beeinflussen. Sie können auch durch gezielte Vertriebsaktivitäten dafür sorgen, dass im Jahr 2020 vor allem Fahrzeuge verkauft werden, bei denen der Unterschied zwischen den NEFZ- und WLTP-Werten konstruktionsbedingt besonders hoch ist. Damit erhöht sich der Startpunkt des WLTP-Flottenverbrauchs im Jahr 2021, auf den sich die geforderten Reduktionsziele beziehen, künstlich und die geforderte Reduktion um 37,5 % wird damit in der Realität deutlich geringer ausfallen [18, 19].

4.4 Warum die Politik die Elektromobilität so stark fördert, obwohl deren Klimanutzen umstritten ist

Wenn man die Medien und die Aussagen mancher Politiker bzw. Parteien verfolgt, bekommt man den Eindruck, dass der Umstieg zur Elektromobilität einer der wichtigsten und dringendsten Klimaschutzmaßnahmen ist. Das Verkehrsministerium sieht dies entsprechend als Schlüsselmaßnahme zur Senkung der Emissionen im Verkehrssektor und hat eine erhebliche, kostspielige Förderung dieser Technologie (zum Beispiel Zuschüsse beim Kauf von Elektroautos) eingeführt. Davon angesteckt springen auch immer mehr Städte und Kommunen auf diesen Zug und kaufen zum Beispiel Elektrobusse, die erheblich teurer als konventionelle Busse sind.

Die Bevölkerung unterstützt dies auch weitgehend, da es dabei bislang nur um eine gezielte Förderung und nicht um eine Steuer oder sonstige Belastung geht. Dass all diese Förderungen letztendlich doch von der Allgemeinheit finanziert werden müssen, merkt man momentan natürlich noch nicht, da aufgrund der noch geringen Zulassungszahlen der Elektrofahrzeuge der einzelne Bürger die damit verbundene Mehrbelastung nicht wahrnimmt, ähnlich wie bei der Anfangs extrem hohen Förderung der PV. Bei der Förderung der PV hat man aber gesehen, wie schnell eine gut gemeinte kleine Anschubförderung neuer Technologien völlig aus dem Ruder laufen kann, die Belastung doch auf einmal spürbar und der Aufschrei dann entsprechend groß wird.

Erstaunlicherweise wird jedoch der Aufwand der Förderung der Elektromobilität nie in Relation zu dem zu erwartenden Nutzen gestellt, obwohl man ja vernünftigerweise versuchen sollte, mit einem gegebenen finanziellen Aufwand eine maximale CO_2-Einsparung zu erzielen. Rechnen wir hierzu mal ein einfaches Beispiel: Ein Fahrzeug der unteren Mittelklasse emittiert pro Kilometer etwa 110 g CO_2. Wenn man von einer Laufleistung von 200.000 km ausgeht, emittiert es also insgesamt 22 t CO_2. Nun wird dieses Fahrzeug durch ein Elektroauto ersetzt, das mit Strom geladen wird, der im besten Fall auf wundersame Weise CO_2-frei vom Himmel fällt und dessen Batterie auf ebenso wundersame Weise genauso energiearm hergestellt werden kann, wie ein einfacher Verbrennungsmotor und dann auch noch 200.000 km funktioniert. Dann hat man durch dieses Elektroauto zwar immerhin die obigen 22 t CO_2 eingespart, aber zu welchem Preis? Der Staat fördert die Anschaffung dieses Elektrofahrzeugs aktuell mit 6000 €.[2] In Summe hätte dann die Einsparung einer Tonne

---

[2] Der Rabatt von ebenfalls 3000 €, zu dem sich die Hersteller verpflichtet haben, wird hier vernachlässigt, da davon auszugehen ist, dass er mit den üblichen Neuwagenrabatten, die in einer ähnlichen Größenordnung sind, verrechnet wird.

CO2 den Steuerzahler 273 € gekostet. Aktuell kostet die Einsparung einer Tonne CO2 aber nur etwa 25 € (dies ist der aktuelle CO2-Emissionszertifikatspreis und damit im Prinzip derjenige Preis, für den man aktuell in der Lage ist, eine Tonne CO2 einzusparen; Abschn. 3.3).

Hinzu kommt noch, dass sich Fahrer von Elektrofahrzeugen nicht an der Finanzierung der Straßeninfrastruktur beteiligen (da sie ja keine Mineralölsteuer zahlen) und keine KfZ-Steuer zahlen, was in Summe eine Subvention durch die Allgemeinheit von weiteren mehreren Tausend Euro bedeutet.

Eine Reduktion von CO2 ist stattdessen zum Beispiel durch den Ersatz fossiler Stromerzeugung mit Wind- und Solaranlagen deutlich günstiger möglich. Die für die Mobilität perfekt nutzbare hohe Energiedichte von fossilen Treibstoffen zu ersetzen, ist prinzipbedingt ungleich aufwendiger, weshalb eine Dekarbonisierung in diesem Sektor sinnvollerweise erst der letzte Schritt sein sollte, nachdem alle anderen günstigeren Möglichkeiten zur Treibhausgasemission ausgeschöpft wurden.

Selbst unter diesen unrealistischen optimalen Annahmen zur Klimafreundlichkeit von Elektromobilität ist dies also aktuell eine der ineffektivsten und teuersten Möglichkeiten, etwas für das Klima zu tun.
Und wenn man sich die aktuellen Studien zur Klimabilanz von Elektrofahrzeugen etwas genauer anschaut, stellt man sogar fest, dass ein wesentlicher Klimavorteil gegenüber Verbrennungsfahrzeugen aktuell kaum oder sogar überhaupt nicht vorhanden ist. Während die im obigen Beispiel genannten 22 t CO2 zwar im Verkehrssektor tatsächlich eingespart werden, verursacht die dafür notwendige Stromerzeugung stattdessen zwangsläufig im Stromsektor zusätzliche Emissionen. Der Ladestrom muss ja irgendwo herkommen und die meisten Studien nehmen für die Berechnung der Klimabilanz vereinfacht an, dass der

zusätzliche Ladestrom mit demselben Erzeugungsmix aus erneuerbaren Energien, fossilen Kraftwerken und Kernkraftwerken erzeugt wird, wie für unseren restlichen Strombedarf. Unter dieser Annahme entstehen aktuell im Durchschnitt 474 g CO_2 pro verbrauchte Kilowattstunde Strom. Eine Studie des Umweltbundesministeriums [20] errechnet damit eine CO_2-Emission für ein Dieselfahrzeug, ein Elektrofahrzeug mit kleiner Batterie (Kapazität 27 kWh) sowie für ein Elektrofahrzeug mit großer Batterie (Kapazität 80 kWh), die keinen eindeutigen Vorteil der Elektromobilität zeigt (Abb. 4.6).

Neben der Tatsache, dass Elektrofahrzeuge nur mit einer kleinen Batterie minimal klimafreundlicher als Dieselfahrzeuge sind, erkennt man auch, dass die Emissionen vor allem beim Fahren und nicht so sehr bei der Fahrzeugherstellung entstehen. Die Forderung, möglichst sein Auto zu verkaufen und stattdessen zum Beispiel Car-Sharing zu nutzen, hilft also dem Klima erst einmal nur wenig. Außerdem: Durch die höhere Auslastung der Car-Sharing-Fahrzeuge im Vergleich zu einem Privatfahrzeug werden zwar zunächst tatsächlich weniger Fahrzeuge benötigt, diese müssen jedoch entsprechend häufiger ersetzt werden, da die Lebensdauer eines Fahrzeugs in erster Linie von der Fahrleistung abhängt. Das Argument, es sei aus Ressourcen- bzw. Umweltgründen total unsinnig, ein eigenes Fahrzeug zu besitzen, weil es ja die meiste Zeit nur herumsteht, ist deshalb nicht zutreffend. Selbst bei einer geringen persönlichen Jahresfahrleistung muss ein eigenes Fahrzeug nicht klimaschädlicher als Car-Sharing sein, wenn man sich entsprechend ein Gebrauchtfahrzeug mit bereits hoher Kilometerleistung zulegt oder es nach Ende der eigenen Nutzungszeit an jemanden verkauft, der eine höhere Kilometerleistung hat, wodurch sichergestellt werden kann, dass die Ressource Auto vollständig ausgenutzt wird. Im Gegenteil: Beim Car-Sharing besteht die

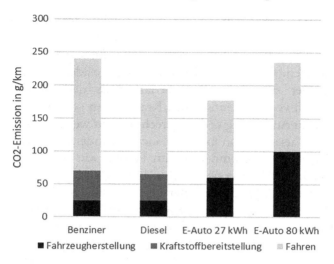

Abb. 4.6 CO2-Emission, wenn die Emission des Ladestroms der des Strommixes entspricht. Mit „Fahrzeugherstellung" sind die CO2-Emissionen gemeint, die bei der Herstellung des Fahrzeugs anfallen und dann auf die Gesamtfahrleistung des Fahrzeugs umgelegt werden. Mit „Kraftstoffbereitstellung" sind die CO2-Emissionen gemeint, die auf dem Weg von der Ölquelle bis zum Tank entstehen (im Wesentlichen beim Transport und in der Raffinerie). Mit „Fahren" sind die CO2-Emissionen gemeint, die entweder direkt beim Fahren (Verbrennung von Benzin/Diesel) oder bei der Stromherstellung für das Wiederaufladen nach dem Fahren entstehen. (Quelle: Daten aus [20, 21])

Gefahr, dass Bürger, die bislang ihre Mobilität komplett ohne Auto gestaltet haben, das zusätzliche Angebot als Alternative zu ÖPNV und Fahrrad nutzen.

Elektroautos werden mit rein fossil erzeugtem Strom geladen
Die vereinfachte Berechnung der Klimabilanz eines Elektrofahrzeugs mit der Annahme des allgemeinen Stromerzeugungsmixes beim Ladestrom ist darüber hinaus eine

unzulässige Vereinfachung, die die Emission der Elektrofahrzeuge künstlich schönrechnet. Tatsächlich ist es ja so, dass die Wind- und Solaranlagen nicht zusätzlich Strom produzieren, weil ein Elektrofahrzeug geladen werden muss. Der zusätzliche Strombedarf muss deshalb ausschließlich von konventionellen Kraftwerken gedeckt werden, deren Auslastung bedarfsgerecht erhöht werden kann.

Diese Tatsache kann man sich auch folgendermaßen verdeutlichen: Das Stromnetz ist im Prinzip wie eine Badewanne, deren Abflüsse die Stromverbraucher darstellen und deren Wasserhähne die Stromerzeuger darstellen. Dabei ist das Ziel, dass die Badewanne weder überläuft noch komplett leer ist. Dies ist natürlich nur dann der Fall, wenn genauso viel hineinläuft, wie abläuft. Temporäre Schwankungen der Zu- und Abläufe sind dabei zulässig, wobei diese in der Realität nur sehr begrenzt sein dürfen, da sonst die Netzfrequenz zu stark von der Sollfrequenz 50 Hertz abweichen würde. Das Fassungsvermögen der Badewanne symbolisiert im Prinzip die Menge an Regelenergie, die die Netzbetreiber vorhalten, um diese temporären Abweichungen zu überbrücken (Abb. 4.7).

Wird mit dem aktuellen Strombedarf ein Abfluss der Badewanne geöffnet, so öffnet sich aufgrund der gesetzlich verankerten Vorfahrtsregel für grünen Strom zunächst der Wasserhahn der Erneuerbare-Energie-Erzeuger. Reicht dieser Wasserhahn nicht aus, öffnen sich die weiteren Wasserhähne der konventionellen Energieerzeuger und zwar in der Reihenfolge von günstigen zu teuren Erzeugungskosten („Merit-Order"-Prinzip).

Wird mit dem Ausbau der Elektromobilität nun ein weiterer Abfluss geöffnet, muss zwangsläufig ein weiterer Wasserhahn geöffnet werden. Was aus diesem Wasserhahn dann herauskommen wird, kann man zwar nicht exakt vorhersagen, aber es ist definitiv keine erneuerbare Energie dabei, da der entsprechende Wasserhahn ja bereits schon voll aufge-

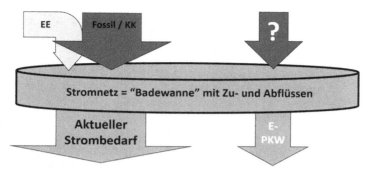

Abb. 4.7 Badewannenmodell

dreht ist. Stattdessen sind dies vor allem Gas- und Steinkohlekraftwerke, die stärker ausgelastet werden. In der
Fachwelt wird dieser spezielle Strommix Marginalmix genannt, der eigentlich statt des allgemeinen Strommixes verwendet werden muss, wenn die Auswirkung von *Veränderungen* des Strombedarfs abgeschätzt werden soll.[3] Dieser
Marginalmix ist jedoch deutlich schwerer abzuschätzen als
der allgemeine Strommix, weswegen er in den meisten Publikationen nicht verwendet wird. Er liegt aber (solange es
noch wesentliche Anteile an Kohlestrom gibt) definitiv
deutlich über den obigen 474 g/kWh. Eine Studie speziell
zu diesem Marginalmix kommt dabei auf einen mehr als
doppelt so hohen Wert von etwa 1000 g/kWh [22]. Berücksichtigt man diesen Wert, erhöhen sich die Emissionswerte der Elektrofahrzeuge ganz erheblich (Abb. 4.8).

**Wird die Klimabilanz durch den Ausbau erneuerbarer
Energien in naher Zukunft deutlich besser?**
Man könnte argumentieren, dass man die erneuerbaren
Energien stark ausbaut und auch aus der Kohle aussteigen

---

[3] Dieser Ansatz ist analog zur betriebswirtschaftlichen Berechnung von Grenz-
bzw. Marginalkosten, wobei Kosten durch CO2-Emissionen zu ersetzen ist.

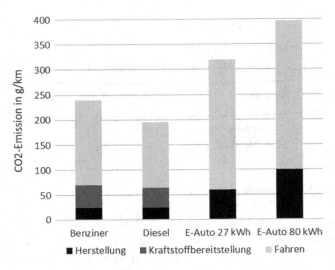

Abb. 4.8 CO2-Emission, wenn Emission des Ladestroms dem dafür zusätzlich ausgelasteten Kraftwerk entspricht. (Quelle: Daten aus [20, 22])

will und dadurch auch der Marginalmix immer „grüner" wird und man deshalb jetzt schon mal mit der Elektrifizierung der PKW-Flotte beginnen sollte. Doch die oben genannte Studie des Umweltbundesamts errechnet selbst für 2030 einen weiterhin relativ schmutzigen Marginalmix, sodass die Emissionswerte von Elektrofahrzeugen auch dann noch im Bereich der Emissionswerte von Dieselfahrzeugen liegen, und das, obwohl dabei zum Beispiel eine mehr als Verdreifachung der aktuell installierten Windenergieleistung angenommen wird (was angesichts der aktuellen Ausbaugeschwindigkeit höchst optimistisch ist).

Man kann dies auch so formulieren: Solange es noch irgendeine fossile Stromerzeugung gibt (und dies wird noch einige Jahrzehnte der Fall sein), könnte diese schmutzige Stromerzeugung mit jedem staatlich subventionierten Elektroauto, das durch ein günstiges Verbrennerauto ersetzt wird, genau um den Betrag des Ladestroms reduziert werden.

Verbessert sich die Klimabilanz durch Bezug des Ladestroms aus einer eigenen PV-Anlage?
Manche behaupten, dass der Ladestrom ja zumindest dann CO_2-frei sei, wenn man dafür den Strom seiner PV-Anlage auf dem Dach verwendet. Dies ist aber aus folgendem Grund falsch: Die PV-Anlage auf dem Dach speist unabhängig von einer eventuellen Nutzung zur Ladung eines Elektroautos seinen Strom in das Verbrauchernetz ein. Wenn man sein Verbrennungsfahrzeug *nicht* durch ein Elektrofahrzeug ersetzt, kann dieser Strom in das öffentliche Netz eingespeist werden, dort aufgrund der Vorfahrtsregel für Ökostrom den Strom fossiler Kraftwerken verdrängen und die damit verbundenen Emissionen einsparen. Lädt man aber stattdessen sein Elektrofahrzeug, fällt diese Ersparnis weg und die fossilen Kraftwerke müssen genau diesen Ladestrom zusätzlich erzeugen und erzeugen dabei entsprechend dem Marginalmix zusätzlich die oben erwähnten etwa 1000 g CO_2 pro geladene Kilowattstunde.

Manche behaupten dann aber, dass sie die PV-Anlage ja extra zum Laden des E-Autos gekauft haben und damit ja dann tatsächlich Emissionen vermieden werden können. In diesem Fall vergleicht man dann aber nicht ein Elektroauto mit einem Verbrennerauto, sondern eine Kombination aus Elektroauto und PV-Anlage mit einem Verbrennerauto, was ja ein Vergleich von Äpfeln mit Birnen ist. Der Besitzer eines Verbrennerautos kann ja – um wieder eine Vergleichbarkeit herzustellen – genau dieselbe PV-Anlage auf sein Dach schrauben und entsprechend durch die Verdrängung fossilen Stroms die Emissionen der fossilen Kraftwerke senken. Letztendlich senkt in beiden Fällen die PV-Anlage die Emissionen und nicht das Antriebskonzept.

Verbessert sich die Klimabilanz durch Bezug des Ladestroms von einem Ökostromanbieter?

Auch ein Wechsel zu einem Ökostromanbieter macht das Laden seines Elektroautos nicht klimafreundlicher. Aktuell wird nämlich weit weniger Ökostrom vermarktet, als Ökostrom erzeugt wird. Von daher verkaufen die Ökostromanbieter nur den Ökostrom, der ohnehin schon vorhanden ist. Der Bezug von Strom eines Ökostromanbieters erzeugt also zunächst einmal keine einzige zusätzliche Kilowattstunde Ökostrom und darf daher nicht als CO_2-freier Strom in der Berechnung der Klimabilanz berücksichtigt werden. Der von der Deutschen Bahn und vielen städtischen Verkehrsbetrieben gern verwendete Slogan „Wir fahren mit 100 % Ökostrom" ist aus demselben Grund Augenwischerei. Würden alle Elektroloks schlagartig stillstehen, würde der dann nicht mehr benötigte Ökostrom unmittelbar für andere Stromverbraucher verwendet werden können und genau diese Menge an fossil erzeugtem Strom ersetzen und die damit verbundenen Emissionen entsprechend senken. Umgekehrt führt das Fahren der Elektroloks eben zu zusätzlichen vermeidbaren Emissionen der fossilen Kraftwerke.

Unabhängig davon ist der Bezug von Strom eines Ökostromanbieter jedoch trotzdem sinnvoll, da es Anbieter gibt, die ihre Gewinne in erneuerbare Energien investieren. Wenn die Nachfrage nach Ökostrom irgendwann mal größer als das Angebot sein sollte, wären Ökostromanbieter auch gezwungen, für zusätzliche erneuerbare Energieerzeugung zu sorgen. Ob sie dann noch so günstig wie jetzt ihren Strom verkaufen können und wie groß die Nachfrage nach Ökostrom bei einem dann erhöhten Preis wäre, steht auf einem anderen Blatt.

Verbessert sich die Klimabilanz durch Nutzung von Windstrom, der ansonsten abgeregelt hätte werden müssen?

Ein häufig genanntes Argument ist, dass man die Elektroautos ja einfach mit dem Ökostrom laden könne, der ansonsten weggeschmissen werden müsste, weil die Netze überlastet sind. Das Potenzial dafür wird aber völlig überschätzt. Aktuell wird im Schnitt nur etwa 3 % des Ökostroms wegen Netzüberlastung nicht genutzt und der Ort der Netzüberlastung liegt meist in dünn besiedelten Gebieten, wo viele Windräder installiert sind, es aber kaum Bewohner mit Autos gibt, die den überschüssigen Strom nutzen könnten. Der überwiegende Bedarf an Strom für die Elektromobilität entsteht jedoch zwangsläufig in den Ballungszentren, wo überhaupt gar kein Ökostrom abgeregelt wird. Überschüsse an erneuerbarer Energie, die nicht nur durch lokale Netzengpässe (die durch den aktuellen Netzausbau ohnehin bereits spürbar abnehmen) , sondern durch einen tatsächlichen Überschuss an nichtregelbarem Ökostrom im europäischen Verbundnetz verursacht werden, könnten dagegen von Verbrauchern genutzt werden, die sich an einem beliebigen Ort befinden. Bis diese Überschüsse allerdings einen signifikanten Anteil ausmachen, wird es selbst bei einem beschleunigten Ausbau der Wind- und Solarenergie noch mehrere Jahrzehnte dauern.

Verursacht die Verlagerung der Mobilitätsemissionen in den Stromsektor gar keine zusätzlichen Emissionen, weil dort ja die Emissionen mittels des europäischen Emissionshandels gedeckelt sind?

Der Hintergrund dieser Frage ist der, dass zur Erzeugung des Ladestroms zwar fossile Kraftwerke stärker ausgelastet werden und dadurch mehr CO2 emittieren, der europäische Emissionshandel jedoch die erlaubte Gesamtmenge an CO2-Emissionen im Stromsektor begrenzt und dadurch an anderer Stelle Emissionen eingespart werden müssten. Die von der Stromerzeugung verursachten Emissionen würden damit trotz des zusätzlichen Ladestroms nicht erhöht und das Klima kann direkt von der Einsparung an verbranntem Treibstoff profitieren. Man kann sich jedoch fragen, warum man erst mit erheblichem Kostenaufwand Emissionen vom Mobilitätssektor in den Stromsektor schiebt und dann dort mit weiterem Kostenaufwand wieder einspart. Stattdessen könnte man ja auch mit viel geringerem Aufwand einfach direkt die eigentlich im PKW-Bereich zu reduzierende Emissionsmenge stattdessen im Stromsektor einsparen, indem die Menge der Emissionsrechte im Stromsektor entsprechend zusätzlich reduziert wird. Weiterhin ist damit zu rechnen, dass die durch einen schnellen Ausbau der E-Mobilität verursachte höhere Stromnachfrage und damit höhere Nachfragen an Zertifikaten dazu führt, dass der aktuell vorhandene Zertifikateüberschuss verringert wird und die EU dadurch weniger überschüssige Zertifikate löscht, was letztendlich zu einer Emissionserhöhung führen wird.

Außerdem ist zu befürchten, dass eine signifikante Zunahme des Strombedarfs aufgrund von Elektromobilität dazu führen wird, dass politischer Druck ausgeübt wird, dass entsprechend mehr Emissionsrechte ausgegeben werden, da sich ja dadurch die Grundlage für die Berechnung, wie viele Emissionsrechte der Stromsektor erhält, geändert hat.

Aktuell und noch in etlichen Jahren schadet die Elektromobilität dem Klima also eher als dass sie ihm nutzt, bei erheblichen Mehrkosten gegenüber konventioneller Mobilität.

Warum investieren dann trotzdem immer mehr Menschen Abertausende von Euro in den Mehrpreis von Elektroautos und warum drängen viele Parteien und sogar die Automobilindustrie mit dem Argument des Klimawandels auf einen raschen Ausbau der Elektromobilität?
In einer völlig dekarbonisierten Gesellschaft ist die Elektromobilität die effektivste Art der klimaneutralen individuellen Mobilität. Dass ein Umstieg zur Elektromobilität grundsätzlich irgendwann sinnvoll ist, ist in der Wissenschaft entsprechend unumstritten. Wann aber dieser Umstieg genau am sinnvollsten zu erfolgen hat, wird selten hinterfragt. Da der Mensch sich tendenziell nach einfachen Lösungen sehnt, hat sich daraus die vereinfachte Ideologie „Elektroauto = klimafreundlich/gut – Verbrennungsauto = klimaschädlich/schlecht" entwickelt. Die Einstellung zur Elektromobilität ist dabei schon fast zum Symbol geworden, ob man für oder gegen den Klimaschutz ist. Statt sein eigenes Kauf- und Fahrverhalten infrage zu stellen, schiebt der Bürger die Verantwortung, dass die Verkehrsemissionen immer weiter ansteigen auf den Staat, der die Elektromobilität nicht genügend fördert und auf die Automobilindustrie, die nicht in der Lage ist, günstige Elektrofahrzeuge anzubieten.

Diejenigen, die sich ein Elektrofahrzeug leisten können, haben dagegen den perfekten Ablasshandel gefunden (dies wird in der Psychologie auch „moral licensing" genannt): Die Mehrkosten tun zwar weh, aber dafür kann man jetzt mit gutem Gewissen die Brötchen beim Bäcker mit dem Elektromobil abholen. Und darüber hinaus kann man auch noch mit dem E-Kennzeichen nach außen hin demonstrieren, wie viel man bereit ist, in den Klimaschutz zu investieren. Das ist natürlich viel angenehmer und bringt deutlich mehr Anerkennung, als mit dem Bus zu fahren oder in eine dicke Hausdämmung zu investieren.

Dass die Automobilindustrie von der Politik Subventionen für den Umstieg in die Elektromobilität fordert, hat auch nichts damit zu tun, dass sie nach dem Dieselskandal auf einmal ihr Herz für die Umwelt entdeckt hat, sondern soll auf bequeme Weise deren CO_2-Flottenemissionen und die damit verbundenen Strafzahlungen vermindern. Wie bereits weiter oben beschrieben, hat die Automobilindustrie erkannt, dass der von der EU beschlossene CO_2-Flottengrenzwert mit der aktuellen hochmotorisierten und SUV-lastigen Modellpalette, die eher in Richtung Komfort und Sportlichkeit als Sparsamkeit getrimmt ist, nicht zu schaffen ist. Eigentlich müssten die Hersteller deshalb die angebotene Modellpalette in Richtung sparsamerer Modelle verändern, d. h. weniger SUV, generell kleinere Modelle und deutlich verringerte Motorleistung, schmalere Reifen, länger übersetzte Getriebe und andere emissionsmindernde Modelländerungen. Solche eher sparsamen und kleinen Modelle sind allerdings bei den Kunden nicht sehr beliebt und nicht so gewinnträchtig. Also was tun?

Der Trick ist nun, den oben beschriebenen E-Hype zu befeuern und der Politik einzureden, dass ein schneller Umstieg in die Elektromobilität der beste Weg sei, die Treibhausgase im Verkehrssektor zu senken und Elektrofahrzeuge deshalb entsprechend zu fördern. Diese gewünschte Förderung wurde von der Politik dann auch entsprechend vorteilhaft für die Hersteller umgesetzt: Die von Elektrofahrzeugen verursachte CO_2-Emission bei der Berechnung des Flottengrenzwerts wird auf null gesetzt (d. h. die von der Erzeugung des Ladestroms verursachten Emissionen werden komplett ignoriert) und jedes verkaufte Elektrofahrzeug wird sogar doppelt bei der Berechnung der Flottenemission angerechnet. Dadurch können die Hersteller mit jedem verkauften Elektroauto eine deutliche Senkung ihres Flottengrenzwerts erreichen, trotzdem weiter große Stückzahlen ihrer gewinnträchtigen ineffizienten SUV verkaufen und dabei die ansonsten fälligen Strafzahlungen für die Überschreitung des Flottengrenzwerts einsparen. Mit jedem verkauften Elektrofahrzeug spart der Autohersteller damit mehrere Tausend Euro an Strafzahlungen, die er ansonsten aufgrund der von ihm verkauften Geländewagen (die die Emissionsgrenzwerte erheblich überschreiten) hätte zahlen müssen.

Dies funktioniert allerdings natürlich nur, wenn die Verbraucher die Elektroautos auch kaufen und da hilft die Politik gern mit hohen Kaufprämien von aktuell 6000 € pro Fahrzeug bis zu einem Listenpreis von 47.600 € nach, für stromfressende Luxus-Elektro-SUV mit einem Listenpreis bis 77.000 € gibt es immerhin noch 5000 € pro Fahrzeug. Der Steuerzahler zahlt also Unsummen, damit sich wohlhabende Bürger Elektro-SUV, die zu höheren Emissionen im Stromsektor führen, etwas günstiger kaufen können und verringert damit auch noch den durch Emissionsstrafzahlungen verursachten finanziellen Druck auf die Autohersteller, die Emissionswerte der angebotenen Modellpalette tatsächlich und nicht nur auf dem Papier zu reduzieren.

Vor diesem Hintergrund ist es umso erschreckender, am Beispiel Norwegen zu sehen, wozu diese völlig irrationale Gleichsetzung von E-Mobilität mit Klimafreundlichkeit letztendlich führen wird: Dort hat man nämlich festgestellt, dass Menschen deutlich weniger die öffentlichen Verkehrsmittel bei der Fahrt zur Arbeit nutzen, nachdem sie sich ein Elektrofahrzeug angeschafft haben (Abb. 4.9).

Elektromobilität in Norwegen

In Norwegen ist aktuell bereits etwa jedes dritte verkaufte Fahrzeug ein Elektroauto. Hauptgrund dafür ist eine massive staatliche Subventionierung des Kaufpreises von teilweise mehr als 40.000 € pro Fahrzeug. Da dort der Stromsektor aufgrund des dort vorhandenen Überflusses an erneuerbaren Energien (speziell Wasserkraft) bereits weitgehend dekarbonisiert wurde, ist der aktuelle Klimanutzen von Elektromobilität in Norwegen zwar

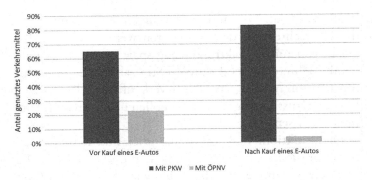

Abb. 4.9 Änderung Nutzung ÖPNV nach Kauf eines Elektroautos in Norwegen. (Quelle: Daten aus [23])

deutlich höher als in anderen Ländern, steht aber trotzdem in keinem vernünftigen Verhältnis zum finanziellen Aufwand.

Mit einer gezielten Technologieförderung erreicht man daher manchmal weniger als erwartet, ein Phänomen, das Rebound-Effekt genannt wird und oftmals den Effizienz- bzw. Klimanutzen technischen Fortschritts ganz oder teilweise zunichtemachen kann.

Dass dies nicht nur eine norwegische Besonderheit ist, sondern vermutlich auch so in Deutschland zu erwarten ist, hängt vor allem damit zusammen, dass die Anschaffungskosten eines Elektrofahrzeugs zwar recht hoch sind, die fahrbedingten Betriebskosten pro Kilometer (also im Wesentlichen die Kosten für den Ladestrom umgelegt auf die gefahrenen Kilometer) deutlich geringer sind als zum Beispiel bei der Benutzung der Bahn (Abb. 4.10).

Wenn man sich also, aus welchen Gründen auch immer, dazu durchgerungen hat, viel Geld für ein Elektroauto aufzubringen, nutzt man natürlich die günstigen Betriebskosten möglichst oft aus, zumal einem ja auch noch das Gefühl vermittelt wird, damit besonders klimafreundlich unterwegs zu sein.

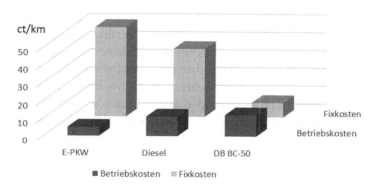

Abb. 4.10 Vergleich Fix- und Betriebskosten bei Elektrofahrzeugen. (Quelle: Daten aus [24])

In Abb. 4.10 erkennt man übrigens auch, warum sich die Bahn gegenüber dem Auto so schwer tut. Sofern man ohnehin ein Auto besitzt (und fast alle deutschen Haushalte tun dies) spielen die Fixkosten für die jeweilige Entscheidung, welches Verkehrsmittel man für eine bestimmte Strecke wählt, keine Rolle. Damit ist es mit dem Auto (speziell ab zwei Personen) deutlich billiger und meistens auch schneller und bequemer, als mit der Bahn zu fahren (von vereinzelten, schnell vergriffenen Supersparpreisen mal abgesehen).

Da im Vergleich zu konventionellen Fahrzeugen die Reichweite von Elektroautos deutlich geringer und das „Tanken" deutlich länger dauert, sind sie für echte Langstrecken (zum Beispiel die klassische mehrwöchige Urlaubsreise mit Familie und Gepäck) im Vergleich zu Verbrennungsfahrzeugen aktuell noch deutlich weniger geeignet. In Norwegen zeigt sich deshalb auch bereits der Trend, dass Elektrofahrzeuge meist eher als zusätzliches Fahrzeug angeschafft werden statt ein Fahrzeug zu ersetzen. Dies ist zwar für die Automobilhersteller ein sehr erfreuliches Zusatzgeschäft, jedoch mit zusätzlichem Energie- und Ressourcenverbrauch und damit zusätzlichen Emissionen verbunden. Die geringe Jahresfahrleistung von Fahrzeugen, die überwiegend im Stadt- und Kurzstreckenverkehr genutzt werden, verringert außerdem erheblich das realisierbare Emissionsreduktionspotenzial von E-Autos, selbst wenn der Strom emissionsfrei erzeugt werden könnte. Selbst durch milliardenteure Subventionen teuer erkaufte hohe Zulassungszahlen von E-Autos werden damit, wenn überhaupt, nur eine verschwindend geringe Reduktion der Gesamtemissionen Deutschlands bewirken.

Fazit

Die Elektromobilität ist erst in der Endphase der Energiewende ein wichtiger Beitrag zum Klimaschutz und bis dahin eher klimaschädlich und eine extrem teure Förderung der Automobilindustrie, die dadurch Strafzahlungen für die Überschreitung der CO_2-Flottengrenzwerte vermeiden kann.

4.5   Fehlanreize der deutschen Steuerpolitik

Pendlerpauschale

Jeder Arbeitnehmer kann pro Kilometer Entfernung zwischen Wohnung und Arbeitsstätte unabhängig vom gewählten Verkehrsmittel 0,3 € von der Steuer bis zu einem jährlichen Höchstbetrag von 4500 € als Werbungskosten absetzen. Dies bedeutet eine steuerliche Förderung des täglichen Pendelns zu einer von der Wohnung bis zu 70 km entfernten Arbeitsstätte. Abhängig vom persönlichen Grenzsteuersatz entspricht diese steuerliche Förderung einem Fahrtgeldzuschuss von bis zu 6 ct/km. Damit kann man bei aktuellen Klein- bzw. Mittelklassewagen mit Dieselmotor ziemlich genau die pro Kilometer anfallenden Spritkosten decken, jedoch bei Weitem nicht die Kosten bei Nutzung des öffentlichen Nahverkehrs, weswegen ein Großteil der Pendler das eigene Auto nutzt. Der Grund für die Einführung der Pendlerpauschale ist an sich sinnvoll: Sie soll für eine höhere Mobilität und Flexibilität im Arbeitsmarkt sorgen und die Barriere für Arbeitnehmer minimieren, eine von der Wohnung weiter entfernte Arbeitsstellen anzunehmen. Eine große Entfernung zwischen Wohnung und Arbeitsstelle wird also steuerlich nicht als Privatsache gewertet, sondern als beruflich bedingter Tatbestand. Dies führt jedoch zwangsläufig zu einer geringeren Bereitschaft, eine Wohnung möglichst in der Nähe der Arbeitsstelle bzw. eine Arbeitsstelle möglichst in der Nähe der Wohnung zu wählen. Der finanzielle Nachteil der größeren Entfernung wird vom Staat derartig verringert bzw. nahezu aufgehoben, dass die Entfernung zur Arbeit bei der Entscheidung für einen Wohnort bzw. Arbeitsstelle eine deutlich verringerte Rolle spielt. Gleichzeitig können Arbeitgeber ihr Unternehmen problemlos in günstigen Gewerbegebieten ansiedeln, die weit weg von Wohngebieten liegen, da der Staat ja dafür sorgt, dass die Arbeitnehmer günstig zu ihnen pendeln können. Dies führt natürlich zwangsläufig zu tendenziell größeren Entfernungen zwischen Wohnung und Arbeitsstelle und damit zu einer wachsenden Zahl an gefahrenen PKW-Kilometern und entsprechend höheren Verkehrsemissionen.

Dieselprivileg

Ein Liter Diesel enthält etwa 13 % mehr Energie als ein Liter Benzin und verursacht pro Liter entsprechend auch etwa 13 % mehr CO_2-Emissionen als Benzin. Dementsprechend sollte man eigentlich erwarten, dass die Mineralölsteuer für Diesel pro Liter ebenfalls entsprechend höher liegt als für Benzin. Sie wurde jedoch zwischen 1988 und 1994 im Vergleich zu Benzin deutlich weniger stark angehoben, sodass sie seit 1994 mehr als 18 ct/l geringer als bei Benzin ist, statt gemäß des Energie- bzw. CO_2-Inhalts 7 ct höher. Dies hat zu der absurden Situation geführt, dass ein Dieselfahrzeug, das 57 % mehr CO_2 ausstößt als ein Benzinfahrzeug, keine höhere Mineralölsteuer als das Benzinfahrzeug zahlen muss. Dieser finanzielle Vorteil ist so drastisch, dass hochmotorisierte, schwere Dieselfahrzeuge mit hohem CO_2-Ausstoß teilweise geringere Spritkosten haben als kleine, sparsame Benzinfahrzeuge mit geringerem CO_2-Ausstoß. Entsprechend steigt die Nachfrage nach hochmotorisierten und schweren Dieselfahrzeugen, was den mittlerweile nur noch minimalen prinzipbedingten Effizienzvorteil des Dieselmotors mehr als zunichtemacht und damit auch den SUV-Boom erst ermöglichte (dies wird auch Rebound-Effekt genannt Abschn. 4.4). Außerdem führt ein zusätzlicher finanzieller Anreiz für eine spezielle Technologie, der über den reinen CO_2-Ausstoß hinausgeht, dazu, dass nicht technologieoffen das mit einem bestimmten technischen bzw. finanziellen Aufwand herstellbare klimafreundlichste Fahrzeug entwickelt wird. Die Mehrkosten, die bei einem Dieselmotor konstruktionsbedingt anfallen, könnten alternativ bei Benzin-PKW in zusätzliche spritsenkende Technik gesteckt werden, die den kleinen Effizienznachteil des Benziners mehr als ausgleichen könnte. Aufgrund der aktuellen Besteuerung wäre so ein besonders klimafreundlicher Benziner-PKW, der genauso teuer wie ein vergleichbarer Diesel-PKW ist, jedoch speziell für Vielfahrer im Vergleich zum Diesel-PKW unwirtschaftlich, weswegen die Hersteller keinen Anreiz haben, ihn zu entwickeln.

Offiziell sieht die Bundesregierung das Dieselprivileg gar nicht als Subvention, da argumentiert wird, dass die Kfz-Steuer für Diesel im Vergleich zu Benzinern im Gegenzug dafür deutlich höher ist. Da die Kfz-Steuer unabhängig von den gefahrenen Kilometern gezahlt wird, profitieren von dieser Steuerregelung jedoch speziell Vielfahrer und der Straßengüterverkehr, obwohl diese ja gerade besonders viel

CO2 emittieren, und es wird dadurch der Anreiz vermindert, ein möglichst klimafreundliches Modell zu kaufen und damit möglichst wenig und sparsam zu fahren.

Dienstwagenprivileg

Wenn ein Arbeitgeber seinem Arbeitnehmer einen Dienstwagen zur privaten Nutzung überlässt (inklusive der Übernahme der privaten Spritkosten), muss der Arbeitnehmer monatlich 1 % des Netto-Listenpreises als geldwerten Vorteil versteuern, unabhängig davon, wie stark der Arbeitnehmer den Dienstwagen privat nutzt. Dies bedeutet im Prinzip eine Auto-Flatrate, bei der man komplett umsonst Auto fahren kann. Es ist völlig klar, dass Nutzer solcher Dienstwagen wenig Bereitschaft zeigen, wenig und sparsam mit dem Auto zu fahren. Außerdem haben sie keinerlei Anreiz, einen besonders sparsamen Dienstwagen zu wählen. Gleichzeitig ist dieser geldwerte Vorteil vom Staat bewusst unrealistisch niedrig angesetzt (er entspricht in etwa nur dem Wertverlust des Wagens, d. h. Spritkosten in beliebiger Höhe, Steuer, Versicherung, Inspektion, Verschleißteile, Reparaturen sind ein steuerfreier geldwerter Vorteil), sodass ein Arbeitgeber mit relativ geringen Kosten seinem Arbeitnehmer einen relativ hochwertigen Gehaltsanteil bieten kann und das normale Gehalt entsprechend geringer erhöhen muss. Außerdem darf der Arbeitgeber sogar die vom Arbeitnehmer privat verursachten Spritkosten von der Steuer absetzen. Dies entspricht einer steuerlichen Subvention von Dienstwagen in Höhe von etwa 3 Mrd. € jährlich [25].

Nun könnte man einwenden, dass nur ein geringer Prozentsatz der Autofahrer einen Dienstwagen fährt. Allerdings wird ein großer Anteil der Neuwagen als Dienstwagen zugelassen, wodurch auch der Gebrauchtwagenmarkt entsprechend stark mit Modellen überschwemmt wird, bei denen der ursprüngliche Käufer wenig bis gar nicht auf den Spritverbrauch geachtet hat.

4.6   Autobahntempolimit: Wirksame Maßnahme oder ideologische Symbolpolitik?

Neben dem finanziellen Anreiz durch höhere Spritpreise gäbe es noch die Möglichkeit eines Zwangs zur Sparsamkeit durch die Einführung eines Tempolimits auf deutschen Autobahnen. Dieses Thema wird in Deutschland schon seit Jahrzehnten (auch hinsichtlich der Verkehrssicherheit) immer wieder emotional diskutiert und war auch eine der Maßnahmen der Expertenkommission, die im Auftrag des Verkehrsministeriums 2019 Maßnahmen zur CO_2-Reduzierung erarbeiten sollte. Im Gegensatz zu höheren Spritpreisen, die Arme stärker als Reiche treffen, wäre dies zwar eine Maßnahme, die arm und reich gleichermaßen treffen würde und damit eher dem Gerechtigkeitsgefühl vieler Bürger entspricht, allerdings auch eine klare Einschränkung der bisherigen Freiheit der Wahl der Fahrgeschwindigkeit auf einem Großteil der Autobahnkilometer. Und so gehen die Meinungen in der Gesellschaft stark auseinander, wie das Aufwand-Nutzen-Verhältnis dieser Maßnahme einzuschätzen ist. In dem Versuch, diese Debatte zu versachlichen, hier nun einige Fakten zu den typischen Argumenten der Gegner eines Tempolimits.

Ein Tempolimit ist überflüssig, da ja bereits 99 % der deutschen Straßen tempobeschränkt sind
Auch wenn die Zahl 99 % korrekt ist, werden auf den Autobahnen etwa ein Drittel aller Kilometer gefahren und etwa drei Viertel der Autobahnen ohne Tempobeschränkung, sodass das Tempolimit zumindest etwa ein Viertel sämtlicher gefahrenen Kilometer betreffen würde.

Tab. 4.3 Wirksamkeit eines generellen Autobahntempolimits

Tempolimit (km/h)	Reduktion (%)	Reduktion (Mio. t CO2)
130	5	2
120	7	3
100	14	6

Ein Tempolimit bringt dem Klima so gut wie nichts

Die neueste Studie des Umweltbundesamts [26] geht bei einem allgemeinen Tempolimit von 100 km/h von einer Reduktion um 6 Mio. t der 44 Mio. t CO_2 aus, die PKW und leichte Nutzfahrzeuge auf Autobahnen verursachen. Ein Tempolimit von 100 km/h wäre dabei deutlich wirksamer als ein Tempolimit von 120 km/h oder 130 km/h, weil zwar sehr viele Autofahrer oft deutlich schneller als 100 km/h, aber nur wenige deutlich schneller als 120 km/h fahren (Tab. 4.3).

Ist dies nun viel oder wenig? Man kann einerseits argumentieren, dass das Reduktionspotenzial eines Tempolimits bezogen auf die etwa 900 Mio. t Gesamtemission Deutschlands tatsächlich bestenfalls ein knappes Prozent beträgt und deshalb die damit verbundenen Nachteile (welche auch immer das sind) nicht rechtfertigen würde. Andererseits kann man aber auch argumentieren, dass ein Tempolimit immerhin bis zu 6 % der gesamten PKW-Emissionen reduzieren würde und damit eine der am schnellsten wirksamen Einzelmaßnahme im Verkehrssektor wäre, die zudem noch vollkommen kostenlos wäre. Zum Vergleich: Selbst ein mit Milliarden Euro Steuergeldern finanzierter massiver Hochlauf der Elektromobilität, um im Jahr 2030 einen Bestand von 12 Mio. Elektro- und Hybridfahrzeugen zu erreichen, würde nicht wesentlich mehr bringen als Tempo 100 auf der Autobahn und würde zudem zu höheren Emissionen im Stromsektor führen, die zudem dann noch mit teuren zusätzlichen Maßnahmen kompensiert werden müssten [27].

Es ist schwer verständlich, warum Tempo 100 seit Jahrzehnten als nicht durchsetzbar erscheint, weil es zu längeren Reisezeiten führt, während die durch die häufigere und längeren Ladestopps bei Elektrofahrzeugen ebenso verlängerte Reisezeit offenbar als durchaus zumutbar angesehen wird.

Der Einspareffekt eines Tempolimits dürfte durch Sekundäreffekte noch größer sein: Schwächere und damit verbrauchsgünstigere Modelle hätten bessere Absatzchancen, Autohersteller könnten zum Beispiel die Getriebeabstufung besser für niedrigere Geschwindigkeiten optimieren und durch die zwangsläufig etwas erhöhten Reisezeiten werden umweltfreundlichere Verkehrsalternativen im direkten Vergleich attraktiver.

Deutschlands Autobahnen sind bereits mit Abstand die sichersten Straßen und auch sicherer als Autobahnen in Ländern mit einem Tempolimit

Während diese Aussage nicht unbedingt falsch ist, kann man daraus jedoch nicht automatisch schließen, dass ein Tempolimit die Verkehrssicherheit nicht erhöhen würde. So ist es natürlich nicht überraschend, dass auf einer kreuzungsfrei ausgebauten Straße mit breiten, gut markierten Fahrstreifen und Beschleunigungsspuren das Unfallrisiko geringer ist als auf den Landstraßen und im Stadtverkehr. Es geht ja auch nicht darum, die Autobahn durch ein Tempolimit sicherer als andere Straßen zu machen, sondern sicherer als ohne Tempolimit.

Was den Vergleich mit anderen Ländern, die bereits ein Tempolimit auf Autobahnen haben, angeht, zeigt die Unfallstatistik, dass es (bezogen auf die gefahrenen Autobahnkilometer) sowohl Länder mit weniger Autobahntoten, als auch Länder mit mehr Autobahntoten als in Deutschland gibt (Abb. 4.11).

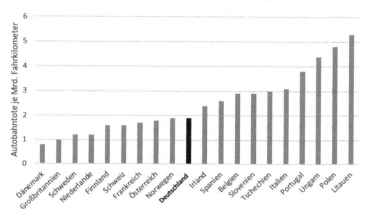

Abb. 4.11 Internationaler Vergleich der Zahl der Autobahntoten. (Quelle: Daten aus [28])

Es scheint also neben einem möglichen Einfluss des Tempolimits noch eine Reihe anderer wesentlicher Faktoren zu geben, die einen Einfluss auf die Verkehrssicherheit haben. Dies könnte zum Beispiel die Ausbauqualität der Autobahnen, die Verkehrsdichte, der Sicherheitsstandard der Fahrzeuge oder der Ausbaugrad des Rettungssystems sein. Ein Vergleich zwischen Ländern ist also wie ein Vergleich zwischen Äpfeln und Birnen und kann nicht dafür herangezogen werden, den Einfluss eines Autobahntempolimits in Deutschland abzuschätzen.

Generell ist es zwar grundsätzlich unstrittig, dass die Folgen eines Unfalls bei höherer Geschwindigkeit größer sind als bei niedrigerer Geschwindigkeit. Andererseits könnte eine niedrigere Geschwindigkeit zu weniger Aufmerksamkeit bis hin zu häufigerem Einschlafen am Steuer führen, wobei es dafür jedoch keinerlei Studien gibt, die dies belegen würden. Da man sich bei niedrigerem Tempo weniger konzentrieren muss, kann dies im Gegenteil auch dazu führen, dass man weniger ermüdet und dadurch sogar sicherer fährt.

Eine der besten Methoden, den Nutzen eines Tempolimits auf die Verkehrssicherheit einigermaßen verlässlich abzuschätzen wäre es, wenn man es in Deutschland testweise für ein Jahr einführen würde und danach die Anzahl der Verkehrstoten und Verletzten auf den Autobahnen mit den Jahren davor vergleicht. Wenn der Einfluss größer als die normale Schwankung von Jahr zu Jahr ist, wäre er direkt in den Zahlen ablesbar.

So einen Test gab es sogar schon einmal, nämlich während der Ölkrise zwischen November 1973 und März 1974, als es ein generelles Tempolimit von 100 km/h auf bundesdeutschen Autobahnen gab. In dieser Zeit sank die Zahl der Toten und Verletzten um etwa 50 % ([29], S. 22). Wenn man diese Zahl als nicht aussagekräftig ansieht, da Verkehr und Sicherheitstechnik sich seitdem stark verändert haben, müsste man eigentlich wenigstens dafür sein, so einen Test zu wiederholen.

Dass dies nicht gemacht wird, kann daran liegen, dass die Politik entweder auch ohne diesen Versuch, woher auch immer, sicher weiß, dass ein Tempolimit in der heutigen Zeit im Gegensatz zu 1973 nichts bringt, oder sie befürchtet, ein Test könnte zeigen, dass ein Tempolimit etwas bringt und man es dann entgegen der Wünsche der Autolobby einführen müsste.

Da ein aktueller Test eines generellen Tempolimits bis auf Weiteres nicht vorgesehen ist, kann man aber auch anderweitig versuchen, den Einfluss halbwegs plausibel abzuschätzen: Man vergleicht die Anzahl an Toten bzw. Verletzten auf Autobahnabschnitten, bei denen ein Tempolimit eingeführt bzw. aufgehoben wurde in den Zeiträumen vor und nach dieser Änderung. Dies ist zwar nicht so aussagekräftig, wie ein Test eines bundesweiten Tempolimits, da die normale statistische Schwankung umso größer wird, je kleiner die ausgewertete Autobahnstrecke ist, zeigt jedoch zumindest die ungefähre Größenordnung des Verbesserungspotenzials. Dabei ergibt sich das Folgende:

- Tempolimit in Hessen von November 1984 bis Mai 1987: Reduktion der Toten bzw. Verletzten pro Kilometer zwischen 20 und 50 % [29]
- Tempolimit auf der A2 zwischen 1992 und 1994: Rückgang der Unfälle pro gefahrenen Kilometer um etwa 50 % [30]
- Tempolimit A24 ab Dezember 2002: Acht Tote im Jahr 2002, in den darauffolgenden Jahren zwischen null und vier Tote und Halbierung der Zahl der Verletzten [31]
- Aufhebung baustellenbedingter Tempolimits auf der A7 ab Mai 2019: Null Tote im Jahr 2018, zwei Tote im Jahr 2019 und etwa 50 % mehr Schwerverletzte [32, 33]

Beispiele, bei denen die Zahl der Verletzten und Toten durch die Einführung eines Tempolimits nicht zurückgegangen sind oder gar zugenommen haben, fehlen in der obigen Auflistung nicht deshalb, um einen verfälschenden Eindruck zu erwecken, sondern sie sind schlicht nicht bekannt.

Eine andere Möglichkeit, den Einfluss eines Tempolimits abzuschätzen, ist der folgende Ansatz: Man vergleicht die Anzahl der Unfälle auf Autobahnabschnitten ohne Tempolimit mit der Anzahl auf Autobahnabschnitten mit Tempolimit, jeweils bezogen auf die dort gefahrene Anzahl an Kilometern (Abb. 4.12).

Erstaunlicherweise ist die Unfallgefahr auf tempobeschränkten Streckenabschnitten sogar höher. Daraus würden manche vielleicht vorschnell schlussfolgern, dass ein Tempolimit sogar zu mehr Unfällen führt. Dabei verkennt man aber, dass Tempolimits auf Autobahnen ja nicht ohne Grund, sondern fast ausschließlich aufgrund einer besonders hohen Unfallträchtigkeit eingeführt werden (zum Beispiel aufgrund des schlechten Fahrbahnzustands oder verringerter Übersichtlichkeit), sodass es eher erstaunlich ist, dass die Zahl der Unfälle in Abschnitten mit Tempolimit nur so wenig höher ist als in den nicht tempobeschränkten Abschnitten. Betrachtet man jedoch nur diejenigen Unfälle

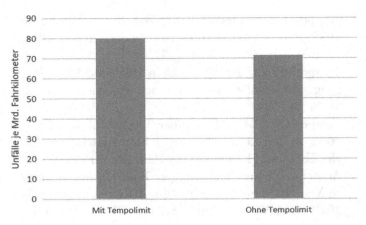

Abb. 4.12 Einfluss des Tempolimits auf die Anzahl der Unfälle. (Quelle: Daten aus [34])

mit Schwerverletzten, ergibt sich ein klar positiver Einfluss des Tempolimits (Abb. 4.13).

Besonders eindrucksvoll wird der positive Effekt eines Tempolimits sichtbar, wenn man nur diejenigen Unfälle betrachtet, bei denen es mindestens einen Todesfall gab (Abb. 4.14).

Insgesamt kann man damit also sagen, dass ein Tempolimit von 130 km/h oder weniger die Anzahl der Verkehrstoten auf Autobahnen von derzeit etwa 400 um etwa 100–150 reduzieren würde. Angesichts von mehr als 3000 Verkehrstoten insgesamt ist dies sicherlich keine große Zahl, was vielleicht einer der Gründe dafür ist, dass es keine breite gesellschaftliche Mehrheit für ein Tempolimit gibt. Würde allerdings jedes Jahr über Deutschland ein Flugzeug mit 100 Passagieren abstürzen, gäbe es sicherlich sehr bald ein komplettes Flugverbot.

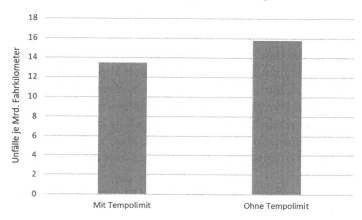

Abb. 4.13 Einfluss des Tempolimits auf die Anzahl der Unfälle mit Schwerverletzten. (Quelle: Daten aus [34])

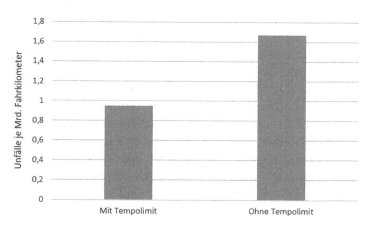

Abb. 4.14 Einfluss des Tempolimits auf die Anzahl der Unfälle mit Todesfall. (Quelle: Daten aus [34])

Ein Tempolimit führt zu längeren Fahrtzeiten

Ein nicht wegzudiskutierender Nachteil eines Tempolimits ist der damit verbundene Zeitverlust. Dieser kann in Einzelfällen natürlich recht spürbar sein, wird aber in den meisten Fällen eher überschätzt. Ein Tempolimit würde außerdem durch den gleichmäßigeren Verkehrsfluss und den selteneren Unfällen die Staugefahr reduzieren, wodurch der Nachteil der geringeren Maximalgeschwindigkeit mehr oder weniger stark kompensiert werden könnte.

Ein Tempolimit gefährdet Arbeitsplätze in der deutschen Autoindustrie

Die Möglichkeit, auf deutschen Autobahnen beliebig schnell zu fahren, erfordert eine entsprechende Auslegung der Automobiltechnik. Deshalb wird der deutschen Automobilindustrie nachgesagt, besonders sichere Modelle mit hohem Leistungsstandard zu entwickeln, die auch auf den tempobeschränkten Straßen der übrigen Ländern der Welt einen Vorteil gegenüber der Konkurrenz bieten („Autobahn-tested"). Man kann nun natürlich befürchten, dass dieses besondere Image durch ein Tempolimit gefährdet wird. Der damit wegfallende Wettbewerbsvorteil könnte Umsatzeinbußen verursachen und damit letztendlich auch eine Gefährdung von Arbeitsplätzen bedeuten. So plausibel dieses Argument klingt, gibt es jedoch keine einzige Studie, die dies tatsächlich belegen würde. Und selbst wenn es so wäre, würde dies ja bedeuten, dass die Gegner eines Tempolimits für eine Exportförderung vermeidbare Schäden an Mensch und Umwelt in Kauf nehmen, was diese ja sicherlich weit von sich weisen. Gerade im Zuge des Umgangs mit der Coronakrise hat sich die deutsche Gesellschaft ja klar dafür ausgesprochen, dass die Gesundheit eine höhere Priorität hat als die Wirtschaft.

Ein Tempolimit schränkt die Freiheit ein

Der vom ADAC anlässlich des während der Ölkrise 1973 eingeführten Tempolimits entstandene Slogan „Freie Bürger fordern freie Fahrt" hat sich mittlerweile zum geflügelten Wort entwickelt und trifft genau den eigentlich entscheidenden Kern des Widerstands gegen das Tempolimit. Ein Grundsatz unserer Gesellschaft ist die Maximierung der individuellen Freiheit, welche nur eingeschränkt werden darf, um eine angemessene Sicherheit und öffentliche Ordnung zu gewährleisten, damit eine zu große Freiheit des einen nicht zu einer Gefährdung der Sicherheit des anderen führt. Das Ringen um eine angemessene Abwägung zwischen Freiheit und Einschränkung ist ein permanenter gesellschaftlicher und demokratischer Prozess, bei dem es kein absolutes Richtig oder Falsch geben kann. Die gegenwärtige Straßenverkehrsordnung ist das aktuelle Ergebnis dieses Prozesses und zum Beispiel Tempo 50 in der Stadt, Tempo 100 auf Landstraßen und im Prinzip jedes Verkehrsschild ist der in Deutschland aktuell festgelegte Kompromiss zwischen den beiden Extrempositionen absolute Freiheit (gar keine Regeln) und absolute Sicherheit (Autofahren ist aufgrund des unvermeidbaren Restrisikos mit aktuell über 3000 Toten komplett verboten). Speziell in Deutschland wird im Gegensatz zu praktisch allen anderen Nationen die Freiheit, auf Autobahnen selbst über die Höchstgeschwindigkeit entscheiden zu dürfen, sehr hoch eingeschätzt und der damit verbundene Schaden im Vergleich dazu eher vernachlässigt. Vielleicht ist dies ja auch einer der Gründe, warum die einzigen beiden aktuell im Bundestag vertretenen Parteien, die ohne Wenn und Aber ein Tempolimit auf den Autobahnen befürworten (nämlich die Grünen und die Linken) nur in der Opposition sind und auch bislang noch nie den Bundeskanzler stellen konnten.

Literatur

1. Sachverständigenrat für Umweltfragen. (2017). Umsteuern erforderlich: Klimaschutz im Verkehrssektor (S. 62). https://www.umweltrat.de/SharedDocs/Downloads/DE/02_Sondergutachten/2016_2020/2017_11_SG_Klimaschutz_im_Verkehrssektor.pdf?__blob=publicationFile&v=25. Zugegriffen am 30.11.2019.
2. Statistisches Bundesamt. (2018). Wachsende Motorleistung führt zu steigenden CO2-Emissionen. https://www.destatis.de/DE/Presse/Pressemitteilungen/2018/11/PD18_459_85.html. Zugegriffen am 30.11.2019.
3. Bundesverkehrsministerium. (2000). Verkehr in Zahlen. https://www.bmvi.de/SharedDocs/DE/Publikationen/G/verkehr-in-zahlen_2000-pdf.pdf?__blob=publicationFile. Zugegriffen am 30.11.2019.
4. Bundesverkehrsministerium. (2018). Verkehr in Zahlen. https://www.bmvi.de/SharedDocs/DE/Publikationen/G/verkehr-in-zahlen_2018-pdf.pdf?__blob=publicationFile. Zugegriffen am 30.11.2019.
5. Zech, T. (2018). Stadt und Land: Eine Beziehungsgeschichte. https://www.deutschland.de/de/topic/leben/stadt-und-land-fakten-zu-urbanisierung-und-landflucht. Zugegriffen am 30.11.2019.
6. Glaeser, E. (2011). *Triumph of the city: How our greatest invention makes us Richer, Smarter, Greener, Healthier and Happier*. New York: Penguin Press.
7. Umweltbundesamt. (2018). Vergleich der durchschnittlichen Emissionen einzelner Verkehrsmittel im Personenverkehr. https://www.umweltbundesamt.de/bild/vergleich-der-durchschnittlichen-emissionen-0. Zugegriffen am 30.11.2019.
8. Umweltbundesamt. (2014). E-Rad macht mobil. https://www.umweltbundesamt.de/sites/default/files/medien/378/publikationen/hgp_e-rad_macht_mobil_-_pelelecs_4.pdf. Zugegriffen am 30.11.2019.

9. Engel, T. (2012). Die CO2-Emissionen der Elektro-Radfahrer. *Sonnenenergie, 4*, 48–51. https://www.sonnenenergie.de//uploads/media/SE-2012-04-s048-Mobilitaet-E_Bikes.pdf. Zugegriffen am 12.05.2020.

10. Of, A. (2020). VW Passat Variant 2.0 TSI 4-Motion. auto motor sport. https://www.auto-motor-und-sport.de/test/kosten-realverbrauch-vw-passat-variant/. Zugegriffen am 12.05.2020.

11. Rodt, S., Georgi, B., Huckestein, B., Mönch, L., Herbener, R., Jahn, H., Koppe, K., & Lindmaier, J. (2010). CO2-Emissionsminderung im Verkehr in Deutschland. Umweltbundesamt. https://www.umweltbundesamt.de/sites/default/files/medien/461/publikationen/3773.pdf. Zugegriffen am 12.05.2020.

12. Transport & Environment. (2013). Mind the Gap! Why official car fuel economy figures don't match up to reality. https://www.transportenvironment.org/sites/te/files/publications/Real%2 orld%20Fuel%20Consumption%20v15_final.pdf. Zugegriffen am 30.11.2019.

13. Tietge, U., et al. (2019). From laboratory to road. https://theicct.org/sites/default/files/publications/Lab_to_Road_2018_fv_20190110.pdf. Zugegriffen am 30.11.2019.

14. Keller, M., et al. (2017). HBEFA Version 3.3. https://www.umweltbundesamt.de/sites/default/files/medien/2546/dokumente/hbefa33_documentation_20170425.pdf. Zugegriffen am 30.11.2019.

15. Clemens Gleich. (2018). Legal, illegal … Was ist eine Abschalteinrichtung? https://www.heise.de/autos/artikel/Was-ist-eine-Abschalteinrichtung-4093501.html?seite=2. Zugegriffen am 30.11.2019.

16. ADAC. (2019). VW-Schummel-Diesel: Was bringen die Softwareupdates? https://www.adac.de/rund-ums-fahrzeug/tests/ecotest/test-vw-updates-schummelsoftware/. Zugegriffen am 30.11.2019.

17. VDA. (2018). Quo Vadis, Diesel? https://www.vda.de/de/themen/umwelt-und-klima/diesel/grenzwerte.html. Zugegriffen am 30.11.2019.

18. Verordnung (EU) 2019/631 des Europäischen Parlaments und des Rates vom 17. April 2019 zur Festsetzung von CO2-Emissionsnormen für neue Personenkraftwagen und für neue leichte Nutzfahrzeuge und zur Aufhebung der Verordnungen (EG) Nr. 443/2009 und (EU) Nr. 510/2011. (2019). EUR-Lex. https://eur-lex.europa.eu/legal-content/EN/TXT/?uri=CELEX:32019R0631. Zugegriffen am 12.05.2020.

19. VCD. (2018). Was bedeutet der neue CO2-Vorschlag der EU für Autoindustrie und Klima? https://www.vcd.org/fileadmin/user_upload/Redaktion/Themen/Auto_Umwelt/CO2-Grenzwert/VCD-Analyse_Was_bedeuted_der_CO2-Vorschlag_Januar-2018.pdf. Zugegriffen am 30.11.2019.

20. Umweltbundesamt. (2016). Weiterentwicklung und vertiefte Analyse der Umweltbilanz von Elektrofahrzeugen. https://www.umweltbundesamt.de/sites/default/files/medien/378/publikationen/texte_27_2016_umweltbilanz_von_elektrofahrzeugen.pdf. Zugegriffen am 30.11.2019.

21. Umweltbundesamt. (2019). Entwicklung der spezifischen Kohlendioxid-Emissionen des deutschen Strommix in den Jahren 1990-2018. https://www.umweltbundesamt.de/publikationen/entwicklung-der-spezifischen-kohlendioxid-5. Zugegriffen am 30.11.2019.

22. Fritsche, U. R. (2015). Primärenergiefaktor und THG-Emissionen des marginalen Strommix in Deutschland. http://iinas.org/tl_files/iinas/downloads/GEMIS/2015_THG-Marginal-Strom.pdf. Zugegriffen am 30.11.2019.

23. Holtsmark, B., & Skonhoft, A. (2014). The Norwegian support and subsidy policy of electric cars. Should it be adopted by other countries? *Environmental Science&Policy, 42*, 160–168.

24. Teufel, D., et al. (2019) Ökologische Folgen von Elektroautos. http://www.upi-institut.de/UPI79_Elektroautos.pdf. Zugegriffen am 30.11.2019.

25. BR24. (2019). Nützt Reichen, schadet der Umwelt? Kritik am Dienstwagenprivileg. https://www.br.de/nachrichten/bayern/nuetzt-reichen-schadet-der-umwelt-kritik-an-dienstwagenprivileg,RdwDKqn. Zugegriffen am 30.11.2019.

26. Lange, M. (2020). Klimaschutz durch Tempolimit. Umweltbundesamt. https://www.umweltbundesamt.de/sites/default/files/medien/1410/publikationen/2020-03-12_texte_38-2020_wirkung-tempolimit_bf.pdf. Zugegriffen am 24.05.2020.

27. Kein Grund zur Lücke. (2019). Umweltbundesamt. https://www.umweltbundesamt.de/sites/default/files/medien/1410/publikationen/19-12-03_uba_pos_kein_grund_zur_lucke_bf_0.pdf. Zugegriffen am 24.05.2020.

28. European Transport Safety Council. (2015). Ranking EU Progress on Improving Motorway Safety. https://www.vdtuev.de/dok_view?oid=515581. Zugegriffen am 30.11.2019.

29. Gohlisch, G., & Malow, M. (1999). Umweltauswirkungen von Geschwindigkeitsbeschränkungen. https://www.umweltbundesamt.de/sites/default/files/medien/publikation/long/3136.pdf. Zugegriffen am 30.11.2019.

30. M 04.09 Tempolimit und Reduktion des Kraftstoffverbrauchs. (2007). Bundeszentrale für politische Bildung. https://www.bpb.de/lernen/grafstat/134921/m-04-09-tempolimit-und-reduktion-des-kraftstoffverbrauchs. Zugegriffen am 30.11.2019.

31. Scholz, Th., et al. (2007). Auswirkungen eines allgemeinen Tempolimits auf Autobahnen im Land Brandenburg. https://mil.brandenburg.de/media_fast/4055/studie_tempolimit.pdf. Zugegriffen am 30.11.2019.

32. Wiczorek, N. (2019). Auf der Jagd nach mehr Sicherheit. *Kieler Nachrichten*, S. 9.

33. Tempolimit auf A7 weitgehend aufgehoben. (2019). Kieler Nachrichten. https://www.kn-online.de/Nachrichten/Schleswig-Holstein/Tempolimit-auf-A7-weitgehend-aufgehoben-zwischen-Bordesholm-und-Hamburg. Zugegriffen am 12.05.2020.

34. Stotz, P. (2019). Tempolimit könnte bis zu 140 Todesfälle im Jahr verhindern. https://www.spiegel.de/auto/aktuell/tempolimit-koennte-jaehrlich-bis-zu-140-todesfaelle-verhindern-a-1254504.html.

5

Die Energiewende im Spannungsfeld von Gesellschaft und Politik

Inhaltsverzeichnis

Zusammenfassung Um besser zu verstehen, warum Deutschland trotz seiner Wirtschafts- und Innovationskraft bislang erst einen sehr kleinen Teil der Energiewende geschafft hat, greift dieses Kapitel die wichtigsten grundlegenden Barrieren der Klimaschutzpolitik auf.

Weiterhin wird beschrieben, wie Greta Thunberg, die Fridays-for-Future-Bewegung oder der Youtuber Rezo es schaffen konnten, mit ihrer hohen medialen Präsenz das Thema Klimaschutz stärker in den Fokus der Politik zu rücken.

© Springer Fachmedien Wiesbaden GmbH, ein Teil von Springer
Nature 2020
A. Luczak, *Deutschlands Energiewende – Fakten, Mythen und Irrsinn,*
https://doi.org/10.1007/978-3-658-30277-1_5

Schließlich wird auf die Grundsatzfrage eingegangen, inwieweit man als einzelner Bürger überhaupt wesentlich zum Klimaschutz beitragen kann bzw. soll oder ob es in der Verantwortung der Politik liegt, dass die vereinbarten Klimaziele erreicht werden. Zudem wird dargelegt, welche der vielen üblichen Ratschläge, seinen Klimafußabdruck zu verringern, wirklich etwas bringen und welche eher der eigenen Gewissensberuhigung dienen.

5.1 Warum sich Deutschland mit der Energiewende so schwertut

Dass die Umsetzung der Energiewende in Deutschland so ins Stocken gekommen ist, verwundert nicht, wenn man die kontroversen Diskussionen in Politik und Gesellschaft verfolgt. Obwohl es einen großen Konsens darin gibt, die Klimaziele zu erreichen, gibt es erbitterten Widerstand gegen fast alle Maßnahmen, die dazu dienen, diese Ziele tatsächlich zu erreichen. Um zu verstehen, warum Deutschland trotz seines Wohlstands, technischen Know-hows und einer seit Jahrzehnten stabilen Regierung nicht in der Lage ist, die Energiewende einigermaßen sinnvoll umzusetzen, muss man sich der folgenden, die Umsetzung erschwerenden Tatsachen bewusst werden.

Es gibt keinen gesellschaftlichen „Sense of Urgency"
Im Gegensatz zur Coronakrise, bei der erschreckende Bilder von Massengräbern die Gesellschaft dazu gebracht haben, selbst drakonische Beschränkungen der Grundrechte relativ klaglos hinzunehmen, wird die Klimaveränderung nicht als eine so unmittelbar und rasch wirkende Bedrohung gesehen, gegen die dringend etwas getan werden müsste. Selbst die Hitze- und Dürrewelle 2018 wird den meisten eher positiv in Erinnerung bleiben. Der Versuch,

diesen Sommer als Argument für mehr Klimaschutz zu inst-
rumentalisieren, hat sich eher ins Gegenteil verkehrt, da viele
ihn nun eher als Beweis dafür ansehen, dass Deutschland
selbst solche Extremereignisse recht gut verkraften kann.
Auch die Zahl der in Deutschland vorhergesagten zusätzlichen
Hitzetoten werden im Gegensatz zu der Zahl der an Covid
19 verstorbenen Menschen im statistischen Rauschen der allgemeinen Sterblichkeitsrate komplett untergehen, abgesehen
davon, dass man ohnehin kaum sagen kann, wie viele dieser
Hitzetote man vermeiden kann, wenn Deutschland, Europa
und der Rest der Welt diese oder jene Klimaschutzmaßnahme konsequenter oder zusätzlich umsetzt.

**Die negativen Folgen des Klimawandels treffen vor al-
lem andere Länder als Deutschland**
Während die klimatischen Auswirkungen des Klimawandels bereits recht gut vorhergesagt werden können, ist eine
Vorhersage der damit verbundenen Folgen für die menschliche Gesellschaft deutlich unsicherer. Eine rein ökonomische Betrachtung führt bei den meisten Studien zu dem
Schluss, dass der wirtschaftliche Schaden mit steigender
Temperatur extrem stark wächst [1].

Die wirtschaftliche Auswirkung unterscheidet sich jedoch von Region zu Region sehr stark. Auch wenn die Folgen in Summe negativ sind, wird es auch Länder ohne negative Auswirkung oder sogar Gewinner geben. Mehrere
Studien gehen davon aus, dass Deutschland in Summe mit
hoher Wahrscheinlichkeit eher zu den Gewinnern als zu
den Verlierern des Klimawandels gehören wird [1–3].

Damit kommen die Anstrengungen, die Deutschland zu
leisten hat, um seine Klimaziele zu erreichen, eher anderen
Ländern zugute und nicht Deutschland selbst. Während es
eigentlich selbstverständlich sein sollte, dass ein Land auch
dafür sorgen muss, den schädlichen Einfluss auf andere

Länder zu beseitigen, ist dies jedoch für viele eine deutlich schwächere Motivation, etwas für den Klimaschutz zu tun, als wenn der Nutzen dem eigenen Land direkt zugutekommen würde.

Bei den meisten sonstigen Arten umweltschädlichen Verhaltens treten die negativen Folgen auch genau in dem Land auf, wo dieses Verhalten stattfindet. Wenn ein in Deutschland ansässiger Industriebetrieb giftige Chemikalien in einen Fluss leitet, wird damit auch ein deutscher Fluss verseucht. Wenn in einer deutschen Stadt zu viele Autos mit hohen Abgaswerten herumfahren, wird in genau dieser Stadt die Luftqualität abnehmen. Wenn ein deutscher Landwirt zu viel Gülle auf den Feldern verteilt, wird in der Regel nur das deutsche Grundwasser vergiftet. Es gibt also ein direktes lokales Feedback zu einem umweltschädigenden Verhalten. Im Fall des Klimawandels ist es jedoch völlig egal, an welcher Stelle der Welt eine Tonne Treibhausgas emittiert wird, da es sich in kürzester Zeit gleichmäßig in der gesamten Erdatmosphäre verteilen wird. Die schädliche Wirkung der in Deutschland ausgestoßenen Treibhausgase ist also nicht lokal begrenzt, sondern betrifft die gesamte Erde. Deutschland hat sich zwar mit der Unterzeichnung des Pariser Klimavertrages grundsätzlich auch dazu verpflichtet, Klimaschäden in anderen Ländern auszugleichen, an eine daraus abgeleitete reelle finanzielle Bedrohung für Deutschland scheinen jedoch die wenigsten wirklich zu glauben.

Die Folgen des Klimawandels werden gemessen an menschlichen Zeiträumen nur langsam stärker
Wenn man die menschengemachten Klimaveränderungen der vergangenen und folgenden Jahrzehnte betrachtet, sind diese zwar an erdgeschichtlichen Zeiträumen gemessen unglaublich schnell fortschreitend, in menschlichen Zeiträu-

men jedoch immer noch sehr schleichend. Ältere Menschen
haben zwar das Gefühl, dass es in ihrer Kindheit kälter war
und es auch im Flachland öfters eine geschlossene Schnee-
decke gab, aber gemessen an einem halben Menschenleben
ist die Veränderung im Vergleich zu den normalen Schwankungen von Jahr zu Jahr kaum spürbar. Die vom Weltklimarat befürchteten Folgen entwickeln sich in den nächsten
80–150 Jahren, also im Laufe mehrerer Generationen. Das
menschliche Verhalten und speziell die Politik ist eher auf
kurzfristige Erfolge wie die nächste Wiederwahl ausgerichtet als auf Dinge, von denen man erst mehrere Generationen nach uns profitiert.

**Die negativen Folgen des Klimawandels lassen sich an
keinem Ereignis konkret festmachen**

Die Folgen der Coronakrise, eines Erdbebens, Vulkanaus-
bruchs oder Tsunamis kann man unmittelbar dieser einer
konkreten Ursache zuordnen. Die negativen Folgen des Klimawandels zeigen sich jedoch nur in einer statistischen
Häufung problematischer Wetterlagen und Extremtem-
peraturen. Auch wenn Dürreperioden, Hitzewellen oder
Überschwemmungen aufgrund der menschengemachten
Klimaveränderung signifikant häufiger werden: Der Mensch
hat diese grundsätzlich schon immer erlebt und sieht das
Wettergeschehen zunächst einmal als Schicksal der Natur.
Auch bei sofortigem weltweiten Stopp der Treibhausgasemission wird es diese Ereignisse weiterhin geben, nur eben
weniger ausgeprägt häufiger werden. Der statistische Zusammenhang zwischen der Häufigkeit von Extremwetter-
ereignissen und der Menge an erzeugten Treibhausgasen ist
aber für viele Menschen zu abstrakt und nicht greifbar genug. Der Mensch sehnt sich nach einfachen, direkt nachvollziehbaren Handlungsoptionen wie etwa: Abschaltung
der Atomkraftwerke – also kein Super-GAU mehr möglich.

Deutschland kann die weltweiten Treibhausgasemissionen nur um 2 % verringern

Die Problematik des menschengemachten Klimawandels ist, dass ihn praktisch alle Länder mehr oder weniger stark verursachen und er deshalb nur dann gestoppt werden kann, wenn so gut wie alle Länder ihre Treibhausgasemissionen extrem stark reduzieren. Ein einzelnes Land allein kann gegen den Klimawandel jedoch kaum etwas ausrichten. Deutschlands Anteil an den weltweiten Treibhausgasemissionen beträgt nur etwa 2 %, sodass der Nutzen der eigenen Anstrengungen im globalen Maßstab kaum sichtbar wird. Unbequeme Maßnahmen sind deshalb der Bevölkerung nur schwer vermittelbar.

Wie schnell und relativ einvernehmlich Deutschland bei Umweltproblemen handeln kann, wenn die Veränderungen in deutlich kürzerer Zeit stattfinden und unmittelbar erfahrbar werden, kann man an der erfolgreichen Eindämmung des innerhalb weniger Jahre entstandenen Waldsterbens ablesen: Ende der 1970er-Jahre wurden große Teile der mitteleuropäischen Wälder aufgrund des Schwefeldioxidausstoßes von Kraftwerken, Industrie und PKW extrem geschädigt. Die Auswirkungen waren innerhalb weniger Jahre mit bloßem Auge für alle sichtbar. Dadurch wurde der gesellschaftliche Druck auf die Politik so groß, dass weitreichende ordnungsrechtliche Eingriffe möglich wurden, zum Beispiel die Pflicht des Einbaus von Filteranlagen für Industrieanlagen und Kraftwerke sowie die Katalysatorpflicht für benzinbetriebene PKW. Der Nutzen dieser Maßnahmen wurde wiederum auch sehr schnell sichtbar: Der in den 1980er-Jahren extrem schnelle Anstieg der Schädigung konnte innerhalb weniger Jahre zumindest gestoppt, wenn auch nicht rückgängig gemacht werden.

Deutschland hat viel zu verlieren

Deutschland hat sich, wie viele andere wirtschaftsstarke Industrienationen auch, in den letzten Jahrzehnten an einen extrem energieintensiven Lebensstil auf Basis extrem günstiger fossiler Energie gewöhnt. Durch den mehr oder weniger hohen Mehrpreis klimafreundlicher Energiebereitstellung werden viele Menschen nach vielen Jahren Wachstum ihren (Energie-)Konsum erstmalig deutlich reduzieren müssen, während weniger entwickelte Länder ihren noch auf niedrigem Niveau befindlichen Wohlstand auch klimaneutral noch relativ einfach steigern können, wenn auch etwas langsamer als es mit fossiler Energie möglich wäre.

Die Maßnahmen werden für sehr viele Bürger spürbar
Bei früheren Umweltproblemen beschränkten sich die notwendigen Maßnahmen nur auf kleinste Anteile des täglichen Lebens oder betrafen nur einige wenige Industrieunternehmen. Als das Kühlmittel FCKW das Ozonloch verursachte, konnte es ohne viel Widerstand in der Bevölkerung verboten werden, weil es nur in vergleichsweise wenigen Produkten benötigt wird und es alternative Kühlmittel gibt, die nicht wesentlich teurer sind. Die Mehrkosten der Umweltschutzmaßnahme waren damit für den einzelnen Bürger praktisch vernachlässigbar. Als man sich entschied, die Wasserqualität zu erhöhen und entsprechende Wasserschutzgesetze erließ, betraf dies ebenfalls nur einen kleinen Teil der Industrie, der die Abwasserreinigung mit überschaubarem Aufwand bewerkstelligen konnte. Selbst die eigentlich radikale Maßnahme der vorzeitigen Abschaltung der Kernkraftwerke ließ sich problemlos einfach dadurch realisieren, dass die verbleibenden fossilen Kraftwerke entsprechend stärker ausgelastet wurden. Dadurch musste keinerlei neue Infrastruktur geschaffen werden und der unter anderem durch die massive Fracking-Förderung von Gas in den USA bedingte niedrige Kohle- und Gaspreis auf dem Weltmarkt führte dazu, dass der Ersatz der Kernkraft durch fossile Erzeugung den Strompreis kaum erhöhte.

Eine konsequente Umsetzung der Energiewende führt jedoch zu spürbaren Beeinträchtigungen breiter Bevölkerungsschichten. War ein Großteil der sichtbaren Energieinfrastruktur bislang auf wenige Kraftwerksstandorte und die bestehenden Überlandstromleitungen beschränkt, erfolgte speziell mit dem Ausbau der Windenergie und der Stromtrassen eine Vervielfachung der Anzahl an Menschen, in deren Umfeld plötzlich eine unschöne Energieinfrastruktur gebaut werden musste. Für die Förderung von Braunkohle mussten zwar sogar einzelne Dörfer komplett umgesiedelt werden, von Windanlagen sind aber nun Tausende von Dörfern, wenn auch nicht so drastisch, betroffen. Es besteht dabei die offensichtliche Ungerechtigkeit, dass nur derjenige Teil der Bevölkerung Beeinträchtigungen durch Windanlagen ertragen muss, der sich in der Vergangenheit zufällig in windreichen Gegenden angesiedelt hat. Selbst wenn großzügig bemessene gesetzliche Mindestabstände eingehalten werden, führt dies zu einer Beeinträchtigung der Wohnqualität, die sich auch finanziell in einer Reduktion des Grundstückwerts niederschlägt. Die in Dänemark im Gegensatz zu Deutschland deutlich geringeren Proteste gegen die Windenergie lassen sich auch dadurch erklären, dass dort die Grundstücksbesitzer und Bewohner in der Nähe von Windanlagen im Gegensatz zu Deutschland angemessen entschädigt werden [4, 5]. Dies ist sicherlich zielführender als stattdessen die betroffenen Gemeinden zu entschädigen, wie es momentan manche für Deutschland fordern, da sichergestellt sein muss, dass die Entschädigung auch direkt, transparent und gerecht bei den betroffenen Bürgern landet. Die ebenfalls in Deutschland diskutierte Idee, von Windanlagen betroffenen Bürgern die Möglichkeit zu geben, sich finanziell an den Anlagen zu beteiligen, ist sozial ungerecht, da nicht jeder unbedingt das Geld für so eine Investition übrig hat.

Der Ersatz fossiler Energie durch klimaneutrale Alternativen wird lange Zeit mit spürbaren Mehrkosten verbunden sein. Ein kleiner Vorgeschmack dazu lieferte der Anstieg der EEG-Umlage in wenigen Jahren auf über 6 ct/kWh. Um etwa ein Drittel des Strombedarfs durch erneuerbare Energien zu ersetzen, haben sich die Kosten für die Strombeschaffung von etwa 4 ct/kWh (durchschnittlicher Börsenstrompreis vor der Energiewende) damit mehr als verdoppelt. Man könnte natürlich argumentieren, dass diese Mehrkosten nur deshalb so hoch sind, da Wind- und Solarenergie viele Jahre lang noch sehr teuer waren, während sie mittlerweile billiger als konventionelle Energie sind, sodass die Stromkosten langfristig sogar niedriger liegen werden als ohne Energiewende. Um diese Aussage zu widerlegen, bedarf es gar keiner komplexen Berechnungen und Studien (Abschn. 3.4), sondern es reicht auch der gesunde Menschenverstand: Wenn die klimaneutralen Alternativen tatsächlich günstiger als die fossile Energieerzeugung wären, hätten sie die auf fossiler Energie beruhenden Technologien in Deutschland schon längst und ohne große politische Einflussnahme und Subventionen in großem Umfang ersetzt. Es sollte außerdem jedem einleuchten, dass es prinzipiell günstiger ist, Wärme bzw. Bewegungsenergie aus den Rohstoffen Kohle, Öl oder Gas, die noch etliche Jahrzehnte vergleichsweise günstig gefördert werden können, zu gewinnen. Zur Energieerzeugung muss man diese im Prinzip nur mit einem Funken anzünden, statt mit großem technischen Aufwand aus Tausenden von Wind- und PV-Anlagen Strom zu erzeugen, daraus mit teuren und verlustreichen Umwandlungsanlagen „grüne" e-Fuels zu erzeugen oder in teuren Batterien zu speichern. Es wird zwar zurecht oft behauptet, dass die klimafreundlichen Alternativen schon jetzt oft günstiger als die fossilen Technologien wären, wenn die Umweltschäden der fossilen Erzeugung gerecht eingepreist wären. Günstiger bezieht sich allerdings nur auf den Vergleich mit einer deutlich höher als jetzt besteuerten fossilen Energie. Absolut gesehen wird die klimaneutrale Energie so gut wie immer mehr oder weniger teurer sein als die günstige fossile Energie, die wir bislang gewohnt sind.

Beim Umstieg auf die Elektromobilität sind die vom Verbraucher zu tragenden Kosten für den Ladestrom in etwa vergleichbar mit den aktuellen Kosten für Benzin und Diesel.[1] Teurer als das Tankstellennetz dürfte hingegen der Ausbau der Ladeinfrastruktur sein. Hinzu kommt, dass vollwertige PKW mit Verbrennungsmotor mit Reichweiten über 700 km und Tankzeiten von 5 min zu einem Listenpreis von weniger als 8000 € erhältlich sind, wofür man nicht einmal die Batterie der meisten aktuell erhältlichen Elektrofahrzeuge bezahlen könnte. Eine weitere dramatische Verbilligung der Elektroautos ist auch langfristig nicht zu erwarten, da die Lernkurve bei der Herstellung von Lithium-Ionen-Akkus bereits recht flach ist und bei der bereits seit einigen Jahren herrschenden Massenfertigung auch keine wesentlichen kostensenkenden Skaleneffekte mehr zu erwarten sind.

Da im Prinzip auch jeglicher Konsum mit dem Verbrauch von mehr oder weniger fossiler Energie verbunden ist, wird der Bevölkerung langsam bewusst, dass die Energiewende fast jeden Lebensbereich verteuern wird und man bei einer konsequent umgesetzten Energiewende lieb gewonnene energieintensive Gewohnheiten aus Kostengründen vermutlich reduzieren werden muss.

Fast alle Lebensbereiche und Verhaltensweisen werden stigmatisiert

[1] Für eine gerechte Vergleichbarkeit der Kosten für Benzin bzw. Diesel mit dem Ladestrom von Elektroautos muss die Mineralölsteuer abgezogen werden, da sie der verursachergerechten Finanzierung der Straßeninfrastruktur dient und in ähnlicher Form über kurz oder lang auch bei Ladestrom erhoben werden muss.

Neben dem oben genannten rein ökonomischen Aspekt lässt sich auch schwer damit umgehen, dass praktisch alles, was man bisher gern getan hat, auf einmal den mehr oder weniger großen Makel Klimaschädlichkeit hat. Nicht nur beim Fliegen soll man nun ein schlechtes Gewissen haben („Flugscham"), sondern man muss sich im Prinzip ständig vor sich und vor anderen für alles Mögliche rechtfertigen, da es zu praktisch jeder Handlung eine klimafreundlichere Alternative gibt. Nicht einmal das eigentlich unverdächtige Radfahren ist streng genommen von allen Zweifeln erhaben, denn es belastet das Klima durch den erhöhten Kalorienverbrauch teilweise sogar mehr als die alternative Fahrt in einem voll besetzten Auto (Abschn. 4.2). Dass man Maßnahmen, die in so viele private Lebensbereiche durch Verbote und Preiserhöhungen hineinreichen, skeptisch gegenübersteht, ist kaum verwunderlich.

Die Energiewende bedeutet eine massive ökonomische Umverteilung

Auch wenn die deutsche Wertschöpfung und die Zahl der benötigten Arbeitsplätze zweifelsohne zunehmen werden, wird es genauso zwangsläufig auch Verlierer geben. Alle Unternehmen, die in irgendeiner Weise von fossiler Energieerzeugung finanziell profitieren, werden nach und nach quasi enteignet. Höhere Energiekosten treffen besonders Reichere, die sich einen großen Energiekonsum leisten können (viel beheizter Wohnraum, viele Fernreisen, große Autos usw.), Ärmere und kinderreiche Familien hingegen können bei einer Pro-Kopf-Ausschüttung einer CO_2-Steuer sogar profitieren.

Superreiche werden bezogen auf das verfügbare Einkommen oder Vermögen jedoch weniger durch höhere Energiepreise getroffen, da ab einem gewissen Vermögen der Energiekonsum mit steigendem Wohlstand nicht mehr in demselben Maß weiterwächst, wie bei der Mittel- und eher

unteren Oberschicht. Es ist eher unwahrscheinlich, dass ein
Milliardär tausendmal mehr Treibhausgase verursacht als
ein Millionär.

Die potenziellen Verlierer der Energiewende üben dementsprechend massiven Druck auf die Politik aus, die Energiewende so zu gestalten, dass sie möglichst wenig verlieren
oder wenigstens angemessen entschädigt werden.

Zusätzlich gibt es natürlich auch Gruppen, die finanziell
sehr stark davon profitieren, wenn bestimmte Technologien
im Rahmen der Energiewende gefördert werden. Die dadurch eine Zeit lang boomende deutsche Solarindustrie ist
jedoch aufgrund der durch geschickte Lobbyarbeit erreichten extremen Überforderung speziell in den Jahren
2008–2012 bei der Politik in Ungnade gefallen und die
Windkraftgegner haben sich mittlerweile deutlich besser
organisiert als die Befürworter, was auch in dieser einst flo-
rierenden Branche zu starken Gewinneinbrüchen und In-
solvenzen geführt hat. Diese Lücke versuchen nun Unternehmen zu stopfen, die sich aus der staatlichen Förderung
von in der Gesellschaft aktuell noch positiv besetzten Technologien wie Elektromobilität oder Wasserstoffwirtschaft
große Vorteile versprechen.

**Wissenschaftliche Institutionen haben oft Eigeninte-
ressen**

Um von den eigenen damit verbundenen finanziellen Interessen abzulenken, verweisen Unternehmen und Branchen
in der Hoffnung auf staatliche Förderungen oft auf wissenschaftliche Studien, die diese oder jene Technologie in den
Himmel loben. Doch auch die wissenschaftliche Forschung
ist in Deutschland trotz des durch das Grundgesetz gesi-
cherten Prinzips der Freiheit der Wissenschaft nicht immer
völlig frei von Eigeninteressen. Der Wissenschaftsbetrieb in

Deutschland besteht zu großen Teilen aus prekären Arbeitsverhältnissen mit befristeten Verträgen, bei denen die Verlängerung davon abhängt, möglichst viele Fördergelder von Staat und Industrie zu ergattern. Selbst verbeamtete Professoren können sich dem institutionellen Druck kaum erwehren, die Sinnhaftigkeit der Arbeiten ihrer Arbeitsgruppen dem Staat und der Industrie irgendwie glaubhaft zu machen. Damit soll nicht unterstellt werden, dass die Forschungsanträge und Studien bewusst irreführend mit falschen Fakten erstellt werden. Man muss sich jedoch schon fragen, wie unabhängig der Wissenschaftsbetrieb auf Staat und Industrie tatsächlich hinwirkt, dass Investitionen in den Ausbau vorhandener, relativ günstiger, aber wissenschaftlich relativ uninteressanter Technik für den Klimaschutz am sinnvollsten angelegt sind. Stattdessen wird dann doch erstaunlich oft die Werbetrommel gerührt für einen übereilten massiven Ausbau unausgereifter und extrem teurer, jedoch aus technisch bzw. wissenschaftlicher Sicht natürlich viel spannenderen innovativen Technologien, für deren Sinnhaftigkeit jedoch noch jahrzehntelang die Voraussetzungen in Sachen Ausbau von Wind- und Solarenergie noch gar nicht gegeben sind. Es gibt letztendlich gar nicht so viele unabhängige wissenschaftliche Instanzen, die sich einerseits mit Zukunftstechnologien gut auskennen und es sich andererseits leisten können oder wollen, deren Sinnhaftigkeit in dieser frühen Phase der Energiewende anzuzweifeln. Und so ist zu befürchten, dass auch weiterhin alle Jahre wieder eine andere technologische „Sau durchs Dorf getrieben wird" und man sich dann wieder wundern wird, warum die vielen Subventionen nur zu so einer geringen Emissionssenkung geführt haben.

Wenn nur Deutschland die Energiewende umsetzt, ist Deutschland gegenüber den anderen Ländern benachteiligt

Dieses Dilemma wird in der Wirtschafts- und Sozialwissenschaft auch als Allmendeproblematik („tragedy of the commons") bezeichnet. Diese Problematik tritt immer dann auf, wenn ein egoistisches Verhalten zwar kurzfristig zu einem eigenen Vorteil führt, allerdings auf lange Sicht nachteiliger ist als ein soziales Verhalten. Ein typisches veranschaulichendes Beispiel, das oft angeführt wird, ist sinngemäß das Folgende: Nehmen wir an, die Fischpopulation in einem See würde sich nur dann dauerhaft halten können, wenn jeder der dort ansässigen Angler nicht mehr als ungefähr einen Fisch pro Tag angeln würde. Ein einzelner Angler könnte nun meinen, dass er lieber zwei Fische pro Tag angeln sollte, um einen persönlichen Vorteil gegenüber den anderen Anglern zu erzielen. Wenn jedoch alle Angler so denken, wird die Fischpopulation sehr bald zugrunde gehen, sodass am Ende gar keine Fische mehr vorhanden sind und alle Angler komplett leer ausgehen. Übertragen auf die Klimawandelproblematik bedeutet dies, dass Länder in die Versuchung geraten, auf unbequeme und teure nationale Maßnahmen zu verzichten, um dadurch zunächst einen wirtschaftlichen Vorteil gegenüber Ländern zu erlangen, die solche Maßnahmen umsetzen. So ein Land ist gewissermaßen ein Trittbrettfahrer, der von den klimapolitischen Anstrengungen anderer Länder profitieren will, ohne selbst ausreichend dazu beizutragen. Je mehr Länder jedoch so denken, desto eher wird der Fall eintreten, dass der Klimawandel nicht ausreichend genug verlangsamt wird und dadurch globale Schäden für alle Länder entstehen, die größer sind als der Nutzen, den die einzelnen Trittbrettfahrer durch den egoistischen Verzicht auf Klimaschutzmaßnahmen erlangt haben. Der Leitspruch vieler Politiker und Bürger, der Klimaschutz dürfe nicht auf Kosten von Arbeitsplätzen und dem Wirtschaftserfolg in Deutschland geschehen, spiegelt genau diesen Trittbrettfahrergedanken wider, dass man hofft, dass andere Länder schon in die Bresche springen werden und den globalen Klimaschutz sicherstellen, ohne dass Deutschland dabei wesentliche Nachteile in Kauf nehmen muss.

Politiker wollen wiedergewählt werden
Politiker, die auf eine Wiederwahl bedacht sind, tun sich naturgemäß schwer damit, unpopuläre Maßnahmen durchzusetzen. Sie bevorzugen außerdem generell Klimaschutzmaßnahmen, die in der Öffentlichkeit sichtbar und positiv besetzt sind (zum Beispiel Elektrofahrzeuge oder Wasserstofferzeugungsanlagen), unabhängig davon, wie viel oder wenig sie im Vergleich zu Maßnahmen bringen, die eher im Verborgenen wirken und deshalb für die Öffentlichkeit nur wenig sichtbar sind (zum Beispiel eine Verschärfung und Ausweitung des Emissionshandels). So sehr die Demokratie ein Segen für die Gesellschaft ist, so schwer tut sie sich damit, Maßnahmen, die in erster Linie aus globaler und langer Sicht sinnvoll sind, umzusetzen.

Das Vertrauen der deutschen Bevölkerung in die Politik ist nicht besonders hoch
Untersuchungen haben gezeigt, dass es einen Zusammenhang zwischen dem Vertrauen der Bevölkerung in die Politik und dem Umfang und Ergebnis von Klimaschutzmaßnahmen zu geben scheint [6].
Im europäischen Vergleich ist dieses Vertrauen in Deutschland nur durchschnittlich ausgeprägt. Bürger skandinavischer Länder wie Schweden, Norwegen oder Dänemark haben ein deutlich größeres Vertrauen in die Politik als in Deutschland und bei diesen Ländern zeigen sich entsprechend auch konsequentere Klimaschutzmaßnahmen. Auch wenn man nicht den Fehler machen darf, aus einer Korrela-

tion automatisch auch einen kausalen Zusammenhang herzustellen, wäre dieser Zusammenhang zumindest naheliegend. Wenn ich als Politiker den Eindruck habe, dass die
Bürger mir sehr vertrauen, kann ich eine CO2-Bepreisung
mit einer Pro-Kopf-Rückerstattung leichter vermitteln, als
wenn ich damit rechnen muss, dass die Bevölkerung ver-
drossen denkt, dass sie damit von der Politik ohnehin wieder mal nur geschröpft werden soll, und die versprochene
Rückerstattung am Ende, wie so oft bei im Wahlkampf versprochenen Wohltaten, doch nicht erfolgt.

5.2   Die Inszenierung von Klimawandel und Energiewende in den Medien

Umfang, Ursachen und Folgen des Klimawandels sind seit
mehreren Jahrzehnten bekannt und wurden in den Medien
regelmäßig auch immer wieder mal thematisiert. Trotzdem
war dies in der Öffentlichkeit lange Zeit ein so unwichtiges
Thema, dass es selbst im Bundestagswahlkampf 2017 noch
praktisch keine Rolle spielte. Im TV-Duell diskutierten
Bundeskanzlerin Angela Merkel und ihr Herausforderer
Martin Schulz ausgiebig über Flüchtlinge, den türkischen
Staatspräsidenten Erdoğan, die innere Sicherheit sowie über
soziale Probleme, Digitalisierung und Bildung. Die Themen Klimawandel und Energiewende wurden überhaupt
nicht erwähnt, weder von Merkel oder Schulz noch von
den Fernsehmoderatoren.

Selbst die Grünen hielten sich damit zurück, notwendige
Klimaschutzmaßnahmen im Wahlkampf zu stark zu the-
matisieren. Spätestens ihr Veggie-Day-Desaster machte ihnen klar, dass man mit unbequemer realistischer Umwelt-
politik keine Wahlen gewinnen kann. Hinzu kommt, dass

Medien und Politik lange Zeit den falschen Eindruck vermittelt haben, Deutschland sei immer noch Vorreiter in Sachen Klimapolitik. Sollte guter Journalismus eigentlich die Diskrepanz zwischen den versprochenen Zielen und den tatsächlich erreichten Ergebnissen herausarbeiten, wird stattdessen selbst ein zur Erreichung der Klimaziele viel zu langsamer Ausbau der erneuerbaren Energien mit Schlagzeilen wie „Rekord für Strom aus erneuerbare Energien" oder „Wind und Sonne liefern erstmals mehr Strom als Kohle" als grandioser Erfolg gefeiert. Das ist in etwa so absurd, wie ein Sportreporter, der bei der Berichterstattung über einen Marathon kurz nach dem Start enthusiastisch meldet, dass die Läufer bereits einen Kilometer geschafft haben, so viel, wie nie zuvor seit dem Start.

Marginalien, wie das Verwenden wiederverwendbarer Tüten (der damit verbundene Klimanutzen ist bestenfalls vernachlässigbar), der Mülltrennung und dem Wassersparen (obwohl es in Deutschland gar keinen Wassermangel gibt) ist für viele bereits ein ausreichender persönlicher Beitrag, um das Gefühl zu haben, alles Notwendige für die Nachhaltigkeit zu tun. Medienberichte über Folgen des Klimawandels stießen lange Zeit in der Öffentlichkeit auf relativ wenig Beachtung.

Wie Greta Thunberg und die Fridays-for-Future-Bewegung die Medien eroberten

Doch der Sommer 2018 bedeutete einen Einschnitt: Auf einmal war der Klimawandel auch körperlich unmittelbar erfahrbar und die Bilder von Waldbränden und ausgetrockneten Feldern und Flüssen vor der Haustür waren mächtiger als die bislang gezeigten abstrakten Balkendiagramme oder das mit der Zeit immer mehr abgedroschene Bild des Eisbären auf einer schmelzenden Eisscholle. Hätte man sich früher über so einen Sommer noch vorbehaltlos gefreut, wurde er einem auf einmal unheimlich, befeuert von den Medien, die durch möglichst drastische Darstellungen der negativen Folgen des Dürresommers eine erhöhte Aufmerksamkeitsrate erzeugen wollten. Just in dieser Zeit begann der Schulstreik von Greta Thunberg und der Kampf gegen den Klimawandel hatte nun auch auf einmal ein Gesicht. Soziale Bewegungen brauchen häufig Persönlichkeiten, mit denen man sich identifizieren kann. Die Schülerin hat das Thema Klimawandel mächtiger in das öffentliche Bewusstsein gerückt als die vielen Klimaforscher, Umweltverbände und Politiker, die seit Jahrzehnten bereits genau dieselben Aussagen machten, ohne jedoch ansatzweise so eine Resonanz wie Greta Thunberg zu finden. Um in der Medienwelt eine hohe Aufmerksamkeit zu erhalten, muss man eben möglichst anders und neuartig sein und hier kamen sehr viele dieser Faktoren zusammen:

- Greta Thunberg vertritt nur sich selbst und ist in keinerlei Organisation eingebunden.
- Sie ist minderjährig, hat eine psychische Krankheit (Asperger-Syndrom) und weckt dadurch besonderes Interesse.
- Ihre Botschaften sind klar, prägnant und einleuchtend.
- Sie tritt beharrlich, mutig und authentisch auf und hat keinerlei Respekt vor bekannten Politikern.
- Sie nutzt virtuos die Klaviatur der Social-Media-Kanäle.

Schulstreiks waren bislang kein gängiges Mittel, um politische Forderungen durchzusetzen. Bietet die Verletzung der Schulpflicht zwar Kritikern die Möglichkeit zu argumentieren, es ginge eher darum, die Schule zu schwänzen, statt etwas für das Klima zu tun, hat diese jedoch unbestritten zu der damit erhofften besonderen medialen Aufmerksamkeit geführt. Medien bevorzugen einfache und gleichzeitig aufsehenerregende Thematiken und der für deutsche Verhältnisse sehr beachtenswerte Regelverstoß „Schule schwänzen" ist für die Medien viel attraktiver als ein ausgewogener Bericht über die komplexe Klimapolitik.

Die Idee, den Protest jeden Freitag am selben Ort zu wiederholen, bringt eine planbare Kontinuität im Gegensatz zu den bislang üblichen singulären Demonstrationen, deren Öffentlichkeitswirksamkeit oft wieder schnell verpufft. Wie die Regelmäßigkeit eines Protests besonders wirksam ist, haben auch 1989 die Dresdner Montagsdemonstrationen gezeigt, die wohl maßgeblich zum Fall der innerdeutschen Mauer beigetragen haben, ein Konzept, das auch 2004 von den Montagsdemonstrationen gegen die von Kanzler Schröder angekündigte Agenda 2010 erfolgreich übernommen wurde. Entsprechend hat der Protest in vielen anderen Ländern unter dem Motto „Fridays for Future" (ein von Greta Thunberg verwendeter Twitter-Hashtag) weitere Nachahmer gefunden.

Greta Thunberg hat es damit als ganz normale Schülerin geschafft, in kürzester Zeit zu einer gesuchten Gesprächspartnerin hochrangiger Politiker und Topmanager zu avancieren und als Rednerin zu internationalen Konferenzen eingeladen zu werden. Dies zeigt auf faszinierende Weise, was man auch als Einzelner bewirken kann, hat man doch sonst eher das Gefühl, als kleiner Bürger ohnehin keinen Einfluss auf „die da oben" zu haben.

Relativ schnell nahm der Medienrummel um Greta Thunberg jedoch absurde Züge an, die mit ihrem ursprünglichen Ansinnen, die Aufmerksamkeit auf das Versagen der Politik zu lenken, nichts mehr zu tun hatten. Die Berichterstattung konzentrierte sich immer mehr rein auf die Person Greta Thunberg und berichtete über praktisch jede Kleinigkeit, die Greta Thunberg gerade tat oder nicht tat. Sie ist damit zu einer von vielen verehrten Klima-Prophetin geworden, für die sich so viele Menschen interessieren, dass die Medien ihr Leben auf Schritt und Tritt verfolgen. Dies wird von Greta Thunberg und ihrem Umfeld auch professionell unterstützt. Sie wird von Fotografen und Kamerateams begleitet, die in professioneller Weise stimmungsvolle Bilder auf ihren Reisen mit Bahn, Segel- und Frachtschiffen erzeugen und auf allen großen Social-Media-Kanälen verbreiten.

Diese totale Fokussierung der Medien auf ihre Person schadet allerdings der Sache, um die es eigentlich geht. Statt über Klimaschutz wird immer mehr vor allem über Greta Thunberg als Person oder über Dinge, wie ihre spektakuläre Überquerung des Atlantiks mit einem Segelboot geredet. Und wenn sich das Publikum in der schnelllebigen Nachrichtenwelt bald gelangweilt von diesen Nachrichten abwendet, wird auch der mediale Druck auf die Politik wieder abnehmen, sich mit unpopulären Klimaschutzmaßnahmen zu beschäftigen [7].

Greta Thunberg ist durch ihre mediale Präsenz auch zu einem ausgeprägten Hassobjekt geworden, verkörpert sie ja das schlechte Gewissen der Wohlhabenden, die es nicht mit ansehen können, dass ausgerechnet eine Schülerin es schaffen könnte, dafür zu sorgen, dass der eigene Lebensstil auf einmal teurer oder gar verboten wird. Ein beliebter Versuch, die Person Greta Thunberg zu diskreditieren, liegt darin, sämtliche ihrer persönlichen Handlungen, insbesondere ihr Mobilitätsverhalten auf Klimafreundlichkeit zu überprüfen, und so lange herumzurechnen, bis man herausfindet, dass es eine noch klimafreundlichere Reiseart gegeben hätte. Selbst seriöse Medien steigen aus Gier nach einer Story, in der eine große Heldin zu Fall gebracht wird, in diesen abwegigen Versuch ein, damit die gesamte Klimabewegung infrage zu stellen. Dies ist insofern absurd, da ja gerade das in manchen Fällen vielleicht tatsächlich eher klimaschädliche Verhalten von Greta Thunberg ihre Forderung unterstreicht, dass wirksamer Klimaschutz letztlich nur durch politische Maßnahmen erfolgreich sein kann und die Verantwortung nicht auf den Einzelnen abgewälzt werden kann. Die Botschaft von Greta Thunberg und der Fridays-for-Future-Bewegung ist eben gerade nicht ein Appell an den einzelnen Bürger zu mehr Nachhaltigkeit, weniger Konsum, weniger Flugreisen etc., sondern der klare Auftrag an die Politik, dafür zu sorgen, dass die vertraglich vereinbarten Klimaziele erreicht werden, mit welchen Anreizen, Verboten oder Preissignalen auch immer.

Speziell die für die Klimapolitik der letzten Jahre verantwortlichen Politiker, allen voran Kanzlerin Angela Merkel, stehen vor einem Dilemma: Unterstützen Sie die Proteste der Fridays-for-Future-Bewegung, wirkt dies in höchstem Maß skurril, da sie ja damit auch die Kritik an ihrer eigenen Politik unterstützen. Sich gegen die Protestbewegung zu positionieren, ist jedoch auch sehr schwierig, da der Kern der Proteste auf dem unbestrittenen Faktum beruht, dass es die Politik bislang nicht geschafft hat, die von ihr versprochenen Reduktionsziele zu erreichen. Die Proteste abzulehnen, bedeutet also im Grunde, den unterschriebenen Pariser Klimavertrag abzulehnen bzw. als nicht erfüllbar anzusehen, was sich in der Öffentlichkeit nur Donald Trump zu sagen traut. Angela Merkel hat sich deshalb dann doch dafür entschieden, sich publikumswirksam auf die Seite der Fridays-for-Future-Bewegung zu schlagen [8]. Die ihr von dieser Bewegung vorgeworfene Verantwortung für die Politik der letzten 15 Jahre ignoriert Angela Merkel dabei geflissentlich und ihr Appell an die Weltgemeinschaft, die Klimaneutralität bis 2050 unbedingt erreichen zu müssen, wirkt wenig überzeugend angesichts der Tatsache, dass sie selbst als eine der mächtigsten Politikerinnen der Welt bislang keine einzige wirklich ambitionierte Klimaschutzmaßnahme umgesetzt hat.

Vor diesem Hintergrund hat dann auch Luisa Neubauer als eine der Hauptorganisatorinnen der deutschen Fridays-for-Future-Bewegung Angela Merkel als „schlimmer als Trump" bezeichnet, da sie nur so tut, als würde sie „was machen", aber die ihr gegebenen Möglichkeiten (auch in Europa) nicht nutzt [9].

Kann der generellen Aufforderung der Fridays-for-Future-Bewegung an die Politik, sich an das unterzeichnete Pariser Abkommen zu halten, von der Sache her nur schwer widersprochen werden, wird sie schnell angreifbar, sobald sie konkrete Maßnahmen fordert. Mag die generelle Forderung einer CO2-Bepreisung noch von der Mehrzahl der Klimaökonomen gedeckt sein, die zum Beispiel ebenfalls vorgebrachte Forderung eines angeordneten Kohleausstiegs bis zu einem bestimmten Zeitpunkt ist in Anbetracht des Vorhandenseins des europäischen Emissionshandels extrem umstritten. Sobald man den Fehler macht, sich in die unangenehmen Niederungen der konkreten Umsetzungsmöglichkeiten herabzubegeben, läuft man schnell Gefahr, sich den verschiedensten inhaltlichen Vorwürfen und Entgegenhaltungen auszusetzen – ein Kampf, den man als Schüler nur verlieren kann.

Rezos Video „Die Zerstörung der CDU" geht viral

Im Fahrwasser von Greta Thunberg und der Fridays-for-Future-Bewegung erschien dann im Vorfeld der Europawahl 2019 das aufgrund einer in der heutigen Medienwelt nicht unüblichen viralen Verbreitung etwa 10 Mio. Mal geklickte Video des Youtubers Rezo mit dem Titel „Die Zerstörung der CDU", in dem unter anderem die Klimapolitik der Regierungsparteien hart kritisiert wurde [10]. Ein Grund für die starke Wirkung dieser Kritik war, dass die Argumente einerseits sehr gut verständlich, prägnant und pointiert vorgebracht wurden, andererseits aber auch medial geschickt eine hohe Glaubwürdigkeit durch die perma-

nente Einblendung wissenschaftlicher Quellen und anerkannter Wissenschaftler erreicht wurde. Ein direkt im
Anschluss an die Veröffentlichung des Videos von verschiedenen Experten durchgeführter Faktencheck bestätigte die
Korrektheit aller wesentlichen Aussagen zum Klimaschutz.
Selbst eine von der CDU veröffentlichte schriftliche Ent-
gegnung zu dem Video enthielt keine belastbaren Aussagen, die die Inhalte des Videos in Bezug auf Klimaschutz
substanziell widerlegen würden [11].
Ist der Protest der Fridays-for-Future-Bewegung relativ
unkonkret an „die Politik" gerichtet, ging das Rezo-Video
angesichts der anstehenden Europawahl konkret auf politische Parteien ein. Rezo kritisierte dabei vor allem die CDU
massiv und gab eine klare Wahlempfehlung für die Grünen
aus. Entsprechend heftig war das dadurch ausgelöste politische Beben und spätestens ab diesem Zeitpunkt war sämtlichen Parteien klar, dass man die Klimaschutzpolitik nicht
nur den Grünen überlassen darf.

**Die extrem starke Medienpräsenz des Klimawandels war
letztlich folgenlos**
Bei aller Faszination und Anerkennung, wie viel Greta
Thunberg, die Fridays-for-Future-Bewegung und das
Rezo-Video bislang bewirkt haben, muss man jedoch feststellen, dass der konkrete politische Einfluss selbst auf dem
Höhepunkt der medialen Präsenz im Jahr 2019 letztlich
überschaubar war. Bei Landtags- und Europawahlen, die
in dieser Zeit stattfanden, konnten die traditionell von
einer verstärkten öffentlichen Diskussion von Umwelt-
und Klimathemen profitierenden Grünen zwar mehr oder
weniger starke Stimmengewinne verbuchen, jedoch nir-
gends eine politische Mehrheit gewinnen, sodass sich an
den grundsätzlichen Machtverhältnissen nichts Wesentli-
ches verändert hat. Es wurde zwar im Lauf des Jahres 2019
eine CO_2-Bepreisung und ein Kohleausstieg beschlossen,

geplanter Zeitpunkt und Höhe der CO2-Bepreisung sowie das konkrete Datum des Kohleausstiegs liegen jedoch meilenweit entfernt von den Forderungen der Fridays-for-Future-Bewegung. Von daher ist es fraglich, inwieweit Greta Thunberg und die Fridays-for-Future-Bewegung den politisch ja ohnehin bereits angestoßenen Reduktionspfad tatsächlich wesentlich verstärkt haben.

Die Medien selbst sind auf kurzfristige, spektakuläre Ereignisse ausgerichtet. Der zwar in erdgeschichtlichen Maßstäben rasant, aber im Vergleich zu den sich überstürzenden sonstigen Ereignissen des Weltgeschehens nahezu unmerklich langsam voranschreitende Klimawandel wird sich schwer tun, die im Jahr 2019 erreichte Nachrichtenhoheit auch nur annähernd beibehalten zu können. Und so haben die Themen Klimawandel und Klimaschutz angesichts der Coronakrise im Jahr 2020 auch wieder schnell ihre mediale Sonderstellung verloren und es ist noch nicht abzusehen, bis wann sie wieder ähnliche hohe Aufmerksamkeitsgrade in Politik und Gesellschaft erreichen werden können.

5.3   Wer rettet das Klima – die Politik oder der Einzelne?

Freiwilligen Verzicht zu fordern ist unfair

Bürgern, die sich angesichts der Tatsache, dass sich die Emissionen nicht ausreichend schnell verringern, für staatlich verordneten Klimaschutz einsetzen (zum Beispiel für eine CO2-Bepreisung oder bis hin zu echten Verboten wie Tempolimit, Verbot von Inlandsflügen usw.) wird oft Verlogenheit vorgeworfen, da sie (angeblich) selbst nicht konsequent alles tun, um ihre persönlichen Emissionen zu vermeiden. Abgesehen davon, dass dies in der Regel zunächst einmal ein unbelegter Pauschalvorwurf ist, ignoriert dies den bei den meisten Menschen stark verankerten Drang nach Fairness. Es ist zwar wohl tatsächlich zu vermuten, dass man auch unter den engagiertesten Klimaaktivisten nur wenige Idealisten findet, die einen so extrem hohen moralischen Anspruch haben, dass sie freiwillig unter großem persönlichen Verzicht ihren persönlichen CO_2-Fußabdruck bereits radikal verkleinert haben. Aber es ist eben völlig menschlich, dass man sich besonders dann schwer tut, sich für den Klimaschutz anzustrengen, wenn um einen herum sich keiner anstrengt, da man dies zurecht als höchstgradig unfair empfindet. Und es ist ja tatsächlich nicht von der Hand zu weisen, dass es dem Klima wenig hilft, wenn nur einige wenige Idealisten etwas freiwillig tun. Von daher ist es keineswegs verlogen, sondern absolut verständlich, persönliche Einschränkungen dem Klima zuliebe erst dann konsequent in Kauf nehmen zu wollen, wenn dies alle trifft und nicht nur die „dummen" Idealisten. Es ist eben leichter, auf Fernflüge zu verzichten, wenn dies alle anderen auch tun, als wenn man der Einzige ist und dann noch als Spinner von Leuten belächelt wird, die stolz die Whats-App-Kontakte mit ihren Urlaubsbildern bombardieren. Genauso ist es kaum zumutbar, als einziger in einem kleinen Auto auf der Autobahn 100 km/h zu fahren, wenn man dabei ständig von rasenden SUV bedrängt wird, die einem kaum die Gelegenheit lassen, einen LKW zu überholen. Und es ist auch wirklich kein Spaß, schief angeschaut zu werden, wenn man bei Regen leicht nass und verdreckt mit dem Rad ins Büro kommt, während alle anderen wie aus dem Ei gepellt aus ihrem wohlklimatisierten Auto aussteigen.

Es ist zwar ein schönes Ideal, dass notwendige Veränderungen auf freiwilliger Basis geschehen sollten, es hat sich aber in der Vergangenheit gezeigt, dass erst konsequent durchgesetzte Gesetze die notwendigen Veränderungen bewirken. Beispiele dafür gibt es zur Genüge: Abschaffung von Sklaverei und Rassentrennung, Gurtpflicht, Abwasser- und Abgasgesetze usw. Es ist deshalb eine bequeme und wenig wirksame Strategie der Politik, die Verantwortung für den Klimaschutz auf das Individuum abzuwälzen. Für den Einzelnen ist es nämlich völlig unzumutbar und teilweise auch unmöglich, ständig quantitativ korrekt abschätzen zu müssen, welche Klimafolgen eine bestimmte Handlung hat. Ist die eingeflogene Bio-Avocado besser oder schlechter als das regionale Huhn? Ist die deutsche Gewächshaustomate besser als die spanische Freilandtomate? Ist es besser, mein Geld in ein Elektroauto oder in eine bessere Gebäudedämmung zu stecken? Ist es gut oder schlecht, wenn ein ICE durch voll besetzte Autos ersetzt wird?

Abgesehen davon ist die Menge an Treibhausgasen, die man allein durch klimafreundliches Verhalten und Verzicht reduzieren kann, ohnehin bei Weitem nicht ausreichend, um die angestrebte Klimaneutralität zu erreichen. Dafür ist es nämlich zwingend notwendig, dass sämtliche für Wohnen, Konsum und Mobilität benötigte Energie klimaneutral erzeugt wird, worauf der Einzelne gar keinen direkten Einfluss hat.

Von Unternehmen zu fordern, freiwillig Mehrkosten in Kauf zu nehmen, um CO_2 einzusparen, wie es viele Klimaaktivisten immer wieder vehement tun, ist insofern zum Scheitern verurteilt, weil so gut wie allen Firmenleitern ihr Unternehmen gar nicht oder nur teilweise gehört und sie daher mit ihren Entscheidungen über das Geld anderer Menschen verfügen. Im Privaten kann man ohne Weiteres aus Klimaschutzgründen sein Geld für die energetische Sanierung seines Eigenheims ausgeben, auch wenn sich das vielleicht nie finanziell rentieren wird. Als Firmenleiter verwaltet man jedoch das Vermögen der Gesellschafter bzw.

Aktionäre und trägt auch eine Verantwortung gegenüber den Mitarbeitern, deren Arbeitsplätze in Gefahr geraten könnten, wenn wirtschaftlich unvorteilhafte Entscheidungen getroffen werden.

Ohne staatlichen Eingriff geht es nicht

Eine wirksame Veränderung über alle Bevölkerungsschichten hinweg, die auch die (Strom-)Industrie mit einschließt, kann es deshalb nur bei entsprechenden staatlich angeordneten Rahmenbedingungen geben, die für alle gleichermaßen gelten. Die Politik muss mit ihrer Gesetzgebung dafür sorgen, dass es wirtschaftlicher ist, die für unsere Gesellschaft benötigten Energieformen klimaneutral zu erzeugen, als dafür fossile Brenn- und Treibstoffe zu verwenden, was am einfachsten und effizientesten durch eine Bepreisung von CO_2 erfolgen kann. Diese Bepreisung führt unweigerlich auch dazu, dass nicht nur der Einzelne, sondern auch breite Schichten der Bevölkerung ihren Bedarf an Konsum, klimaschädlicher Mobilität und Energie tendenziell verringern, was den Weg in die Klimaneutralität vereinfacht und beschleunigt.

Sobald der Weg zur Klimaneutralität damit glaubhaft vorgezeichnet ist, wird dies auch erhebliche Auswirkungen auf die Finanzmärkte haben, die bereits jetzt langsam realisieren, dass Unternehmen, deren Basis die Förderung oder Verbrennung fossiler Rohstoffe ist, drastisch an Wert verlieren werden, wenn der Großteil der fossilen Ressourcen nicht genutzt wird („Kohlenstoffblase"). Die damit verbundene zwangsläufige Umschichtung von Finanzmitteln wird den Wettbewerbsvorteil klimaneutraler Technologien weiter erhöhen.

Sobald sämtliche benötigte Energie tatsächlich klimaneutral erzeugt wird, muss man sich auch endlich keine Gedanken mehr machen, was man kauft oder tut. Eine

Ausnahme bildet der Bereich der Ernährung, da hier ein großer Teil der Treibhausgase nicht durch die Verbrennung fossiler Rohstoffe, sondern durch die Düngung der Felder und die Methanproduktion der Nutztiere entsteht, wofür es keine klimaneutralen technischen Alternativen gibt. Deshalb wird in diesem Bereich das Klimaziel tatsächlich nur durch eine massive Verhaltensänderung erreichbar sein, die sich auch hier nur durch eine wirksame Bepreisung der mit Nahrungsmitteln verbundenen Treibhausgase in der Breite durchsetzen wird.

Die Sache mit dem Gewissen

Warum nehmen dann trotzdem immer mehr Menschen trotz der beschriebenen Ungerechtigkeit und Unzulänglichkeit individueller Klimafreundlichkeit bereits jetzt freiwillig Nachteile und Verzicht in Kauf, wohlwissend, dass ihre Einsparung von vielleicht ein paar Tonnen CO2 pro Jahr angesichts der 50 Mrd. t, die weltweit ausgestoßen werden, in der Tat völlig vernachlässigbar sind? Der naheliegendste Grund dafür ist das persönliche Gewissen: Wenn ein Verhalten erwiesenermaßen schädlich für andere ist, dann versucht man normalerweise, es zu unterlassen, egal, ob andere dies auch tun oder nicht. Selbst wenn man der Einzige ist, der so handelt und es dadurch erwiesenermaßen nichts bringt, ist dies für manche aus ethischer Sicht die einzig vertretbare Handlungsweise. Dies als naiv zu belächeln, ist genauso abwegig, wie den Widerstand gegen den Nationalsozialismus im Dritten Reich als überflüssig zu bezeichnen, nur weil er letztlich nicht viel ausrichten konnte.

Außerdem kann man bei einigen persönlichen Maßnahmen zumindest konkret und nachweislich die Emissionen verringern (zum Beispiel weniger Benzin- und Heizölverbrauch pro Jahr), während der Nutzen staatlich organisierter Maßnahmen manchmal gar nicht eintritt (siehe Wasserbetteffekt).

Das eigene Verhalten hat oft auch einen Einfluss auf das eigene Umfeld und kann durch solche Hebeleffekte bis hin zu einem Schneeballeffekt weit größere Effekte erzielen und sich somit nicht nur auf die eigene Emissionseinsparung beschränken. Die Vergangenheit hat gezeigt, dass sich die Normen und Werte selbst kleiner Gruppen sehr schnell ausbreiten und einen großen Einfluss auf das Verhalten der gesamten Bevölkerung gewinnen können. So lag der Ausgangspunkt der Abschaffung der Sklaverei in einer relativ kleinen Gruppe von Intellektuellen. Studien zeigen, dass auch eine relativ kleine Minderheit genügt, um dominante soziale Konventionen und etabliertes Verhalten zu ändern, wenn sie nur entschlossen genug auftritt [12].

Wie kann man seinen Klima-Fußabdruck verringern?
Was sollte man dann sinnvollerweise tun, wenn man seine persönliche Klimabelastung reduzieren will? In der Öffentlichkeit wird manchmal der Eindruck erweckt, dass es schon ausreicht, wenn man keinen SUV fährt und auf Plastiktüten und Coffee-to-go-Becher verzichtet und brav seinen Müll trennt. Dies kann zwar alles dem Klimaschutz ein wenig helfen, dient aber in erster Linie eher der Gewissensberuhigung und erzeugt fatalerweise das Gefühl, schon so viel für den Klimaschutz zu tun, dass man über die wirklich wirksamen, aber deutlich unangenehmeren Maßnahmen nicht mehr nachdenken muss – ein Mechanismus, der wissenschaftlich klar belegt ist. Studien haben gezeigt, dass Menschen, die bewusst etwas moralisch Gutes getan haben, sich danach tendenziell unmoralischer verhalten, als diejenigen, die dies nicht getan haben [13]. Dies ist der klassische Ablasshandel, bei dem man sich durch eine Kleinigkeit von allen anderen Verpflichtungen moralisch befreien kann. Da dies natürlich nicht bewusst geschieht, ist es auch nicht verwunderlich, dass Menschen in der Realität etwa zehnmal weniger Geld für Nachhaltigkeit ausgeben, als sie selbst

einschätzen. Unternehmen nutzen dies für „Greenwashing", indem sie nur einzelne kleine Aspekte verbessern, um sich einen für die Verbraucher ausreichenden grünen Anstrich zu verleihen, aber ihre wesentlichen Eigenschaften unverändert lassen.

Um seine persönlich verursachten Treibhausgase tatsächlich nachhaltig zu verringern, ist es notwendig, sich die quantitativen Relationen klarzumachen und am besten seine persönlichen Emissionen über einen der zahlreichen Klimarechner (zum Beispiel den CO_2-Rechner vom Umweltbundesamt [14]) zu bestimmen. Fast die Hälfte der Emissionen eines Durchschnittsbürgers entstehen durch den persönlichen Konsum, gefolgt von Mobilität, Ernährung, Heizung und Strom (Tab. 5.1).

Konsum

Wie viel macht die gemessen am Umfang der öffentlichen Diskussion gefühlt am wichtigsten erscheinende Maßnahme, Plastiktüten zu verbieten, eigentlich überhaupt aus? Eine Plastiktüte verursacht 120 g CO_2 und in Deutschland werden im Jahr pro Kopf 71 Plastiktüten verbraucht [15]. Dies macht also mit jährlichen etwa 8 kg CO_2 weniger als ein Promille der Pro-Kopf-Emissionen aus. Auch wenn ein Promille mehr als nichts ist, wird einem jedoch klar, dass das Reduktionspotenzial selbst bei einem ersatzlosen Verzicht auf Plastiktüten begrenzt ist. Und auch gemessen am insgesamt verbrauchten Plastik machen Tüten weniger als

Tab. 5.1 Ursachen der Treibhausgasemissionen eines Durchschnittsbürgers. (Quelle: Daten aus [14])

Konsum	Mobilität	Ernährung	Heizung	Strom	Öffentliche Emissionen
4,6 t	2,2 t	1,7 t	1,6 t	0,8 t	0,7 t

1 % aus. Wenn man sich dagegen die fast 5 t durch Konsum verursachtes CO_2 anschaut, erkennt man, dass es nicht entscheidend ist, aus welchem Material meine Einkaufstasche ist, sondern was und wie viel sich in den Taschen befindet. Wie viel CO_2 mein jeweiliger Einkauf verursacht, lässt sich zwar im Prinzip berechnen, ist jedoch sehr komplex und aufwendig. Eine verpflichtende Kennzeichnung der CO_2-Emission bei sämtlichen Produkten würde zumindest denjenigen helfen, die dies bereits jetzt als wichtiges Kriterium für ihre Kaufentscheidung sehen, aber aktuell gar keine Chance haben, bei einem Einkauf die Klimaschädlichkeit einzelner Produkte einigermaßen korrekt abzuschätzen. Am einfachsten wäre es jedoch, wenn CO_2 einen so hohen Preis hätte, dass das für Verbraucher ohnehin wichtigste Kaufkriterium, nämlich der Kaufpreis, direkt signalisieren würde: teuer = klimaschädlich, billig = klimafreundlich. Bis es irgendwann vielleicht soweit kommt, hält man sich am besten an die simple Richtschnur: Je weniger man kauft, desto besser. Bei jedem Kauf sollte man sich die Frage stellen: Brauche ich das wirklich? Reicht auch eine kleinere Menge bzw. Version? Kann ich stattdessen das, was ich habe, weiter nutzen (zum Beispiel durch Reparatur oder „Ertragen" des vielleicht nicht mehr zeitgemäßen Aussehens)? Dass dies natürlich komplett unserem Wirtschaftssystem zuwider läuft, das auf Wachstum ausgelegt ist, ist offensichtlich. Deshalb ist es ja auch das Ziel der Energiewende, die komplette Energieversorgung so klimafreundlich zu gestalten, dass Konsum/Wirtschaftswachstum und Klimaneutralität keinen Gegensatz mehr bedeuten. Solange jedoch die globalisierte Produktion noch nicht vollständig auf erneuerbare Energien umgestellt wurde, ist eine Konsumreduktion leider immer noch das einfachste und sicherste Mittel für den Einzelnen, in diesem Bereich die Emissionen zu senken.

Wie viel Emissionen verursacht eigentlich das Streamen von Videos?

Die gesamte Digitaltechnik verursacht etwa 4 % der globalen Treibhausgasemissionen. Die Hälfte davon wird durch den Datenverkehr verursacht und davon etwa die Hälfte, und damit etwa 1 % der globalen Treibhausgasemissionen, entfällt auf das Streamen von Online-Videos. Eine Stunde Videos schauen verursacht etwa ein halbes Kilogramm CO_2. Lässt man sich eine DVD per Post schicken, verursacht dies in etwa dieselben Emissionen [16, 17].

Sind 1 % der globalen Treibhausgasemissionen nun viel oder wenig? Wer ohnehin nur wenig Online-Videos schaut, wird vielleicht dafür plädieren, einfach das Online-Streaming zu verbieten. Aber für andere stellt dies vielleicht so eine hohe Lebensqualität dar, dass sie stattdessen lieber auf andere Dinge verzichten würden. Jeder fordert am liebsten dort Einschränkungen und Verbote, wo einem selbst der Verzicht am wenigsten schwer fällt. Deshalb ist eine wachsende Rationierung der Gesamtemissionen die viel sinnvollere Lösung, da dies dem Einzelnen die Freiheit lässt, zu entscheiden, worauf man am ehesten verzichten möchte.

Mobilität

Die grundsätzlichen Möglichkeiten, die PKW-Emissionen zu senken, wurden bereits weiter oben beschrieben (Abschn. 4.1): Reduktion der gefahrenen Kilometer (Fahrten vermeiden, Fahrgemeinschaften und ein Ersatz durch emissionsärmere Verkehrsmittel wenigstens zunächst einmal da, wo der damit verbundene Nachteil gegenüber dem Auto am geringsten ist), Reduktion des Verbrauchs pro Kilometer (durch eigene Fahrweise und/oder kleineres bzw. sparsameres Auto).

Der Kauf eines Elektroautos bringt je nachdem, welcher Studie man glaubt, dem Klima noch viele Jahre lang so wenig oder schadet ihm sogar, dass man sich gut überlegen sollte, ob man mit dem damit verbundenen finanziellen Aufwand und Nutzungseinschränkung (geringere Reichweite und längere „Tank"-Zeit) nicht an anderer Stelle einen größeren Klimanutzen erzielen kann (Abschn. 4.4). Gerade der Trend zum Elektrozweitwagen für eher kurze bis mittlere Strecken ist besonders klimaschädlich, da dem hohen Ressourcenverbrauch bei der Herstellung des Elektroautos in Summe nur relativ wenige gefahrene Kilometer gegenüberstehen. Es wird zwar oft das Argument gebracht, dass die meisten in Deutschland unternommenen Fahrten relativ kurz sind und damit problemlos durch Elektroautos abgedeckt werden können. Der Großteil der gefahrenen Kilometer entsteht jedoch in erster Linie durch längere Strecken (überregional tätige Außendienstmitarbeiter, Urlaubsfahrten, Besuche des aufgrund niedriger Mobilitätskosten bei gleichzeitig größerer örtlicher Flexibilität räumlich immer weiter verstreuten Familien- und Freundeskreises etc.), wo Elektrofahrzeuge noch lange Zeit Verbrennungsfahrzeugen unterlegen sein werden.

Auch ein Ersatz des eigenen Autos durch Carsharing bewirkt entgegen vieler gut gemeinter Empfehlungen leider überhaupt nichts, da einzig und allein die Reduktion von Kilometern bzw. Verbrauch pro Kilometer entscheidend ist, egal ob ich diese mit dem eigenen Auto oder einem Carsharing-Auto erziele. Das Argument, dass das private Auto im Gegensatz zu einem Carsharing-Auto die meiste Zeit ungenutzt herumsteht und damit eine gigantische Ressourcenverschwendung sei, ist bei näherer Betrachtung ebenfalls kaum zutreffend, da das eigene Auto aufgrund der vergleichsweise geringeren Nutzung dafür in etwa demselben Maß länger hält als ein Carsharing-Auto. Ob zehn

Familien sich ein Auto teilen, dass deshalb jedes Jahr nach 200.000 km ersetzt werden muss, oder jede dieser zehn Familien sich jeweils alle zehn Jahre nach 200.000 km ein neues Auto kauft, bedeutet in beiden Fällen exakt denselben Ressourcenverbrauch.

Ernährung

Die Zusammensetzung der Ernährung hat erheblichen Einfluss auf die damit verursachten Treibhausgase. Für Menschen, die ihre Ernährung dahingehend optimieren, wurde mit „Klimatarier" sogar ein eigener Begriff geschaffen. Eine Gruppe von Ernährungs- und Agrarwissenschaftlern sowie Klimaforschern haben hierzu Empfehlungen ausgearbeitet, worauf die sogenannte „Planetary-Health-Diet" beruht, die sowohl den Effekt auf das Klima als auch auf die Gesundheit berücksichtigt [18]. Demnach müssten alle Menschen weltweit etwa halb so viel Rindfleisch und Zucker essen, als sie es derzeit im Durchschnitt tun, dafür jedoch doppelt so viel Gemüse, Obst, Nüsse und Hülsenfrüchte zu sich nehmen.

Zur detaillierten Untersuchung der eigenen Ernährung bezüglich Treibhausgasemissionen gibt es inzwischen zahlreiche Klimarechner im Internet oder (teilweise sogar kostenpflichtige) Apps, die auf die Ernährung spezialisiert sind ([19, 20]; Abb. 5.1).

Dabei darf man jedoch nicht den Fehler machen, sich von den auf das Gewicht bezogenen Emissionswerten zu sehr beeinflussen zu lassen. So ist zum Beispiel Butter bezogen auf ihr Gewicht mit Abstand am klimaschädlichsten, da mit ihr fast doppelt so viele Emissionen wie bei Rindfleisch verbunden sind. Allerdings ist der Anteil an Butter an der gesamten Ernährungsmenge (inklusive Verarbeitung in Backwaren) so gering, dass es, absolut gesehen, vergleichsweise wenig bringt, auf Butter zu verzichten. Außerdem muss man die Emissionsmenge auf die jeweils enthaltene Menge an Nährstoffen beziehen, um die

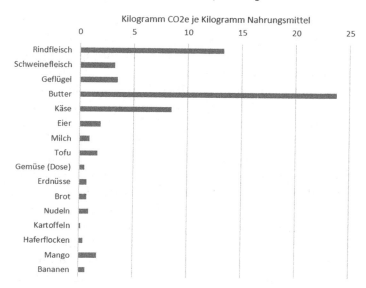

Abb. 5.1 Klimabelastung verschiedener Lebensmittel. (Quelle: Daten aus [19, 21])

Klimaschädlichkeit von Lebensmitteln miteinander vergleichen zu können.

Wem dies zu aufwendig ist, sollte sich als einfache Faustregel zumindest die folgenden grundlegenden Hebel zur Emissionsreduktion bewusst machen (die Reihenfolge entspricht in etwa der Wirksamkeit):

1. Weniger Rindfleisch
2. Weniger sonstiges Fleisch
3. Weniger Milchprodukte
4. Möglichst saisonal
5. Möglichst regional
6. Möglichst Bio

Dies sind nur grobe Anhaltspunkte, da es manchmal zwischen den konkreten einzelnen Lebensmitteln der jeweiligen

obigen Kategorien sehr große Unterschiede gibt und die
konkrete Mischung der obigen Ernährungsarten entscheidend ist. Eine streng vegetarische Ernährung kann aufgrund hoher Anteile an Milchprodukten klimaschädlicher
sein als eine ausgewogene Mischernährung, die zwar ein
wenig Fleisch enthält, aber bei der die tierischen Produkte
in Summe reduziert sind. Wie viel gerade die Reduktion
des Rindfleischkonsums im Vergleich zu anderen Ernäh-
rungsumstellungen ausmachen würde, verdeutlicht eine
Studie, die gezeigt hat, dass es deutlich mehr bringen würde,
wenn alle US-Amerikaner einfach einen Tag in der Woche
kein Rindfleisch mehr essen würden, als wenn sich alle die
Mühe machen würden, sich ausschließlich von regionalen
Lebensmitteln zu ernähren [22]. Tendenziell wird der Klimanutzen von Regionalität im Vergleich zur Saisonalität
ohnehin generell stark überschätzt. So wichtig es ist, die
Transportenergie zu minimieren, so wenig macht die Transportenergie im Vergleich zur Heiz- bzw. Kühlenergie aus,
die für nichtsaisonale Lebensmittel benötigt werden. Eine
deutsche Wintertomate belastet das Klima deshalb etwa
hundertmal mehr als eine deutsche Sommertomate [23].
Wenn man schon unbedingt Tomaten außerhalb der Saison
essen will, sollten sie also aus Ländern stammen, in denen
sie ohne bzw. mit weniger Heizenergie angebaut werden
können und nicht aus einem geheizten Gewächshaus um
die Ecke.

Der Hauptunterschied zwischen Bio- und konventionell
erzeugten Lebensmitteln liegt eher im Tierwohl bzw. der
Vermeidung von Giftstoffen als in der Reduktion von
Treibhausgasen. Die quantitative Bestimmung des Unter-
schieds zwischen Bio und Nicht-Bio auf die Emissionen ist
sehr komplex. Der Verzicht auf energieintensiven Dünger
wirkt sich positiv, der größere Flächenbedarf und das höhere
Schlachtalter negativ aus. Tendenziell sehen die meisten
Studien einen leichten Vorteil bei der Bio-Produktion. Am

größten dürfte jedoch der Effekt sein, dass der Fleischkonsum an sich aufgrund der höheren Preise gegenüber konventionell erzeugtem Fleisch zurückgeht.

Heizung

Hier wird manchmal argumentiert, als Mieter könne man da ohnehin nichts beeinflussen, wenn man nicht gerade im Wintermantel bei eisigen Temperaturen im Wohnzimmer sitzen will. Dies ist natürlich eine bequeme Ausrede, da es zwischen eisigen Temperaturen und einer überheizten Wohnung auch noch ein Temperaturniveau gibt, bei dem man vielleicht mehr als bloß ein T-Shirt benötigt, aber trotzdem noch vernünftig leben kann. Die meisten Menschen neigen dazu, die Heizthermostate zunächst einmal tendenziell eher stärker aufzudrehen und sie erst dann vielleicht abzuregeln, wenn es einem doch zu warm ist, statt alle Heizkörper erst einmal komplett auszustellen und dann nach und nach aufzudrehen, bis es einigermaßen erträglich ist. Eine durchschnittliche Absenkung der Raumtemperatur um 2 °C spart etwa 12 % Heizenergie und damit CO_2-Emissionen ein [24], was zwar nur ein kleiner Schritt in Richtung Klimaneutralität ist, jedoch sofort und ohne teure Investition direkt umgesetzt werden könnte.

Auch durch die Wahl der Wohnung hat der Mieter einen Einfluss. Wenn die Nachfrage nach schlecht gedämmten Wohnungen sinkt, steigt der Anreiz für die Vermieter, diese zu dämmen. Und nicht zuletzt durch die gewählte Größe der Wohnfläche können auch Mieter die benötigte Heizenergie beeinflussen.

Umgekehrt stimmt auch das Argument nicht, dass Vermieter grundsätzlich kein Interesse an einer Wärmedämmung haben, weil die Heizkosten ja ohnehin der Mieter trägt. Die Höhe der Miete, die ein Mieter bereit ist zu zahlen, hängt natürlich auch mit den damit verbundenen Heizkosten zusammen. Kann ich als Vermieter durch eine

Dämmung dafür sorgen, dass die Heizkosten sinken, wird der Marktpreis der Miete in demselben Maß steigen und dem Vermieter dadurch höhere Einnahmen bescheren. Aufgrund der Tatsache, dass fossile Brennstoffe immer noch unglaublich günstig sind, rentieren sich energetische Sanierungsmaßnahmen jedoch erst nach sehr vielen Jahren oder manchmal sogar überhaupt nicht. Dass trotz momentan nicht vorhandener Wirtschaftlichkeit überhaupt in wesentlichem Umfang Altbauten saniert werden, liegt vermutlich eher daran, dass Vermieter das Recht haben, einen bestimmten Anteil der Modernisierungskosten auf die jährliche Miete umzulegen. Aber auch hier würde ein entsprechend hoher CO2-Preis dafür sorgen, dass ein noch größerer finanzieller Anreiz für die Vermieter (und natürlich auch für die Eigenheimbesitzer) entsteht, ihre Wohnhäuser energetisch zu optimieren. Eine Schweizer Studie hat dabei herausgefunden, dass so eine CO2-Bepreisung den Energieverbrauch der Haushalte um den Faktor fünf effektiver senkt als staatliche Subventionen und Regulierungen [25].

Strom

Die ständigen von vielen Institutionen gegebenen Hinweise, wie man im Privathaushalt Strom sparen kann, sind zwar gut gemeint, bringen aber vergleichsweise wenig. Selbst eine radikale Halbierung des Stromverbrauchs bedeutet gerade mal eine Reduktion der persönlichen Emissionen um 3 %. Abgesehen davon ist gerade Strom am einfachsten durch klimafreundliche Alternativen herstellbar und dadurch sind größere persönliche Verhaltensänderungen oder Investitionen in diesem Bereich erstaunlich wenig sinnvoll. Im Gegenteil: Im Zuge immer größerer temporärer Überkapazitäten werden zukünftig wohl bislang als Stromverschwendung verpönte Dinge wie Stromheizungen immer sinnvoller werden. Selbst der Klimanutzen einer neuen eigenen PV-Anlage ist nicht mehr eindeutig zu bewerten, da die CO_2-Emissionen im Stromsektor allein durch den europäischen Emissionshandel gesteuert werden (sollen). Eine zusätzliche Absenkung der Emissionen über den von der EU vorgegebenen Reduktionspfad hinaus ist damit durch eigentlich gut gemeinte individuelle Maßnahmen im Grunde gar nicht mehr notwendig. Wenn man sich zum Beispiel eine große PV-Anlage für sein Hausdach kauft, würden die entsprechend der Stromerzeugung der PV-Anlage nicht mehr benötigten Emissionsrechte fossiler Kraftwerke den CO_2-Preis minimal senken. Durch diese Verbilligung von CO_2 werden Kohlekraftwerke im Vergleich zu Gaskraftwerken wieder etwas rentabler und dadurch im Vergleich stärker ausgelastet und der Gesamteffekt in Europa wäre gleich null (Wasserbetteffekt; Abschn. 3.3). Natürlich schadet die Anlage auch nichts – wenn sie sich für einen finanziell rentiert, ist es auch sicher sinnvoll, sie zu bauen.

Die einzige wirklich nachhaltig wirksame Maßnahme, die Emissionen im Stromsektor über den von der EU festgelegten Reduktionspfad hinaus zusätzlich abzusenken, besteht letztlich darin, dafür zu sorgen, dass die Menge an Emissionsrechten zusätzlich zu dem bislang festgelegten Plan reduziert wird. Dies kann im Prinzip nur durch Druck auf die aktuellen Regierungsparteien geschehen oder durch die Wahl von Parteien, die diese Maßnahme fordern.

Was bringen Kompensationen?

Vor allem Fluggesellschaften bieten die Möglichkeit, die individuell verursachten Emissionen durch einen Geldbetrag zu kompensieren, der in Klimaschutzmaßnahmen investiert wird. Was auf den ersten Blick wie ein verlockender Ablasshandel zur Gewissensberuhigung aussieht, ist jedoch weitestgehend ein Greenwashing klimaschädlicher Aktivitäten. Der für die Kompensation angesetzte Preis ist durchwegs deutlich geringer, als die 180 €/t CO_2, die in etwa an externen Kosten durch Klimaschäden entstehen. Eine ehrliche Kompensation eines Ferienflugs nach Neuseeland würde damit etwa 2500 € kosten, was die wenigsten bereit sind, zu zahlen. Und selbst wenn mit dem für die Kompensation ausgegebenen Geld tatsächlich erreicht wird, dass an anderer Stelle genau dieselbe Menge an CO_2 eingespart wird, kann damit bei Weitem keine Klimaneutralität erreicht werden, da ja die kompensierten Emissionen weiterhin vorhanden sind. Trotzdem ist es natürlich grundsätzlich besser, Geld für Klimaschutzprojekte auszugeben, als es nicht zu tun, unabhängig davon, wie klimaschädlich man sich ansonsten verhält.

Eine der effizientesten und simpelsten Maßnahmen, mit Geld die Emissionen tatsächlich zu senken würde darin bestehen, Emissionszertifikate des europäischen Emissionshandels zu kaufen, was für Privatleute allerdings leider nicht erlaubt ist.

Was kann man sonst noch machen?

Während die eigene freiwillige Verhaltensänderung eher moralische Gewissensgründe hat und offensichtlich natürlich nur dann wirklich etwas bringt, wenn sehr viele dies tun (was aktuell nicht der Fall ist), bleibt einem als einzelner Bürger ansonsten alternativ bzw. zusätzlich noch die Möglichkeit, darauf einzuwirken, dass die notwendigen staatlichen Rahmenbedingungen in ausreichendem Maß eingeführt werden.

Wahlverhalten

Auch wenn bis auf die AfD sämtliche Parteien den Klimaschutz in ihrem Parteiprogramm als sehr wichtig erachten, ist die Konsequenz, mit der Klimaschutzmaßnahmen gefordert werden, von Partei zu Partei unterschiedlich, sodass man durch die Wahl einer bestimmten Partei die Klimapolitik sicherlich beeinflussen kann. Der Einfluss einer einzigen Stimme ist allerdings sehr gering, was jedoch kein Grund dafür sein sollte, sein demokratisches Grundrecht deshalb nicht auszuüben.

Politisches Engagement in Parteien

Um seinen Einfluss von nur einer Stimme zu erhöhen, kann man versuchen, zusätzliche Stimmen für diejenigen Parteien zu gewinnen, von denen man sich den wirksamsten Klimaschutz verspricht. Man kann diese Parteien generell oder auch speziell im Wahlkampf unterstützen, indem man etwa versucht, das Wahlverhalten von Verwandten und Bekannten zu beeinflussen. Man hat aber auch die Möglichkeit, sich bei den Regierungsparteien zu engagieren und zu versuchen, sie von innen heraus zu einer ambitionierteren Klimapolitik zu bewegen. Da die Abwägung zwischen Klimaschutz und anderen Dingen, wie Wirtschaft, Arbeitsplätze und Wohlstand, durch das Selbstverständnis einer etablierten Partei bereits stark festgelegt ist, wird man auf diese Weise jedoch nur in engen Grenzen Änderungen erzielen können.

Demonstrieren

Bei Demonstrationen für den Klimaschutz kann man generell zwei Ziele verfolgen: Aktuelle Regierungsparteien beeinflussen und/oder Stimmung für Oppositionsparteien machen, die ambitionierteren Klimaschutz versprechen. Wem der eigene Beitrag durch bloßes Mitlaufen zu gering ist, kann sich auch in der Organisation dieser Demonstrationen engagieren. Man kann davon ausgehen, dass die Demonstrationen für den Klimaschutz die Ergebnisse der Europawahl und der Landtagswahlen spürbar beeinflusst haben und das Klimapaket der Bundesregierung ohne die Demonstrationen vermutlich noch später und in noch wirkungsloserer Form verabschiedet worden wäre. Umgekehrt

muss man konstatieren, dass trotz erheblicher Medienpräsenz der Fridays-for-Future-Demonstrationen sich die Mehr-
heitsverhältnisse nicht grundlegend geändert haben. Auch
die Regierungsparteien haben sich davon letztlich anschei-
nend doch relativ wenig beeinflussen lassen, da sowohl das
verabschiedete Klimapaket als auch der beschlossene Kohleausstieg als zentrale deutsche Klimaschutzmaßnahmen
bei Weitem nicht ausreichen, die langfristigen Klimaziele
zu erreichen.

Literatur

1. Burke, M., & Hsiang, S. (2015). Global non-linear effect of
   temperature on economic production. *Nature, 527.* https://
   doi.org/10.1038/nature15725.
2. Ist der Klimawandel wirklich (so) schlimm? (2017). Klima-
   fakten.de. https://www.klimafakten.de/behauptungen/behaup-
   tung-die-oekonomischen-kosten-des-klimawandels-sind-mar-
   ginal. Zugegriffen am 12.05.2020.
3. Ricke, K., Drouet, L., Caldeira, K., & Tavoni, M. (2018).
   Country-level social cost of carbon. *Nature Climate Change,
   8.* https://doi.org/10.1038/s41558-018-0282-y.
4. Heesch, V. (2019). Nachbarn von Windkraftanlagen erhalten höhere Entschädigungen. Der Nordschleswiger. https://
   www.nordschleswiger.dk/de/daenemark/nach-
   barn-von-windkraftanlagen-erhalten-hoehere-entschaedi-
   gungen. Zugegriffen am 12.05.2020.
5. Papke, A. (2018). Die Regelungen zur Förderung der Ak-
   zeptanz von Windkraft in Dänemark. Stiftung Umweltener-
   gierecht. https://stiftung-umweltenergierecht.de/wp-content/
   uploads/2018/03/WueBerichte_32_Akzeptanzmodelle_in_
   Daenemark.pdf. Zugegriffen am 12.05.2020.
6. Jo, A. (2018). Trust, compliance and international regula-
   tion. Center for Climate Change Economics and Policy.
   Working Paper No. 333. http://www.lse.ac.uk/Grantha-

mInstitute/wp-content/uploads/2018/05/working-pa-per-298-Jo.pdf. Zugegriffen am 12.05.2020.

7. Brüggemann, M. (2019). Vier Fallen für die Klimakommunikation. Klimareporter.de. https://www.klimareporter.de/gesellschaft/vier-fallen-fuer-die-klimakommunikation. Zugegriffen am 12.05.2020.

8. „Fridays for Future" bekommt Unterstützung von Merkel. (2019). welt.de. https://www.welt.de/politik/deutschland/video189671475/Bundeskanzlerin-Angela-Merkel-unterstuetzt-Fridays-for-Future.html. Zugegriffen am 12.05.2020.

9. Merkel sei schlimmer als Trump, sagt Luisa Neubauer. (2019). welt.de. https://www.welt.de/politik/deutschland/article199824378/Fridays-for-Future-Merkel-sei-schlimmer-als-Trump-sagt-Luisa-Neubauer.html. Zugegriffen am 12.05.2020.

10. Die Zerstörung der CDU. (2019). Rezo. https://www.youtube.com/watch?reload=9&v=4Y1lZQsyuSQ. Zugegriffen am 12.05.2020.

11. Quaschning, V. (2019). Faktencheck des Teils „Die Klimakrise" der offenen Antwort der CDU an REZO vom 23.05.2019. volker-quaschning.de. https://www.volker-quaschning.de/artikel/2019-05_Stellungnahme-CDU/index.php. Zugegriffen am 12.05.2020.

12. Centola, D., Becker, J., Brackbill, D., & Baronchelli, A. (2018). Experimental evidence for tipping points in social convention. *Science, 360*(6393), 1116–1119. https://doi.org/10.1126/science.aas8827.

13. Brankovic, M. (23. Februar 2020). Tue Gutes und werde ein Schuft. *Frankfurter Allgemeine Sonntagszeitung*, S. 18.

14. Klimaneutral leben: Die CO2-Bilanz im Blick. (2020). Umweltbundesamt. https://uba.co2-rechner.de/de_DE/. Zugegriffen am 12.05.2020.

15. Dehmer, D., & Kramer, S. (2016). Kommt nicht in die Tüte. Tagesspiegel. https://www.tagesspiegel.de/wirtschaft/plastik-tueten-kommt-nicht-in-die-tuete/13389000.html. Zugegriffen am 12.05.2020.

16. Efoui-Hess, M. (2019). Climate crisis: The unsustainable use of online video. The shift project. https://theshiftproject.org/

wp-content/uploads/2019/07/2019-02.pdf. Zugegriffen am 12.05.2020.

17. Shehabi, A., Walker, B., & Masanet, E. (2014). The energy and greenhouse-gas implications of internet video streaming in the United States. *Environmental Research Letters, 9*(5). https://doi.org/10.1088/1748-9326/9/5/054007.

18. Planetary Health Diet. (2020). Bundeszentrum für Ernährung. https://www.bzfe.de/inhalt/planetary-health-diet-33656.html. Zugegriffen am 12.05.2020.

19. Klimatarier, W. (2020). Institut für Energie- und Umweltforschung Heidelberg. https://www.klimatarier.com/de/CO2_Rechner. Zugegriffen am 12.05.2020.

20. Unsere Zukunft mit nachhaltiger Ernährung schon heute! (2020). Eaternity. https://eaternity.org/?ljs=de. Zugegriffen am 24.05.2020.

21. Fritsche, U., & Eberle, U. (2007). Treibhausgasemissionen durch Erzeugung und Verarbeitung von Lebensmitteln. Öko-Institut e.V. https://www.oeko.de/oekodoc/328/2007-011-de.pdf. Zugegriffen am 24.05.2020.

22. Weber, C. L., & Matthews, H. S. (2008). Food-Miles and the Relative Climate Impacts of Food-miles and the relative climate impacts of food choices in the United States. *Environmental Science & Technology, 42*(10). https://pubs.acs.org/doi/full/10.1021/es702969f.

23. Grass, K. (2019). Wie nachhaltig ist die spanische Tomate? zdf. https://www.zdf.de/nachrichten/heute/oekobilanz-der-spanischen-tomate-100.html. Zugegriffen am 12.05.2020.

24. Hermann, P. (2019). Wie hoch ist die optimale Raumtemperatur? heizung.de. https://heizung.de/heizung/wissen/alles-wissenswerte-zum-thema-optimale-raumtemperatur/. Zugegriffen am 12.05.2020.

25. Böhringer, C., Kosch, M., Landis, F., & Rausch, S. (2017). Efficient and equitable policy design: Taxing energy use or promoting energy savings. *The Energy Journal, 40*. https://doi.org/10.5547/01956574.40.1.flan.

6

Wie beeinflusst die Coronakrise den Klimaschutz?

Inhaltsverzeichnis

Zusammenfassung In diesem Kapitel werden die bereits absehbaren Auswirkungen der Coronapandemie auf die Klimaschutzbemühungen dargelegt. Auch wenn beide Krisen völlig unterschiedliche Ursachen und Folgen haben, gibt es doch auch erstaunliche Parallelen und für die zukünftige Klimapolitik nutzbare Erkenntnisse, die man aus der Bewältigung der Coronakrise ziehen kann.

Waren bis Februar 2020 der Klimaschutz und die Umsetzung der deutschen Energiewende noch zentrale Themen in Politik und Gesellschaft, degradierte seitdem die Coronapandemie alles andere nahezu zur Bedeutungslosigkeit.

© Springer Fachmedien Wiesbaden GmbH, ein Teil von Springer Nature 2020
A. Luczak, *Deutschlands Energiewende – Fakten, Mythen und Irrsinn*,
https://doi.org/10.1007/978-3-658-30277-1_6

Manche, denen Klimaschutzmaßnahmen schon immer unwichtig, übertrieben und überflüssig erschienen, fühlen sich nun bestätigt. So schreibt der Bundessprecher der AfD Jörg Meuthen auf Facebook [1]:

> „Der ganze grüne Kokolores, von Gendergaga über Feinstaub-Hysterie und absurde Stickoxid-Grenzwerte bis hin zum angeblichen ‚Klimanotstand' und freitäglich instrumentalisierten Schulschwänzern – das ist alles endlich weg, zumindest hat es wenigstens mal Pause."

Andere dagegen setzen den Kampf gegen den Virus und gegen den Klimawandel auf ein- und dieselbe Stufe. „Wer achtlos das Virus weitergibt, gefährdet das Leben seiner Großeltern. Wer achtlos CO2 freisetzt, gefährdet das Leben seiner Enkel", behauptet mit Hans Joachim Schellnhuber ein renommierter Klimaforscher und stellt den Ausstoß von Treibhausgasen damit auf eine Ebene mit Körperverletzung [2].

So oder so ist zumindest auf alle Fälle davon auszugehen, dass die zwangsläufig immer häufigeren Extremwetterereignisse das Thema Klimawandel ungeachtet aller sonstigen möglichen Krisen immer wieder in den Mittelpunkt der gesellschaftlichen Diskussion rücken werden. Nur weil man momentan andere Sorgen als den Klimaschutz hat, wird das Klimaproblem nicht gelöst, was den allermeisten Menschen auch bewusst ist.

6.1   Ist Corona gut fürs Klima?

Die kurz- und langfristigen Folgen für den Klimaschutz sind sehr vielschichtig und kaum verlässlich vorhersagbar. Man sollte meinen, dass die drastische Reduzierung der Industrieaktivität und des Verkehrs nach der globalen Ausbreitung der Coronapandemie direkt zu einer deutlichen Verbesserung der Luftqualität geführt hat. Satellitenbilder zeigen auch eine drastische Verringerung der Stickoxidkonzentration in den vom Lockdown besonders betroffenen Gebieten Chinas und Italiens. Messungen in Bodennähe, wo wir die Luft einatmen, konnten dies jedoch nicht eindeutig belegen. Dies ist jedoch auch nicht verwunderlich, da die lokale Schadstoffkonzentration extrem stark von der Wetterlage abhängt [3, 4]. Positive Auswirkungen auf die Luftqualität können also erst bei einer Mittelung über etliche Monate belegt werden.

Während Schadstoffe wie Stickoxide oder Feinstaub sich dort ansammeln und gemessen werden können, wo sie entstehen, verteilen sich Treibhausgase relativ schnell in der gesamten Atmosphäre, sodass sich lokale Emissionsreduktionen auf die gemessene Konzentration in der Atmosphäre nur sehr gering auswirken. Hinzu kommt, dass Treibhausgase im Gegensatz zu Luftschadstoffen wie Stickoxid oder Feinstaub sehr lange in der Atmosphäre bleiben. Die gemessene Konzentration der Treibhausgase und der damit verbundene Treibhauseffekt ist demnach das Ergebnis der über etliche Jahrzehnte akkumulierten jährlichen Emissionen. Eine gewisse Reduktion der Treibhausgasemission über wenige Monate hinweg ist also gewissermaßen nur ein Tropfen auf dem heißen Stein, was den Kampf gegen den Klimawandel angeht. Erste Schätzungen gehen davon aus, dass es in Deutschland für das Jahr 2020 zu einer coronabedingten Reduktion der Treibhausgasemissionen von 30 bis 100 Mio. t bzw. 4–12 % der Jahresemission kommen wird [5]. Weltweit geht man von einem Rückgang der CO_2-Emissionen von 8 % für das Jahr 2020 aus [6].

Freuen darüber kann man sich jedoch kaum, wenn man bedenkt, welchen Preis die Gesellschaft dafür zahlen muss, abgesehen davon, dass es sich ohnehin nur um einen Einmaleffekt handelt. Zum Vergleich: Aufgrund der wirtschaftlichen Folgen der Finanzkrise gingen die Emissionen 2009 in Deutschland um 7 % zurück. Aufgrund der raschen wirtschaftlichen Erholung stiegen die Emissionen in 2010 allerdings prompt wieder um 4 % und verharrten sieben Jahre lang auf etwa auf diesem Niveau. Es gibt zwar eine gewisse Hoffnung, dass die durch die Coronakrise zwangsweise eingeübten klimafreundlicheren Verhaltensweisen wie Homeoffice, Videokonferenzen statt Dienstreisen und der Verzicht auf Fernreisen sich auch dauerhaft stärker etablieren werden. Umgekehrt könnte es nach vielen Monaten Verzicht auch für viele heißen: Endlich alles überstanden, also lasst uns mal alles nachholen und besonders viel und weit reisen und uns endlich das große Auto gönnen, dass wir uns während der Krise nicht getraut haben, zu kaufen. Abgesehen davon wurde der klimaschädliche Autoverkehr als gesündere Alternative zu den virenbelasteten Bussen und Bahnen sogar aufgewertet und das ohnehin eher negative Image öffentlicher Verkehrsmittel weiter verschlechtert. Es ist also eher damit zu rechnen, dass die Emissionen mit dem Erstarken der Wirtschaft sehr schnell wieder auf das alte Niveau ansteigen werden. Es werden auch immer mehr Stimmen laut, dass Klimaschutzmaßnahmen, die praktisch immer auch Belastungen für bestimmte Industriezweige und den Steuerzahler mit sich bringen, angesichts der schwierigen wirtschaftlichen Lage zurückgestellt werden sollten [7]. Bereits in der Vergangenheit haben die Regierungsparteien in Deutschland ja auch immer wieder betont, dass Klimaschutz nicht zulasten bestehender Industriezweige und Arbeitsplätze gehen darf. Wenn es darum geht, die Gesundheit zu schützen und die Wirtschaft wieder anzukurbeln, ist Klimaschutz nicht gerade das dringendste Problem. Ob in einer Situation, in der für alle möglichen Unterstützungsmaßnahmen Unsummen an Geld benötigt werden und gleichzeitig die Steuereinnahmen wegbrechen, auch noch Milliarden in die Förderung von Wind- und Solaranlagen gesteckt werden, ist also mehr als zweifelhaft. Gleichzeitig hat die Wettbewerbsfähigkeit fossiler Energieerzeugung durch den extrem niedrigen Öl- und Gaspreis im Vergleich zu Wind- und Solarenergie stark zugenommen. Somit ist mit einer Zurückhaltung bei privaten und staatlichen Investitionen in den Klimaschutz zu rechnen. Analysten rechnen bereits fest mit einem deutlichen Rückgang des weltweiten Zubaus von Wind- und Solarenergie, da dem Kapitalmarkt durch die Krise extrem viel Geld entzogen wird [8].

Umso erstaunlicher ist es, dass viele Politiker trotzdem betonen, dass an den geplanten Klimaschutzzielen und -maßnahmen weiterhin festgehalten werden sollte. Die EU strebt nach wie vor an, die Emissionen bis 2030 stärker als bisher vereinbart zu senken, was sich auch mit der aktuellen Stimmung in der deutschen Gesellschaft deckt. Einer von Forsa durchgeführten Umfrage zufolge sind nämlich fast drei Fünftel der Bundesbürger davon überzeugt, dass die langfristigen Folgen der Klimakrise gravierender sind als die der Coronakrise (Abb. 6.1).

Dazu passt dann auch das Ergebnis einer von Civey erstellten Umfrage, wonach nur ein Drittel der Bevölkerung der Meinung ist, dass wegen der Coronapandemie die Klimaschutzmaßnahmen gelockert werden sollten (Abb. 6.2).

Man tut sich jedoch leicht, trotz der pandemiebedingten Wirtschaftskrise weiterhin für Klimaschutz einzutreten, solange man dadurch noch keine wesentlichen persönlichen finanziellen Nachteile hat. In den ersten Monaten der Krise war der Staat mit seiner prall gefüllten Staatskasse noch in der Lage, finanzielle Einbußen für einen Großteil der Bevölkerung weitgehend zu kompensieren. Dadurch wurde der Eindruck erweckt, dass genug Geld vorhanden sei, um neben der Wirtschaftskrise auch noch die Klimakrise meis-

Welche Krise hat langfristig gesehen die größeren Auswirkungen?

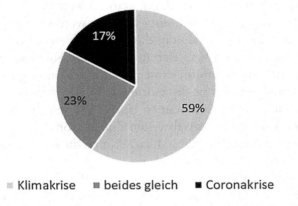

■ Klimakrise   ■ beides gleich   ■ Coronakrise

Abb. 6.1 Repräsentative Befragung unter 1029 Bundesbürgern ab 14 Jahren zur Einschätzung der Folgen von Corona- und Klimakrise. (Quelle: Daten aus [9])

Sollten die Maßnahmen zum Klimaschutz in Deutschland aufgrund der Corona-Pandemie und ihrer wirtschaftlichen Folgen gelockert werden?

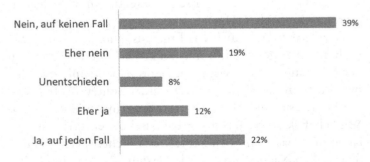

Abb. 6.2 Repräsentative Befragung unter allen Bundesbürgern. (Stichprobengröße: 5020) zu möglichen Lockerungen von Klimaschutzmaßnahmen. (Quelle: Daten aus [10])

tern zu können. Sobald aber das Staatsgeld in absehbarer Zeit langsam versiegt, werden harte Verteilungskämpfe entstehen, wofür das verbleibende Geld eingesetzt werden soll. Bereits in den ersten Monaten der Coronapandemie zeigte sich, welche Priorität die Bundesregierung verfolgt, wenn es hart auf hart kommt: Einerseits wurden milliardenschwere Stützungsmaßnahmen für Unternehmen im Wochentakt durch den Bundestag gepeitscht, unter anderem ein Rettungspaket für die Lufthansa, obwohl Fliegen die klimaschädlichste Mobilitätsart ist und mittelfristig ohnehin stark reduziert werden sollte. Andererseits wurde die schon lange angekündigte gesetzliche Regelung, den Neubau kleiner PV-Anlagen weiterhin finanziell zu fördern, immer wieder verschoben.[1] Ebenso wurde die sich bietende Möglichkeit ausgelassen, die sinkenden Weltmarktpreise fossiler Rohstoffe durch eine CO_2-Steuer oder eine zusätzliche Reduktion der EU-Emissionszertifikate zu kompensieren. Ein Dieselpreis unter einem Euro macht den klimaschädlichen Individualverkehr (gemessen an der Kaufkraft) so günstig wie noch nie. Es ist zu befürchten, dass sich die deutsche Regierung im Bestreben, der Konjunktur auf die Sprünge zu helfen, wie so oft zu planwirtschaftlichen und ineffizienten Förderungen angeblich bereits jetzt klimafreundlicher Technologien wie die Elektromobilität oder Wasserstoffwirtschaft hinreißen lassen wird. Für einen effizienten Klimaschutz gilt jedoch weiterhin dieselbe Logik wie vor der Krise: Der Staat muss die Wettbewerbsfähigkeit klimafreundlicher Alternativen technologieneutral gegenüber fossiler Energiegewinnung erhöhen. Eine spürbare Verteuerung von CO_2 bei gleichzeitiger zusätzlicher Förderung

---

[1] Die Bundesregierung hatte 2012 beschlossen, PV-Anlagen bis 750 kW Größe nicht mehr finanziell zu fördern, sobald die in Deutschland installierte PV-Leistung 52 GW erreicht hat (womit im Lauf des Jahres 2020 zu rechnen ist), da man damals optimistischerweise annahm, dass die Solarenergie bis dahin auch ohne Förderung konkurrenzfähig sein wird.

fossilfreier Energieerzeugung würde die Wirtschaft genau in denjenigen Bereichen stärken, auf die es in den nächsten Jahrzehnten ankommen wird. Das Verteilen der zahlreichen finanziellen Hilfspakte mit der Gießkanne verschleppt die in den verschiedenen Branchen notwendigen Umbrüche unnötig, statt den für eine erfolgreiche Energiewende notwendigen Wandel gezielt zu unterstützen.

6.2 Was verbindet Corona und das Klima und was trennt sie?

Auch wenn die Corona- und die Klimakrise zunächst einmal nichts miteinander zu tun haben, gibt es jedoch einige frappierende Parallelen. Sowohl das Virus als auch der Ausstoß von Treibhausgasen machen nicht an nationalen Grenzen halt und stellen ein globales Problem für Gesundheit und Wohlstand der Menschheit dar.

Bei beiden Krisen hilft die Wissenschaft, die Entwicklung vorherzusagen und Maßnahmen zu entwickeln, um die Folgen abzumildern. Und sowohl bei der Corona- als auch bei der Klimakrise gibt es eine zeitliche Verzögerung zwischen der Ursache (Infektion bzw. Treibhausgasemission) und der Wirkung (Krankheit/Tod bzw. Klimawandel). Dies hat zur Folge, dass in beiden Fällen bereits drastische Maßnahmen notwendig sind, bevor die Folgen in ganzer Breite spürbar sind. Länder wie Südkorea oder Singapur, die trotz anfangs sehr geringer Infektionszahlen frühzeitig Maßnahmen gegen die Ausbreitung des Virus ergriffen haben, haben die Krise deutlich besser überstanden als andere Länder, die erst dann massiv reagierten, als es bereits relativ hohe Infektions- und Sterbezahlen gab. Genauso hätte man auch die Klimakrise deutlich leichter bekämpfen können, wenn man bereits 1992 nach dem ersten großen Klimagipfel in Rio de Janeiro begonnen hätte, die weltweiten Emissionen zu reduzieren. Durch das jahrzehntelange Verschleppen wirksamer Klimaschutzmaßnahmen wird es nun umso schwieriger, den Trend der Erderwärmung zu stoppen.

Eine oftmals genannte Parallelität beider Krisen hinsichtlich der Solidarität zwischen Jung und Alt (nur mit umgekehrten Vorzeichen) ist hingegen ein Fehlschluss. In der Coronakrise haben sich zwar tatsächlich die vergleichsweise recht gering gefährdeten jüngeren Menschen zugunsten der Älteren einschränken müssen und im Vergleich zu Rentnern und Pensionären erheblich mehr wirtschaftliche Nachteile in Kauf genommen. Vor allem die ältere Generation, zu der auch der eingangs dieses Kapitels zitierte Klimaforscher gehört, erweckt allerdings manchmal den Eindruck, als ob es ein vergleichbarer Akt der Solidarität mit den nachfolgenden Generationen wäre, wenn die ältere Generation auf Annehmlichkeiten wie günstige Kreuzfahrten und Flugreisen nun auf einmal verzichten soll, obwohl sie die negativen Folgen der Klimaveränderung gar nicht mehr in vollem Umfang erleben wird. Tatsächlich wird jedoch umgekehrt ein Schuh daraus: Die ältere Generation hat ein Leben lang finanziell davon profitiert, dass man den mit fossiler Energie verbundenen Klimaschaden nicht eingepreist hat, ohne die damit verbundenen negativen Folgen noch ansatzweise ausbaden zu müssen. Sie kann sich dabei auch noch nicht einmal darauf berufen, dass der Mechanismus des menschengemachten Klimawandels früher noch gar nicht bekannt gewesen ist. Allerspätestens seit dem großen Klimagipfel in Rio de Janeiro im Jahr 1992 kann niemand mehr behaupten, er hätte nichts von der Schädlichkeit fossiler Energie gewusst. Die viel passendere Möglichkeit für Rentner und Pensionäre im Zuge der Coronakrise auch Solidarität für die jüngere Generation zu zeigen, wurde hingegen ausgelassen: Die Renten werden 2020 ungeachtet der Krisensituation entsprechend der guten Lohnentwicklung im Vorjahr angehoben und im Jahr 2021, egal wie stark die Lohneinbußen im Jahr 2020 aufgrund der Maßnahmen zum Schutz vor allem der älteren Bevölkerung auch gewesen sind, nicht um einen Cent sinken [11, 12].

Warum der Klimawandel trotz vielleicht sogar in Summe größerer negativen Folgen ein wenig in den Hintergrund gerückt ist, liegt wenig überraschend daran, dass das Coronavirus innerhalb weniger Monate Millionen von Menschen in Lebensgefahr bringt und Hundertausende tötet, während sich der Klimawandel im Vergleich dazu viel langsamer ausbreitet und die davon ausgehende Gefahr für die Gesundheit viel abstrakter ist und keine dramatischen Bilder von überlasteten Krankenhäusern und Massengräbern liefert. Von daher ist es natürlich nachvollziehbar, dass Maßnahmen gegen die Coronapandemie zunächst einmal absoluten Vorrang haben. Dazu gehört auch, dass der Aufbau der Wirtschaft durchaus kurzfristig Priorität gegenüber Klimaschutzmaßnahmen haben kann, da Armut genauso Menschenleben gefährden kann wie der Klimawandel. Nur wenn genügend Geld erwirtschaftet wird, kann der klimafreundliche Umbau der Wirtschaft weiter finanziert werden.

6.3   Lehren aus der Coronakrise

Auch wenn die Coronakrise ein sehr spezielles Ereignis ist, können aus ihr Lehren gezogen werden, die durchaus auch darauf anwendbar sind, wie wir mit der Klimakrise umgehen.

So wurde es auf einmal sehr deutlich, dass es sich auszahlt, wenn Politik und Gesellschaft auf wissenschaftliche Experten hören, statt irgendwelchen Verschwörungstheorien hinterherzulaufen. Genauso wie man aufgrund der von Virologen beschriebenen Schreckensszenarien politische Konsequenzen gezogen hat, sollte man die von Klimawissenschaftlern erstellten Prognosen zu den Folgen des Klimawandels ernst nehmen.

Die Coronapandemie machte auch deutlich, wie unbarmherzig die Natur sein kann, was viele angesichts unserer Technik und unseres Wohlstands immer mehr zu vergessen schienen. Das Prinzip der Vorsicht vor möglichen Gefahren der Natur war in der Politik bislang nicht besonders beliebt, da sie Einschränkungen mit sich bringt, ohne die Sicherheit, wie stark diese sich tatsächlich auszahlen werden. Die Coronapandemie hat schmerzlich gezeigt, dass es angesichts exponentiell wachsender Infektionszahlen sinnvoll ist, auch ohne 100 %ige wissenschaftliche Sicherheit Vorsichtsmaßnahmen in Kauf zu nehmen, um das Risiko unüberschaubarer Folgewirkungen zu reduzieren. Genau diese Vorsicht sollte eigentlich dazu führen, dass man nicht unüberlegt eine gigantische Menge an CO_2, die in Millionen von Jahren der Atmosphäre entzogen wurde, in wenigen Jahrzehnten wieder freisetzt.

Die Finanzwelt bekam während der Krise schon mal einen Vorgeschmack darauf, was passiert, wenn die Nachfrage nach fossilen Rohstoffen abnimmt. Ein nachhaltiger Rückgang des Ölpreises macht langfristige Investitionen in die Öl- und Gasindustrie unattraktiv, wodurch vielleicht mehr Gelder in die erneuerbare Energieerzeugung gesteckt werden.

Eine verblüffende Einsicht ist auch, welche Milliardenbeträge die Politik in die Hand nehmen und noch dazu elementare Grundrechte massiv einschränken kann, wenn sie es für wirklich sinnvoll erachtet. Bislang wurden klimapolitische Maßnahmen oft mit dem Argument „zu teuer" oder „zu starke Einschränkung der Freiheit" (siehe Tempolimit) aus Angst vor dem Verlust von Wählerstimmen abgelehnt. Nun zeigt sich auf einmal, dass es einzig und allein auf das Setzen von Prioritäten ankommt und die Menschen sogar extreme Zumutungen in Kauf nehmen, wenn diese gut begründet sind und deren Notwendigkeit verstanden wird. Sobald genug Menschen den Ernst der Lage auch in der Klimakrise begriffen haben und vielleicht tatsächlich sogar ein

wenig Angst davor bekommen, kann die Politik auch drasti-
schere Klimaschutzmaßnahmen durchsetzen, ohne direkt
wieder abgewählt zu werden. Genau dies wollte Greta Thunberg mit Ihrer Aussage „I want you to panic" vermutlich bewirken. Bislang haben die Regierungsparteien jedoch weder
den glaubhaften Eindruck vermittelt, dass der Klimawandel
für Deutschland und die Welt ein ähnlich dramatisches Problem wie die Coronapandemie bedeutet, noch dass zu dessen Bekämpfung erhebliche Belastungen auf die Gesellschaft
zukommen werden. Die Aussage des damaligen Umweltmi-
nisters Jürgen Trittin im Jahr 2004, dass der Ausbau der erneuerbaren Energien einen durchschnittlichen Haushalt im
Monat nur „eine Kugel Eis" kosten werde [13] oder die Forderung von Angela Merkel im Jahr 2011, dass die EEG-Umlage in der Größenordnung von 3,5 ct/kWh bleiben solle[2]
([14], S. 12962), sind Sinnbilder dafür, dass die Politik bislang nicht den Mut hatte, die Bevölkerung mit der harten
Realität zu konfrontieren. Die logische Konsequenz sind die
in Deutschland im Vergleich zu den meisten anderen europäischen Staaten deutlich geringeren Fortschritte bei der Reduktion der Treibhausgasemissionen. Diese Strategie, die
Gesellschaft möglichst immer mit Samthandschuhen anfas-
sen zu wollen, zeigt sich auch in dem 2019 verabschiedeten
Klimapaket, bei dem sich die deutsche Regierung nicht getraut hat, eine zur Erreichung der angestrebten Klimaziele
ausreichend wirksame Bepreisung von CO2 im Mobilitäts-
und Wärmesektor einzuführen. Die Coronakrise hat jedoch
bewiesen, dass man der Bevölkerung eine offene Kommuni-
kation und eine klare Sprache, bei der sowohl die notwendigen Maßnahmen als auch die möglichen Folgen unzuläng-
lichen Handelns ungeschönt dargestellt werden, durchaus
zumuten kann und dies sogar auf breite Zustimmung stößt.

---

[2] Aktuell liegt die monatliche Belastung eines Durchschnitthaushalts aufgrund
der Ökostromförderung bei etwa 14 € [15] und die EEG-Umlage bei 6,8 ct/
kWh [16].

Literatur

1. Meuthen, J. (2020). Zeit für die Lösung echter Probleme. https://www.facebook.com/Prof.Dr.Joerg.Meuthen/photos/a.554885501326826/1582396521909047/?type=3&theater. Zugegriffen am 12.05.2020.
2. Wille, J. (2020). Klimaforscher zur Coronakrise: „Niemand kann sich jetzt über einen positiven Klimaeffekt freuen". FR. de. https://www.fr.de/wissen/coronavirus-klima-niemand-ueber-positiven-klimaeffekt-freuen-klimaforscher-schellnhuber-13615225.html. Zugegriffen am 12.05.2020.
3. Mast, M. (2020). Ist die Luft wegen Corona jetzt besser? ZEIT ONLINE. https://www.zeit.de/wissen/umwelt/2020-04/luftqualitaet-europa-verbesserung-schadstoffwerte-lockdown-coronavirus. Zugegriffen am 12.05.2020.
4. Wallat, J. (2020). Ist die Corona-Krise gut fürs Klima? ntv. https://www.n-tv.de/wissen/Ist-die-Corona-Krise-gut-fuers-Klima-article21698773.html. Zugegriffen am 12.05.2020.
5. Hein, F., Peter, F., & Graichen, P. (2020). Auswirkungen der Corona-Krise auf die Klimabilanz Deutschlands. Agora Energiewende. https://www.agora-energiewende.de/fileadmin2/Projekte/2020/_ohne_Projekt/2020-03_Corona_Krise/178_A-EW_Corona-Drop_WEB.pdf. Zugegriffen am 12.05.2020.
6. Global energy demand to plunge this year as a result of the biggest shock since the Second World War. (2020). IEA. https://www.iea.org/news/global-energy-demand-to-plunge-this-year-as-a-result-of-the-biggest-shock-since-the-second-world-war. Zugegriffen am 12.05.2020.
7. Schmidt, H. (2020). Wirtschaft stellt „Green Deal" infrage. Tagesschau.de. https://www.tagesschau.de/wirtschaft/eu-klimaschutz-corona-101.html. Zugegriffen am 12.05.2020.
8. Witsch, K. (2020). Warum Corona dem Klima gut tut, aber die Energiewende ausbremst. Handelsblatt. https://www.handelsblatt.com/unternehmen/energie/energie-warum-corona-dem-klima-gut-tut-aber-die-energiewende-ausbremst/25730930.html?ticket=ST-651542-dx2oje-aCr43dnKpfHijJ-ap3. Zugegriffen am 12.05.2020.

9. DBU-Umweltmonitor: Bürger halten Klima-Krise langfristig für gravierender als Corona-Krise. (2020). Deutsche Bundesstiftung Umwelt. https://www.presseportal.de/pm/6908/4593482. Zugegriffen am 12.05.2020.

10. Sollten die Maßnahmen zum Klimaschutz in Deutschland aufgrund der Corona-Pandemie und ihrer wirtschaftlichen Folgen gelockert werden? (2020). Civey. https://civey.com/umfragen/8451/sollten-die-massnahmen-zum-klimaschutz-in-deutschland-aufgrund-der-corona-pandemie-und-ihrer-wirtschaftlichen-folgen-gelockert-werden. Zugegriffen am 12.05.2020.

11. Rürup, B. (2020). Rentner müssen an den wirtschaftlichen Kosten der Coronakrise beteiligt werden. Handelsblatt. https://www.handelsblatt.com/meinung/gastbeitraege/kommentar-rentner-muessen-an-den-wirtschaftlichen-kosten-der-coronakrise-beteiligt-werden/25787868.html. Zugegriffen am 23.05.2020.

12. Munsberg, H. (2020). Unwucht bei der Rente. SZ.de. https://www.sueddeutsche.de/wirtschaft/rente-corona-nachholfaktor-1.4905059. Zugegriffen am 23.05.2020.

13. Erneuerbare-Energien-Gesetz tritt in Kraft. (2004). Bundesministerium für Umwelt, Naturschutz und nukleare Sicherheit. https://www.bmu.de/pressemitteilung/erneuerbare-energien-gesetz-tritt-in-kraft/. Zugegriffen am 23.05.2020.

14. Bundestag. (2011). Stenografischer Bericht, 114. Sitzung, Plenarprotokoll 17/114. https://dipbt.bundestag.de/dip21/btp/17/17114.pdf. Zugegriffen am 23.05.2020.

15. Sorge, N.-V. (2017). Wo Deutschland versagt – und wo brilliert. manager magazin. https://www.manager-magazin.de/unternehmen/energie/energiewende-wo-deutschland-versagt-und-brilliert-a-1172211-13.html. Zugegriffen am 23.05.2020.

16. Bundesnetzagentur. (2020). Was ist die EEG-Umlage und wie funktioniert sie? https://www.bundesnetzagentur.de/SharedDocs/FAQs/DE/Sachgebiete/Energie/Verbraucher/Energielexikon/EEGUmlage.html. Zugegriffen am 23.05.2020.

7

Schaffen Deutschland und der Rest der Welt die Energie- und Klimawende?

Inhaltsverzeichnis

Zusammenfassung In diesem Schlusskapitel werden noch einmal die bisherigen Defizite der deutschen Klimapolitik thematisiert und ein eher pessimistischer Blick in die Zukunft der deutschen und weltweiten Klimaschutzbemühungen geworfen.

„Die Erwärmung unserer Erde ist real. Sie ist bedrohlich. Sie und die aus der Erderwärmung erwachsenden Krisen sind von Menschen verursacht. Also müssen wir auch alles Menschenmögliche unternehmen, um diese Menschheitsherausforderung zu bewältigen. Noch ist das möglich." [1]

Dieser Teil der jüngsten Neujahrsansprache von Angela Merkel zeigt angesichts der in diesem Buch vorgestellten Fakten sehr gut das Dilemma der deutschen Politik. Seit

© Springer Fachmedien Wiesbaden GmbH, ein Teil von Springer Nature 2020
A. Luczak, *Deutschlands Energiewende – Fakten, Mythen und Irrsinn*, https://doi.org/10.1007/978-3-658-30277-1_7

Jahrzehnten ist die Bedrohung der Klimakrise bekannt und seit Jahrzehnten verspricht die Regierung der Bevölkerung das Menschenmögliche dagegen zu tun. In Anbetracht der im EU-Vergleich eher geringen bisherigen Emissionsreduktion muss man sich dabei aber fragen: Warum hat gerade Angela Merkel denn dies nicht schon längst getan, wenn sie doch schon seit 15 Jahren Kanzlerin ist und davor Umweltministerin war? Hatte sie sich nicht bereits 2007 mit Sigmar Gabriel medienwirksam vor schmelzenden Gletschern der Arktis filmen lassen, um ihre Entschlossenheit im Kampf gegen den Klimawandel zu demonstrieren? Vielleicht liegt es ja daran, dass es mit der viel beschworenen Solidarität mit den nachfolgenden Generationen dann doch nicht so weit her ist, wie gern behauptet wird. Angela Merkel sagt in ihrer Ansprache ja selbst, dass es unsere Kinder und Enkel seien, die mit den Folgen unseres heutigen Handelns leben müssen. Das Klimaproblem liegt gefühlt irgendwo ungewiss in der Zukunft und in der Gegenwart gibt es natürlich viel wichtigere und dringendere Dinge zu tun, sei es die Rettung von Banken, der Autoindustrie oder sonstiger Wirtschaftsbereiche. „Noch ist das möglich" klingt optimistisch, wird aber seit Jahren bewusst oder unbewusst als Ausrede dafür verwendet, es mit dem Klimaschutz eher behutsam anzugehen, doch je später man Treibhausgase reduziert, desto drastischer muss dies geschehen und desto schwieriger wird dies für diejenigen, die dies dann umsetzen müssen. Es ist eine besonders verlogene Art der Klimaleugnung, vor dem menschengemachten Klimawandel zu warnen und deren Bekämpfung als oberstes Ziel zu verkünden, aber trotzdem unzureichende Klimaziele zu vereinbaren und diese dann noch nicht einmal einzuhalten.

Auf welche Weise die Klimaneutralität erreicht werden kann, wurde bereits in unzähligen Studien beschrieben. Die technische Machbarkeit ist also nicht das Problem, sondern der gesellschaftliche und politische Wille, die damit verbundenen Konsequenzen zu tragen.

Man hatte zwar immerhin die vielversprechende Idee, den Wettbewerbsnachteil von Ökostrom durch eine gesetzlich verankerte Einspeisevergütung auszugleichen. Nachdem die Solarförderung ein paar Jahre lang unnötig hoch angesetzt wurde und dadurch zu sehr hohen Kosten geführt hatte, endete die Bereitschaft, den Ökostromausbau angemessen zu fördern, jedoch sehr schnell wieder. Der bisherige Ausbau der Windenergie stellt nur einen Bruchteil von dem dar, was notwendig ist, um die deutschen Klimaziele zu erreichen. Trotzdem wird die Beeinträchtigung der Bevölkerung durch die Windräder bereits jetzt als schwerwiegender angesehen als die Verfehlung der Klimaziele, sodass kaum noch Bauflächen dafür zur Verfügung gestellt werden. Die Klimapolitik der letzten Jahre hat zu einem so geringen Ökostromausbau geführt, dass es bei diesem Tempo noch mehr als hundert Jahre dauern würde, bis die für die angestrebte Klimaneutralität benötigte Menge erzeugt wird. Selbst eine vergleichsweise geringe Einschränkung der Freiheit, wie die Einführung eines Autobahntempolimits, wird bereits als unangemessene Belastung für die Bevölkerung und die Wirtschaft gesehen und abgelehnt. Wie sollen dann die für eine vollständige Umsetzung der Energiewende notwendigen viel weitreichenderen Belastungen jemals vermittelt werden?

Um von diesem klimapolitischen Versagen abzulenken, werden nun auf einmal die Elektromobilität und Wasserstofferzeugung als zentrale Klimaschutzmaßnahmen propagiert. Diese Technologien werden zwar unbestritten benötigt, können aber erst dann zum Klimaschutz beitragen, wenn der Stromsektor in Europa weitgehend dekarbonisiert ist, was frühestens in einigen Jahrzehnten der Fall sein wird. Bei einer verfrühten Verbreitung führen diese mit hohem finanziellen Aufwand geschaffenen zusätzlichen Stromverbraucher zu einer erhöhten Auslastung fossiler Kraftwerke und damit insgesamt im schlimmsten Fall sogar zu einer deutlichen Erhöhung der Emissionen.

Während das Ziel sein sollte, mit jedem in den Klimaschutz investierten Euro eine möglichst hohe Emissionsreduktion zu erreichen, wird bei den staatlichen Klimaschutzmaßnahmen eine Kosten-Nutzen-Betrachtung und das richtige Timing bestimmter Maßnahmen einfach ignoriert, sodass sich die Klimapolitik an vielen Stellen als reine Wirtschaftsförderung entpuppt.

Parallel zu all den misslungenen und ineffizienten planwirtschaftlichen Eingriffen des Staates in den Energiemarkt hat sich in den letzten Jahren immer mehr die Bepreisung von CO_2 als effizientestes klimapolitisches Instrument herauskristallisiert. War der EU-Emissionshandels anfangs nur ein stumpfes Schwert, da man der Wirtschaft nicht weh tun wollte, zeigen die letzten Reformen erste Früchte und haben maßgeblich zu der Reduktion der deutschen Treibhausgase in den letzten Jahren beigetragen. Eine CO_2-Bepreisung hat darüber hinaus den großen Vorteil, dass sie den Bürgern die Freiheit lässt, selbst zu entscheiden, ob und wie sie Emissionen einsparen. Verbote hingegen führen schnell zu großen Konflikten, da jeder immer nur das verbieten will, worauf man selbst am ehesten verzichten kann. Außerdem wird der Nutzen von Verboten oft durch Rebound-Effekte vermindert. Trotzdem schreckt die Politik noch immer davor zurück, die CO_2-Bepreisung als Klimaschutzinstrument offensiv einzusetzen und nutzt die damit verbundene Lenkungswirkung viel zu wenig, obwohl ärmere Haushalte zulasten der reicheren davon sogar finanziell profitieren könnten.

Nachdem die weltweiten Treibhausgasemissionen 2019 zumindest nicht mehr wesentlich zugenommen haben und

2020 wegen der Coronakrise sicherlich sinken werden, stellt sich die Frage: Ist dies nun der Auftakt zu einer beginnenden und sich dann rapide beschleunigenden Reduktion der Emissionsmengen? Oder nur eine vorübergehende Pause eines sich fortsetzenden Anstiegs (Abb. 7.1)? Angesichts des trotz unzähliger Klimakonferenzen kaum gebremsten Anstiegs in der Vergangenheit, erscheint es sehr unwahrscheinlich, die angestrebte weltweite Klimaneutralität innerhalb von nur 30 Jahren auch nur annähernd zu erreichen.

Deutschland wird sicherlich weiterhin versuchen, die Energiewende irgendwie fortzusetzen. Die entscheidende Frage dabei ist jedoch, wie kosteneffizient dies geschehen wird. Es ist zu befürchten, dass politische Entscheider auch weiterhin mögliche Klimaschutzmaßnahmen vor allem danach beurteilen, inwieweit die etablierte deutsche Autoindustrie, die konventionelle Energiewirtschaft oder die am besten durch Lobbyisten vertretenen Wählerschichten am geringsten in Mitleidenschaft gezogen werden, und nicht

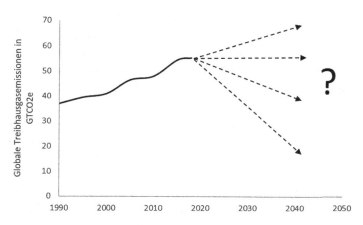

Abb. 7.1 Entwicklung der weltweiten Treibhausgasemissionen. (Quelle: Daten aus [2])

danach, wie viel CO2 man mit einem investierten Euro einsparen kann. Lässt sich die Regierung weiter von Lobbyisten und Ideologien vor sich hertreiben, wird man mit dem Geld und Aufwand, den die Gesellschaft bereit ist, für das Klima zu opfern, nicht sehr weit kommen. Deutschlands Treibhausgasemissionen werden sicherlich trotzdem weiter sinken, aber eben bei Weitem nicht ausreichend schnell, um die vereinbarten Klimaziele zu erreichen und anderen Ländern als Vorbild zu dienen.

Besonders ärgerlich ist dabei die Tatsache, dass die deutsche Klimapolitik noch nicht einmal demokratisch legitimiert ist. Wenn in der politischen Diskussion die Belastungen, die zwangsläufig mit der Umsetzung der Energiewende verbunden sein werden, tatsächlich offen und transparent genannt würden, wäre es ja durchaus legitim, wenn sich die Mehrheit für eine Regierung entscheidet, die aus Rücksicht auf Wirtschaft und Wohlstand bis 2050 vielleicht nur die Hälfte der Treibhausgase reduzieren will. Aber vielleicht gibt es ja auch eine Mehrheit in der Bevölkerung, die durchaus bereit ist, die Belastungen in Kauf zu nehmen, um bis 2050 eine vollständige Dekarbonisierung zu erreichen. Momentan werden diese beiden Alternativen jedoch gar nicht offen zur Wahl gestellt, sondern wählerwirksam das Erreichen ambitionierter Klimaziele versprochen, ohne sich darum zu scheren, dass diese mit dem eigenen klimapolitischen Handeln eigentlich unvereinbar sind.

Mit der Hoffnung, eine zu langsame und unvollständige Emissionsreduktion irgendwann mal durch dann vielleicht in ausreichendem Maßstab zur Verfügung stehenden Negativemissionstechnologien [3] zu kompensieren, belügt man sich selbst. Wenn einem schon die jetzige günstige Möglichkeit, CO2 zu vermeiden zu teuer ist, wird man schwerlich dazu bereit sein, später ein Vielfaches dafür zahlen, es mit hohem technischen Aufwand zu extrem hohen Kosten wieder aus der Atmosphäre herauszuholen.

Grund für Optimismus liefert momentan nicht die deutsche, sondern die EU-Gesetzgebung, die die Erreichung der EU-Ziele für 2030 vollkommen technologieneutral verbindlich gesetzlich geregelt hat. Wenn das reiche Deutschland bei einem Scheitern seiner Energiewende als Konsequenz ärmeren EU-Ländern deren ambitioniertere Reduktionsmaßnahmen über den Kauf deren Emissionsrechte finanzieren muss, mag das für manche deutsche Klimaaktivisten zwar enttäuschend sein, kann dem Klima aber letztlich egal sein. Ob die EU im Jahr 2030 dann noch die Kraft hat, den ungleich schwierigeren Schritt zur Klimaneutralität in 2050 ebenso verbindlich festzulegen, steht auf einem anderen Blatt. Das gilt erst recht für die Frage, ob ein Großteil der Länder außerhalb der EU diesen Weg ebenfalls konsequent mitgehen werden. Es wäre nicht das erste Mal, dass Menschen, Politiker und Nationen aus eher kurzfristigen und egoistischen Motiven Dinge tun, die aus rationaler Sicht unsinnig und unmoralisch erscheinen. Die Welt wird davon nicht untergehen, der Mensch und die Tierwelt nicht aussterben. Aber es ist zu befürchten, dass sich der erfreuliche Trend, dass sich die Lebensverhältnisse der Menschen immer weiter verbessern (am plakativsten ablesbar an der seit vielen Jahrzehnten stetig steigenden Lebenserwartung [4]), in einigen Jahrzehnten umkehren wird.

Literatur

1. Neujahrsansprache 2020. (2020). Die Bundesregierung. https://www.bundesregierung.de/breg-de/service/bulletin/neujahrsansprache-2020-1709738. Zugegriffen am 23.05.2020.
2. Emissions Gap Report. (2019). United Nations Environment Programme. https://wedocs.unep.org/bitstream/handle/20.500.11822/30797/EGR2019.pdf?sequence=1&isAllowed=y. Zugegriffen am 12.05.2020.

3. Vorsicht beim Wetten auf Negative Emissionen. (2016). Mercator Research Institute on Global Commons and Climate Change (MCC) gGmbH. https://www.mcc-berlin.net/fileadmin/data/B2.3_Publications/Kurzdossiers/Negative_Emissionen/Policy_Brief_NET_DE.pdf. Zugegriffen am 25.05.2020.

4. Life expectancy and Healthy life expectancy. (2018). World Health Organization. https://apps.who.int/gho/data/view.main.SDG2016LEXREGv?lang=en. Zugegriffen am 23.05.2020.

Printed in the United States
By Bookmasters